교양인의 영문법

"영어의 격格을 한 단계 높이는 책!"

교양인의 영문법

English Grammar for Cultured

신동준 지음

미다스북스

외국어 습득과 문법

　동서양의 역사를 통틀어 요즘의 영어처럼 한 나라의 언어가 유일무이한 국제공용의 어문語文으로 대접을 받은 적은 없다. 한때 서구에서 불어가 외교석상과 조약문서에 빠짐없이 등장하며 각광을 받은 적이 있었으나 요즘의 영어처럼 막강한 위세를 떨치지는 못했다. 영어가 오늘날처럼 각광을 받기 시작한 것은 소련이 무너진 20세기 후반이다. 미국이 '단극單極 체제'의 초강대국으로 군림하면서 그리 된 것이다. '해가 지지 않는 나라'를 자랑했던 대영제국 때도 이 정도는 아니었다.

　서구의 역사만을 놓고 볼 때 이와 유사한 사례가 딱 1번 있었다. 로마제국이 극성할 무렵 라틴어가 제국의 판도 내에서 유일무이한 공식 어문으로 널리 사용된 게 그렇다. 로마제국은 라틴어 포고문을 통해 명령을 발포하고, 세금을 거둬들이고, 백성들을 징집했다. 그러나 제국이 동서로 분열되고 서로마제국이 5세기 말에 무너지면서 제국의 공용어인 라틴어도 자취를 감추고 말았다.

21세기 동북아시대를 주도하기 위해서는 G1 미국과 G2 중국이 중시하는 동서의 고전을 두루 섭렵할 필요가 있다. 현재 그 가능성은 무한대로 열려 있다. 미국은 과거의 대영제국과 달리 고대 그리스어와 라틴어 등에 대한 학습을 소홀히 해 인문학의 깊이가 얕다. 중국 역시 간자체簡字體 한자와 20세기 후반의 문화대혁명 여파로 전반적으로 지식수준이 낮다. 우리가 미국과 중국의 지식인들이 제대로 하지 못하고 있는 동서의 고전을 깊이 이해할 수만 있다면 얼마든지 21세기 지식정보 시대에서 두각을 나타낼 수 있다. 관건은 바로 문법에 대한 정확한 이해에 있다.

언어라는 것은 자국어는 말할 것도 없고 외국어 역시 반드시 문법지식이 전제되어야만 독해와 작문을 제대로 할 수 있다. 구어라고 해서 다르지 않다. 적지 않은 사람들이 듣기만 잘하면 말하기는 저절로 되는 것으로 생각하고 있으나 이는 착각이다. 제대로 된 말하기는 오히려 독해 및 작문과 더 큰 관련을 맺고 있다. 최고의 영어 명문 가운데 하나로 꼽히는 링컨의 '게티즈버그 연설'도 사실은 무수한 교정 끝에 나온 것이다.

지금도 영국과 프랑스, 독일 등 유럽 각국에서 학문을 연마하려는 중등학교 학생들에게 라틴어와 고대 그리스어 문법을 가르치는 것은 바로 이 때문이다. 독해와 작문은 말할 것도 없고 제대로 된 말하기의 기본이 올바른 문법지식에 있다는 사실을 통찰한 결과다. 그런 점에서 독해와 작문은 멀리한 채 듣기와 말하기에 매달리고 있는 요즘의 영어 학습은 분명 본말이 뒤바뀐 것이다. 문법지식이 없는 한 아무리 말을 유창하게 할지라도 결코 영미의 초등학생 수준을 넘어설 수 없다.

현재 시중에는 수많은 영문법 서적이 나와 있으나 그 내용이나 깊이 등에서 해방 전후에 출간된 것과 큰 차이가 없다. 이런 틀에 박힌 영문법 서로는 영어를 효율적으로 습득하기 쉽지 않다. 필자가 본서를 펴내게 된 근본 배경이다. 본서는 크게 4가지 점에서 기존의 영문법서와 차원을 달리 한다.

첫째, 비교언어학의 관점에서 접근한 점이다. 본서에 나오는 영어 예문은 기본적으로 2009년 말 타계한 조성식 전 고려대 명예교수의 역저인 『영문법연구』에서 발췌한 것이다. 본서는 여기에 불어와 독어, 러시아어, 아랍어, 중국어 등의 비교 예문을 덧붙여 놓았다. 국내의 영문법 관련서 가운데 최초의 사례에 속한다. 독자들은 이들 예문을 통해 영어 구문의 기본 구조를 확실히 파악할 수 있을 것이다. 기존의 영어문형 5형식을 크게 자동사 구문과 타동사 구문으로 재정리해 놓은 것은 이런 접근의 결과이다.

둘째, 역사언어학의 관점에서 접근한 점이다. 본서는 역사적인 고찰이 필요한 경우 산스크리트어와 고대 그리스어, 라틴어 등의 예문을 들어놓았다. 영어 자체의 변화 과정을 살피기 위해 필요한 대목에서 고대 영어와 중세 영어, 현대 영어를 비교해 놓은 것과 같은 맥락이다. 산스크리트어와 고대 그리스어, 라틴어 등의 비교 예문은 본서가 독창적으로 덧붙인 것이다. 이 또한 국내 영문법 관련서 가운데 최초의 사례에 속한다.

셋째, 정치언어학의 관점에서 접근한 점이다. 10대 무역대국으로 부상한 한국이 향후 다방면에서 세계시장을 석권하기 위해서는 높은 수준의 영어를 제대로 구사할 필요가 있다. 실제로 영어를 습득하는 일이 국가 경쟁력의 중요한 지표로 등장해 있다. 중요한 것은 한국인을 위한 새 영문법이다. 이는 언어학자에게만 맡겨 둘 사안이 아니다. 정치사상을 전공한 까닭에 동서양의 고전을 일독한 바 있는 필자가 새 영문법의 집필에 나선 것은 바로 이 때문이다.

넷째, 한국어 관점에서 접근한 점이다. 고금을 막론하고 외국어 학습은 모국어를 토대로 할 수밖에 없다. 사실 그것이 가장 빠른 길이기도 하다. 선조 때의 송강松江 정철과 숙종 연간에 활약한 서포西浦 김만중이 그 실례이다. 이들 모두 당대 최고의 한문을 구사한 인물이다. 그럼에도 정철은『관동별곡』과『사미인곡』등 뛰어난 한글 문학작품을 남긴 바 있다. 정철의 문학작품을 두고 동방의 이소離騷로 극찬한 김만중 역시『구운몽』과『사씨남정기』와 같은 뛰어난 작품을 남겼다. 모두 한글 어문에 대한 깊은 지식이 있기에 가능했다.

원래 조선조 사대부의 입장에서 볼 때 평생을 두고 연마한 한문은 기본적으로 외국어에 해당한다. 한글을 제대로 깨우치지 못할 경우 제대로 된 한문을 구사할 수 없다. 연암燕巖 박지원이『허생전』과『양반전』,『호질』등의 문학작품을 한글이 아닌 한문으로 쓴 것을 반론으로 제기할 수도 있으나 이는 잘못이다. 18세기 조선조의 사회상을 생생하게 그려낸 이들 작품은 모두 한글을 제대로 알지 못하면 쓸 수 없는 것들이다. 한글 소설을 한문으로 번역해 놓은 것이나 다름없다. 연암은 한문에 밝은 사대부들을 질책할 의도로『허생전』등을 한문으로 쓴 것에 지나지 않는다.

21세기의 국제공용어로 군림하고 있는 영어 역시 과거의 한어漢語 및 한문과 마찬가지로 외국어인 이상 많은 시간과 공을 들여야만 한다. 그래야 어느 정도 자유롭게 구사할 수 있다. 외국어를 습득하는 데 왕도가 있을 리 없기 때문이다. 외국어 습득은 절대적인 시간과 노력이 필요하다. 그러나 이를 얼마든지 효과적으로 단축시킬 수는 있다. 요체는 바로 문법을 제대로 익히는 것이다.

초연결超連結과 초지능超知能을 특징으로 하는 제4차 산업혁명시대는 미국과 중국이 천하의 패권을 놓고 한 치의 양보도 없이 치열한 다툼을 벌이는 천하대란의 시기이다. 그 한복판에 한반도가 있다. 모든 위기는 크게 도약할 수 있는 절호의 기회이기도 하다. 민족의 염원인 통일도 이런 위기상황에서 이뤄질 가능성이 크다. 모두 우리가 노력하기 나름이다. 주변 4강을 설득하려면 세계 공용어인 영어영문에 대한 수준 높은 이해가 절실하다. 필자가 독해와 작문에 절대적으로 필요한 문법에 초점을 맞춘 본서를 서둘러 펴낸 이유가 여기에 있다.

일찍이 언어학자 촘스키는 『변형생성문법』에서 "문법 지식은 언술言述하는 사람으로 하여금 사물의 동정動靜과 성상性狀을 리얼하게 그려낼 수 있도록 도와준다."고 언급한 바 있다. 이는 제조기술을 터득한 장인만이 수요자의 주문에 따라 다양한 제품을 만들어낼 수 있듯이 반드시 문법을 익혀야만 다양한 어문을 자유자재로 구사할 수 있다는 의미이다. 수학에서 기본 원리를 터득한 사람만이 복잡한 응용문제를 능히 풀 수 있는 것과 같다. 많은 학자들은 이런 이유로 문법을 산업현장의 제조기술 내지 수학의 기본 원리에 비유하곤 한다.

본서의 출간도 똑같은 취지에서 나왔다. 영어를 포함한 세계의 모든 언어가 수학공식처럼 '주어 + 동사' 구조로 이뤄졌다는 사실을 간과한 채 외국어 공부에 골머리를 앓는 것을 도와주고자 한 것이다. 아무리 복잡한 구조로 이뤄진 영어 문장도 곁가지를 모두 털어내면 만국 공통의 '주어 + 동사' 구조로 환원된다. 단 하나의 예외가 없다. 영작문과 영문해독을 어려워할 이유가 전혀 없다는 이야기다. 문법과는 인연이 먼 것처럼 보이는 구어도 마찬가지다. 문법을 정확히 이해하지 못하면 듣는 사람을 능히 설득할 수 있는 화술을 구사하는 게 불가능하다.

본서는 기본적으로 대학의 교양학부 학생을 겨냥한 저서이다. 일반인들이 읽기에는 다소 어려움이 따를 수 있다. 그러나 대학진학을 위해 영어를 공부한 경험만 있으면 본서를 읽는 데 큰 어려움은 없을 것으로 본다. 모쪼록 제4차 산업혁명시대를 맞이해 한국 주도의 통일을 이룬 뒤 '동북아 허브시대'를 활짝 열고자 하는 모든 사람에게 본서가 도움이 됐으면 하는 바람이다.

2019년 정월 학오재學吾齋에서 저자 쓰다.

영어의 어제, 오늘, 내일

'말하는 인간'과 '설명하는 인간'

수천 년에 달하는 시간을 소급해 언어의 뿌리를 연구하는 역사언어학은 이른바 공통조어共通祖語에서 여러 언어가 갈라져 나왔다고 간주하는 까닭에 이를 계열화하는 작업에 매달린다. 그래서 역사언어학은 통상 친근 관계에 있는 여러 나라의 언어를 한 덩어리로 묶어 비교하는 작업을 진행하면서 비교언어학과 순치의 관계를 맺고 있다.

역사비교언어학의 관점에서 볼 때 소급의 시간을 수만 년 단위로 확장할 경우 인류 공통의 공통조어가 존재했으리라는 추론이 가능하다. 프랑스의 언어학자 베르나르 빅토르와 장 루이 데살 등이 바로 그런 입장에 서 있다. 이들의 연구는 약 10여만 년 전 쯤 아프리카 동부지역에서 출현한 호모 사피엔스가 현생 인류의 공통 조상이라는 진화생물학의 연구 성과에 뿌리를 두고 있다. 현재 진화생물학계에서는 호모 사피엔스의 등장으로 네안데르탈인을 비롯한 호모 에렉투스의 후예가 전멸한 것으로 간주하는 견해가 주류를 형성하고 있다.

베르나르 등은 최근에 펴낸 『언어의 기원』에서 진화생물학의 성과를 토대로 호모 사피엔스는 자신의 생각을 서술한 문장을 만들 수 있었던 까닭에 호모 에렉투스를 제압했다는 가설을 내놓았다. 이들이 현생 인류를 이른바 문장 인간인 호모 나란스Homo Narrans로 규정하는 이유다. 이는 문장을 통해 상대방을 설득하며 정보를 공유하는 인간을 뜻한다. 소쉬르와 촘스키 등 기존의 언어학자들이 견지하고 있는 이른바 언어인간인 호모 로쿠엔스Homo Loquens에 대한 중대한 반론에 해당한다.

최근 〈뉴욕타임스〉는 인간과 유인원의 언어를 비교한 결과를 인터넷에 올린 바 있다. 스코틀랜드의 영장류 전문가 주베르 빌러의 연구결과는 주목할 만하다. 그의 주장에 따르면 아프리카의 캠벨원숭이도 초보적인 문장을 만들 수 있다. 이들 캠벨원숭이들은 최고의 천적인 표범을 발견하면 '크라크', 독수리 등의 여타 천적을 발견하면 '크라쿠'라고 소리친다. 나무 위에서 '붐붐'이라고 할 때는 자신이 있는 쪽으로 빨리 오라는 뜻이지만 '붐붐'과 '크라쿠'를 잇달아 외치면 나무가 쓰러지려 하니 조심하라는 뜻이다. 표범에 대한 경고음 '피오우'와 왕관독수리에 대한 경고음 '핵'을 합쳐 '피오우 핵'을 외치면 속히 현장을 빠져 나가자는 뜻이 된다. 이는 문장을 만드는 능력이 결코 인간의 전유물이 아님을 시사한다.

현재 학계 내에서는 호모 나란스와 호모 로쿠엔스 주장이 팽팽히 맞서 있는 상황이다. 인간의 기본 특징을 말하는 존재에서 설명하는 존재로 상향조정할 경우 이는 인문학의 뿌리를 뒤흔드는 계기로 작용할 수 있다. 호모 나란스의 관점에서 볼 때 한국어와 영어, 중국어에 근본적인 차이가 있을 리 없다. 필자도 이런 입장에 서 있다.

실제로 모든 문장은 '주어 + 동사', 즉 주어와 술어가 명확히 구분되어야만 가능해진다. 베르나르 등이 호모 나란스를 현생 인류의 특징으로 간주한 것은 바로 술어의 기능에 주목한 결과다. 술어의 요체는 동사이다. 특히 영어 문장은 동사의 활용에 전적으로 기대고 있다. 영어문법에 대한 탐색은 바로 이런 전제 위에서 출발할 필요가 있다.

인도유럽어와 산스크리트어

영어는 인도유럽어의 일종이다. 인도유럽어는 동으로 중앙아시아, 서로 유럽의 서쪽 끝에 이르기까지 널리 퍼져 있는 어군語群을 통틀어 일컫는 말이다. 이 어군은 다시 인도이란어파를 비롯해 러시아어와 폴란드어 등의 슬라브어파, 그리스 반도 일대의 그리스어파, 불어와 이탈리아어 등 라틴어의 후신에 해당하는 로망스어파, 독일어와 영어 등의 게르만어파, 아랍어와 히브리어 등의 셈어파 등으로 나뉜다.

인도유럽어에 대해 현재까지 밝혀진 바로는 기원전 6000~4000년경에 공통조어를 사용하는 사람들이 있었고, 이들이 얼마 후 남아시아와 기타 유럽 전역에 퍼져 이동해 갔다는 것이다. 최근의 연구결과에 따르면 인도유럽어 어군이 분화하기 이전에 단일어의 시대가 존재했다고 한다. 이 시기는 인도인과 희랍인의 선조가 함께 생활하며 공통의 언어를 갖고 있던 시기를 말한다. 분포지역과 관련해 몇 가지 설이 있으나 대략 우크라이나에서 카르파티아에 이르기까지 매우 넓은 지역에 걸쳐 있었던 것으로 보는 견해가 유력하다.

역사적으로 볼 때 가장 오래된 문헌을 가진 것은 히타이트어이다. 기원전 18세기~12세기에 걸쳐 소아시아에 군림했던 히타이트 제국이 남긴 설형문자楔形文字, 즉 쐐기문자는 상당한 변화를 거쳤음에도 불구하고 놀랄 만큼 인도유럽어족의 옛 특징을 잘 나타내고 있다. 현존하는 인도유럽어 가운데 가장 오래된 것으로 간주되는 인도이란어파는 기원전 1500년경에 둘로 나뉘었다. 이란고원에 머물며 『아베스타』 경전을 숭상한 이란인과 힌두쿠시 산맥을 넘어 서북인도 인더스 강 상류의 펀자브 지역으로 들어가 『베다』 경전을 신봉한 인도·아리아인이 그들이다.

『베다』는 인도에 이주해 온 아리아인들의 우주와 인간에 대한 사유방법과 종교적 지식을 모아 편찬한 것으로 크게 『리그베다』, 『사마베다』, 『야주르베다』, 『아타르바베다』 등 4가지가 있다. 가장 오래된 것은 리그베다이다. 기원전 1,500~1,000년경에 이루어진 것으로 추정되고 있다. 이 시기를 통상 '베다시대'라고 한다. 『아베스타』와 『베다』는 일정한 규칙을 좇아 음을 변형시키는 것만으로도 능히 번역이 될 정도로 가깝다. 베다어는 이후에 등장하는 산스크리트어, 즉 범어梵語의 원형에 해당한다.

산스크리트어가 인도유럽어의 조상에 해당한다는 사실이 학계에 널리 알려진 것은 18세기 말 이후의 일이다. 당초 인도 주재 영국판사였던 윌리엄 존스경은 고대 인도의 법전에 정통하려는 목적으로 연구를 시작했으나 이내 산스크리트어가 곧 자신이 알고 있던 라틴어나 고대 그리스어와 너무나 유사하다는 사실을 발견했다. 곧 이에 대한 연구결과를 논문으로 정리해 캘커타의 아시아협회에서 발표했다. 그는 이 논문에서 산스크리트어와 고대 그리스어 및 라틴어는 동사 어간과 문법에서 우연으로 볼 수 없는 유사성이 존재하고, 이는 지금은 사라진 공통조어로부터 물려받은 것으로 보인다는 가설을 제시했다.

19세기에 들어와 유럽의 언어학자들은 자신들의 언어가 산스크리트어와 고대 그리스어 및 라틴어와 어떤 관계를 맺고 있는지 면밀히 연구한 결과 윌리엄 존스의 주장이 가설이 아닌 사실이라는 것을 알게 됐다. 학자들은 이 언어들이 지리적으로 동쪽 끝의 인도와 서쪽 끝의 유럽까지 퍼져있다는 것을 감안해 인도유럽어족으로 분류했다. '범서시대梵書時代'라는 용어가 등장하게 된 것은 인도유럽어의 중간조어가 바로 산스크리트어라는 사실을 확인한 결과였다.

영어와 게르만어

현재 인도유럽어에서 영어의 모어母語에 해당하는 게르만어가 갈라져 나온 배경은 아직 명확히 밝혀져 있지 않다. 다만 다른 언어와의 비교를 통해 그 원형을 대략 추정할 뿐이다. 현재는 문헌 이전의 시대에 빚어진 게르만어 자음의 조직적 변화가 밝혀진 상태이다. 이를 두고 학계에서는 발견자의 이름을 따 이른바 '그림의 법칙'이라고 부른다.

현대 영어 friend는 단수와 복수밖에 존재하지 않으나 현대 독어인

Freund는 성性과 격格에 따른 어미변화가 모두 살아 있다. 상대적으로 인도유럽어의 원형에 가까운 셈이다. 인도유럽어는 원래 단수와 복수 외에 쌍수雙數가 존재했다. 호메로스에서 고전기에 이르는 고대 그리스어의 변천과정에서 그 흔적을 찾을 수 있다. 현대 아랍어에서는 쌍수가 제대로 기능하고 있다.

복수형과 관련해 주목되는 현상이 히타이트어와 산스크리트어, 고대 그리스어에 존재한다. 중성명사의 복수가 주어로 등장할 때 동사가 단수형을 취하는 이른바 불일치不一致의 용법이 그것이다. 이는 중성명사의 주격복수형이 본래는 같은 모음으로 끝나는 여성 주격단수형에서 갈라져 나온 역사를 반영한 것이다. 원래 이 여성명사는 집합적인 의미를 가진 추상명사였다.

현대의 스웨덴어에서는 생물과 무생물의 2성이 대립하고 있으나 산스크리트어와 고대 그리스어 및 라틴어에서는 남성과 여성 및 중성 등 3성이 대립했다. 현대 불어는 남성과 여성의 2성 대립 구도이나 독어와 러시아어 등은 3성 대립 구도이다. 어떤 것이 더 오랜 체계인지에 대하여는 견해가 엇갈리나 인도유럽어 전체에서 보면 3성 쪽이 유력하다.

명사와 형용사의 격은 어파에 따라 상이하다. 가장 동쪽에 분포한 토카라어는 3격이면서도 접미어에 의한 2차적인 격이 존재한다. 불어와 독어는 주격과 소유격, 여격, 목적격 등의 4격을 보유하고 있다. 그러나 현재의 힌디어는 산스크리트어와 마찬가지로 호격을 포함해 모두 8개의 격을 그대로 보유하고 있다. 역사언어학적으로 8격 이상의 격은 나타나지 않았다는 점에 주목할 때 8격이 가장 오래된 것으로 추정되고 있다.

그러나 호격을 포함시켜 5격이 존재했고 여기에 구체적인 관계를 표시하는 구격具格, 즉 공동격과 탈격奪格 및 어격於格, 즉 처소격 등의 3격이 덧붙여졌다는 견해도 있다. 이들 성, 수, 격 등 3요소는 인도유럽어의 명사와 형용사를 형성하는 기본요소에 해당한다.

인도유럽어는 중세에서 근대로 넘어올 때 성과 격의 구별이 희미해지거나 대거 사라졌다. 이는 영어에서 가장 먼저 일어났다. 격의 구별이 점차 애매해지면서 문장의 뜻이 애매해지는 것을 방지하기 위해 주어와 목적어를 분리시키고 그 사이에 동사를 끼워 넣는 어순이 고정화된 게 그 증거이다. 영어는 동사조차 활용어미를 대거 상실하는 바람에 문장 내 위치가 매우 중요할 수밖에 없다.

원래 라틴어 때까지만 해도 본동사의 활용을 통해 인칭人稱과 수數, 시제時制, 태態, 법法 등의 5요소를 모두 표시했다. 그러나 영어를 포함한 게르만어의 경우는 초기부터 동사의 시제가 현재와 과거밖에 없는 까닭에 조동사의 도움이 없으면 미래시제와 수동태, 가정법 등을 표현할 길이 없었다. 그럼에도 영어를 포함한 21세기의 모든 인도유럽어는 수천 년 동안 면면히 이어지고 있는 굴절어의 특징을 고스란히 보존하고 있다. 학자들이 영어의 뿌리를 탐색하기 위해 산스크리트어와 고대 그리스어 및 라틴어 등을 공부하는 이유가 여기에 있다.

그러나 일반인의 경우는 산스크리트어와 고대 그리스어 및 라틴어를 공부한다고 영어를 더 잘 하는 것도 아니다. 영어를 모국어로 사용하는 사람일지라도 별반 다르지 않다. 그러나 그 뿌리를 아는 것과 모르는 것은 커다란 차이가 있다. 우리말의 경우 한자와 한문을 아는 사람과 그렇지 못한 사람의 경우를 생각하면 쉽게 이해할 수 있을 것이다. 21세기는 지식창조 사회이다. 창조는 지식에서 나올 수밖에 없고, 지식은 동서양의 고전을 통해 습득할 수밖에 없다.

한국인을 포함해 중국인과 일본인 등 서구 열강의 막강한 힘을 절감했던 동아시아인들의 경우 서양의 역사문화에 대한 이해는 지피지기知彼知己 차원에서 극히 중요하다. 영어는 서양의 문학과 역사, 사상 등을 이해하는 열쇠에 해당하기 때문이다. 영어를 외국어로 배우고 있는 우리에게도 영어를 모국어로 배우는 사람들 못지않게 영문법에 대한 심도 있는 지식이 요구되는 이유다.

지난 2009년 원로 경제학자 정기준이 그간 geometry의 번역어로 알려져 있던 기하幾何의 어원을 밝혀 낸 것은 좋은 사례에 해당한다. 당시 그가 〈수학학회지〉에 발표한 논문에 따르면 명대 말기인 1607년 마테오 리치와 서광계는 라틴어로 유클리드의 『Elementa』를 『기하원본』이라는 책 이름으로 번역했다. 이 책은 제1권의 머리에 "여러 도수度數를 다루는 분야는 모두 십부十府에 의뢰할 때 그 가운데 기하부幾何府에 속한다."고 써 놓았다. '십부'는 아리스토텔레스가 말한 '10카테고리'이고, 그 중 두 번째 것이 '수량 카테고리'이다. '수량 카테고리'의 의미는 영어의 how much 에 해당하고, 이를 직역하면 '얼마?'의 뜻으로 쓰이는 부사어 기하幾何가 된다.

400년 동안 한중일 3국에서 '지오메트리'의 음역音譯으로만 알았던 기하가 21세기에 들어와 한국의 한 원로학자에 의해 원래는 '수학일반'을 가리킨다는 사실이 처음으로 밝혀진 것이다. 동서양의 문화교류는 그 역사가 이처럼 깊다. 찾기로 들면 이와 유사한 사례를 무수히 찾을 수 있을 것이다.

고대 영어

영어를 제대로 이해하려면 먼저 영어가 걸어온 발자취를 개략적이라도 알 필요가 있다. 언어학자들은 영어에 결정적인 변화를 가져온 역사적인 사건들을 토대로 영어의 역사를 크게 고대 영어와 중세 영어 및 현대 영어로 3분한다. 고대 영어는 5세기 중엽부터 1100년까지, 중세 영어는 1100년부터 1500년까지, 현대 영어는 셰익스피어가 등장하는 1500년 이후에서 21세기 현재까지를 말한다.

고대 영어는 5세기 중엽 게르만족의 일파인 앵글족과 색슨족 등이 당시 켈트족이 살고 있었던 브리튼 섬에 발을 디디면서 시작됐다. 이는 켈트족이 스코트족 등의 침입에 대항하기 위해 앵글족과 색슨족에게 도움을 청한 데서 비롯됐다. 앵글족은 원래 독일북부와 덴마크 국경에 살았고, 색슨족은 이들과 인접해 살았다. 현재 독일의 작센 지역이 이들의 고향이다. 영어의 문어에 가끔 Spring is come 등의 표현이 등장하는 것은 독어에서 완료형 조동사로 have에 해당하는 haben 동사 이외에 be에 해당하는 sein 동사가 등장하는 것처럼 앵글족과 색슨족이 남긴 고대 영어의 흔적에 해당한다.

당시 켈트족의 요청으로 브리튼 섬에 정착한 앵글족과 색슨족은 이후 켈트족을 아일랜드 섬으로 몰아내고 브리튼 섬을 장악했다. 원래 켈트족은 로마제국 때까지만 해도 브리튼 섬을 중심으로 여러 지역에 널리 퍼져 있던 강력한 민족이었다. 동서로 지금의 터키 앙카라에서부터 스페인까지, 남북으로 로마 북부에서 프랑스를 거쳐 브리튼 섬에 이르기까지 드넓은 지역이 이들의 영역이었다. 그러던 것이 이후 게르만족의 압박에 밀려 아일랜드 섬으로 쫓겨 들어가면서 이들이 사용하는 켈트어 역시 극도로 축소돼 현재는 아일랜드와 영국 웨일즈 지방, 프랑스의 브레톤 지방에만 남아 있다.

이와 정반대로 켈트어를 대신한 게르만어는 급속도로 확장됐다. 브리튼 섬에는 무수한 방언이 존재했으나 크게 서부 색슨어Western Saxon, 북부 앙글리아어Northern Anglian, 런던을 포함한 남동부의 켄트어Kentish 등 3개의 방언이 주류를 형성했다. 지금도 7~11세기경에 서부 색슨어로 쓴 기록이 많이 남아 있다.

당시 앙글족과 색슨족은 이른바 저지대 서게르만어Low West Germanic dialects를 사용하고 있었기에 상호 의사소통에 큰 불편함이 없었다. 그러나 시간이 지나면서 게르만어의 복잡한 굴절屈折 형태를 보전하기가 쉽지 않았다. 같은 뿌리에서 나온 독어와 영어가 현대에 이르러 유사한 점을 찾아보기가 어렵게 된 이유가 여기에 있다.

굴절은 명사, 형용사, 지시대명사, 의문대명사, 동사 등이 인칭을 비롯해 여성과 중성 및 남성의 성性, 단수와 쌍수 및 복수의 수數, 주격과 소유격 및 여격과 대격 등의 격格에 따라 어미변화를 하는 것을 말한다. 영어 등의 게르만어를 비롯해 라틴어를 뿌리로 삼고 있는 불어 등의 로망스어, 러시아어와 폴란드어 등의 슬라브어, 아랍어 및 히브리어 등의 셈어가 모두 굴절어에 속한다. 이들 굴절어를 통상 인도유럽어로 부르는 것은 가장 뿌리가 되는 조어祖語가 현대 힌디어의 조상어인 산스크리트어에 있다는 사실에 기초한 것이다.

굴절어와 대비되는 것이 중국어 및 베트남어, 말레이−인도네시아 등의 고립어孤立語이다. 이들 고립어는 전혀 굴절을 하지 않는 점에서 영어 등의 인도유럽어와 극명한 대비를 이루고 있다. 고립어의 가장 큰 특징은 문장 내 위치에 따라 격을 부여하는 데 있다. 격어미 대신 조사를 사용하는 한국어 등의 교착어膠着語는 굴절어와 고립어의 중간에 속한다.

당초 영어가 뿌리를 같이 하는 독어와 다른 길을 걷게 된 데에는 브리튼 섬에 들어온 앵글족 및 색슨족이 호전적인 기질로 인해 역사를 기록하는 일에 무관심했던 게 가장 크게 작용했다. 게르만어의 복잡한 굴절 형태를 모두 기억해 후손에게 물려주는 것은 애초부터 불가능했다. 이들에게 글을 쓰는 관행이 생긴 것은 6세기 말 기독교가 브리튼 섬에 전파된 이후이다. 9세기에 알프레드 왕이 출현하면서 영어로 글을 쓰고 외국작품을 영어로 번역하는 일이 시작됐다. 이 시기를 고대 영어의 전성기로 본다.

당시 바이킹족의 계속적인 침략으로 인해 알프레드 왕이 지배하던 지역 방언의 문헌을 제외하고는 나머지 지역 방언으로 쓰인 기록은 모두 파기됐다. 이 와중에 영어는 굴절형태를 적잖이 상실한 데 이어 기독교의 영향으로 인해 라틴 어휘가 가미되면서 게르만어와 다른 모습을 보이기 시작했다. 바이킹족이 사용하는 북부독일 방언도 영어에 대거 침투했다. 이로써 고대 영어의 시대는 끝나고 중세 영어의 시대로 접어들게 됐다.

언어학 측면에서 볼 때 고대 영어는 현대 영어보다 뛰어난 면이 제법 있었다. 한 단어에서 몇 백 개의 단어를 생성할 만큼 단어 생성력이 뛰어났던 게 대표적이다. 이는 접두사와 접미사 등을 자유롭게 활용한 덕분이었다. 일부 언어학자들은 당시 고대 영어를 사용하던 사람들이 침략자인 바이킹족만큼이나 적응력이 뛰어나고 모험심이 강했기 때문으로 해석하고 있으나 이는 약간 지나치다. 그보다는 오히려 게르만어의 전통으로 보는 게 옳다. 현대독어가 아직도 접두사 및 접미어를 이용해 수많은 단어를 생산하고 있는 게 그 증거이다.

중세 영어

영어가 중세 영어로 접어들게 된 데에는 지금의 프랑스 북부지역인 노르만디 일대에 정착하고 있던 노르만족이 브리튼 섬을 장악한 게 결정적인 배경으로 작용했다. 노르만족은 원래 바이킹 족이었으나 일찍부터 노르만디에 상륙해 프랑스 문화와 언어의 영향을 받았다. 이 지역을 다스리던 윌리엄공은 영국 왕위계승의 적법성을 문제 삼아 영국을 침략함으로써 마침내 1066년 12월 영국왕으로 즉위했다. 이 사건으로 브리튼 섬에는 2개의 언어가 공존하게 됐다. 윌리엄공은 2만 명가량의 노르만인을 거느리고 온 까닭에 불어로 생활하면서 섬을 다스렸다. 중세 영어에 불어가 대거 혼입하게 된 배경이다.

지배층인 노르만족은 불어, 일반 백성은 영어를 사용했으나 이로 인한 핍박은 없었다. 이 와중에 영어는 복잡한 굴절 형태를 대거 생략하는 대신 불어 단어와 어법을 대거 차용하게 됐다. 문장의 위치에 따라 품사의 격이 확정되는 현대 영어의 기본 특징이 이때 만들어졌다. 이는 불어를 사용하는 지배층과 라틴어에 익숙한 식자층이 불어와 라틴어로 글을 쓴 데 반해 일반 백성은 거의 글을 쓰지 못해 문어가 아닌 구어만 사용한 결과였다. 중세 영어의 문헌이 거의 남아 있지 않은 것도 이와 무관하지 않다. 영문학사에서 이 시기를 '영문학의 암흑기'로 부르는 것은 바로 이 때문이다.

중세 영어 후반기에 들어와 지배층인 노르만족이 프랑스 소재의 땅을 포기하고 오로지 영국인으로 살아가게 되면서 지배층까지도 영어를 사용하는 현상이 나타났다. 이때의 영어는 이미 게르만족이 5세기 중엽 처음으로 브리튼 섬에 상륙했을 당시의 언어와는 현격한 차이를 보이고 있었다. 당시 일반 백성들이 사용하는 영어는 굴절 형태를 이미 상실하고, 품사가 문장 내 위치에 따라 결정되고, 격을 대신하는 전치사 등의 기능어에 의존하는 등 고립어의 모습으로 크게 변질돼 있었다. 접두사와 접미사를 덧붙여 어휘를 늘리거나 합성어를 만드는 게르만어의 특징이 상실되고, 대신 불어와 라틴어의 어휘가 일반 국민이 사용하는 영어에도 대거 차용됐다.

원래 고대 영어에도 라틴어 차용이 더러 있기는 했으나 거의 순수하게 게르만어로 변한 것뿐이었다. 문장의 기본 틀도 게르만어의 특징에서 벗어나지 않았다. 그러나 중세 영어에서는 어휘와 문장구조의 기본 틀만 게르만어의 특징을 보일 뿐이고, 전체적인 특징은 오히려 불어 등의 로 맨스어에 가까워졌다. 불어와 라틴어의 방대한 차용이 이런 결과를 초래 했다. 영어영문학 전공자들이 고대 영어를 접할 때는 마치 외국어를 대 하는 듯하나, 중세 영어로 쓰인 글은 친숙하다는 인상을 받는 이유가 여 기에 있다. 그러나 지금도 게르만어의 원형을 보유하고 있는 스칸디나비 아 학생들은 영어권 학생들보다 고대 영어를 더욱 친숙하게 느낀다.

현대 영어

중세 영어가 현대 영어로 넘어오는 1500~1560년경의 과도기에 위치 한 르네상스기의 영어는 영국 사회 전반에 걸쳐 광범위하게 진행된 문예 부흥의 결과를 고스란히 담고 있다. 과학과 철학, 예술, 문학 등 각 분야 의 눈부신 발전이 영어를 극히 풍족하게 만들었다. 전무후무의 대문호 셰익스피어가 활약한 시기가 바로 이때였다.

여기에는 인쇄기의 도입과 교육의 보급 등으로 글을 읽을 수 있는 사 람이 기하급수적으로 늘어난 게 가장 큰 요인으로 작용했다. 여기서 영 어가 오늘날처럼 세계 공용어로 발돋움할 수 있는 기틀이 마련됐다. 복 잡한 굴절 형태를 과감히 생략하고, 단어의 문장 내 위치로 격을 대신한 결과였다. 명사로만 쓰이던 water가 주어 뒤의 동사 자리에 옴으로써 곧 바로 동사로 작동해 과거형인 watered가 나타나고, 물결무늬 비단을 뜻 하는 watered silk 등의 신조어가 가능해진 게 그 실례이다.

가장 뛰어난 창작품으로는 인도유럽어를 통틀어 오직 영어에만 존재하는 현재진행형의 창안에 있다. 이는 산스크리트어와 고대 그리스어, 라틴어에 이어 불어 등의 로망스어에 이르기까지 꾸준히 이어진 이른바 반과거半過去 형태를 대신할 과거진행형을 만들어낸 뒤 이를 논리적으로 확장한 결과였다. 영국인은 여기에 그치지 않았다. 곧이어 완료상에까지 이를 확장해 현재완료진행과 과거완료진행, 미래완료진행 형태까지 만들어냈다.

우리말의 '아닌 게 아니라'처럼 부정에 대한 부정을 하면 긍정으로 변하는 것을 알아채 관습적으로 써오던 이중부정을 비문非文으로 간주하게 된 것도 바로 이때였다. 그 이전까지만 해도 이중부정은 부정을 더욱 강조하는 뜻으로 사용됐다. 비교급의 일회 사용으로도 비교의 의미를 나타내는 것을 용인해 이전의 이중비교 형태를 폐기하기 시작한 것도 바로 이때였다.

많은 학자들이 사물의 미세한 차이까지도 정확히 표현하기 위해 라틴어를 비롯해 로망스어와 고대 그리스어 등에서 많은 단어와 어법을 과감하게 차용한 것도 영어를 풍부하게 만드는 데 크게 기여했다. 이는 동시에 영어권에서 학식의 정도에 따라 상이한 영어를 구사토록 만들어 보이지 않는 소외 계층을 형성하는 계기로 작용하기도 했다. 어휘를 많이 알면 알수록, 어문구조의 논리성을 알면 알수록 문장의 길이가 짧아지고 의미전달이 더욱 효과적으로 이뤄진 결과이다. 마치 동아시아의 중국과 조선조의 사대부들 사이에서 한문과 한시 등을 이용해 서로 정보를 주고받으며 기득권 세력을 유지한 것에 비유할 만하다.

21세기 현재에 이르기까지 널리 사용되고 있는 현대 영어의 기본 틀이 갖춰진 것은 르네상스기 때 여러 사람이 앞장서 영어를 문화어로 만들기 위해 부단히 노력한 결과였다. 셰익스피어를 비롯한 수많은 문학가와 학자들이 일등공신의 역할을 했다.

현대 영어의 특징

영어는 외양상 불어나 이태리어 등의 로망스어와 닮아 있다. 그러나 '오다'와 '가다', '서다', '먹다', '자다' 등 사람들의 일상생활과 관련한 용어가 모두 게르만어에서 나온 것을 보면 영어의 뿌리는 어디까지나 게르만어라는 사실을 인정할 수밖에 없다. 로망스어와 어원을 같이하는 어휘는 예외 없이 식자층과 상류층이 즐겨 쓰는 학술 및 예술 용어 등에 한정돼 있다.

이런 현상은 어제오늘의 일이 아니다. 근 1천 년 이상의 역사를 갖고 있다. 영어의 역사가 영국의 역사를 반영한다는 이야기가 나오는 이유다. 21세기 현대 영어에 나타나는 특징을 역사언어학의 관점에서 보면 대략 3가지로 요약할 수 있다.

첫째, 어휘의 단순화 경향이다. 우선 단음절로 구성이 된 점을 들 수 있다. 고대 영어 후반기에 침략한 바이킹 족과의 동화과정에서 일상생활 속의 발음하기 어려운 다음절 어휘는 바이킹 족이 사용한 발음하기 쉬운 단음절 어휘로 대체됐다. ceorfan이 cut으로 대체된 것 등이 대표적이다.

당시 식자층이 들여온 차용어들은 거의 원형의 모습을 간직했기에 다음 절 어휘에 그대로 남게 됐다. 외국어와 모국어를 섞어 사용하는 이른바 부호교합符號交合 code switching 현상이 나타난 배경이다. 경제적이면서 과학적인 영어가 가능하게 된 단초가 여기에 있다.

둘째, 어순의 고립어 경향이다. 문장 내 위치에 따라 품사가 자유롭게 변한 게 그것이다. 형용사가 주어나 목적어 자리에 오면 명사, 동사 자리에 오면 동사, 부사 자리에 가면 부사가 되는 식이다. 근래에 들어와 이런 경향이 더욱 심해지고 있다. 이는 일반 백성들이 명사, 형용사, 동사의 어미변화를 기억하지 못한 사실과 불가분의 관련이 있다. 일반 백성들이 주격, 소유격, 여격, 대격 등의 격어미를 과감히 생략하고, 대신 문장 내 위치로 격을 나타낸 것은 탁월한 선택이었다. 영어가 인도유럽어 가운데 유일하게도 중국어 등의 고립어처럼 전치사, 접속사, 대명사, 조동사 등에 크게 의존하게 된 근본 배경이 여기에 있다. 본서가 영어 예문에 고립어의 상징인 중국어 예문을 덧붙여 놓은 것도 바로 이 때문이다.

셋째, 문법체계의 단순화 경향이다. 시제와 상相, 즉 Aspect를 통합하고, 원망법과 가능법을 가정법으로 통합시킨 점 등을 들 수 있다. 원래 영어를 비롯한 인도유럽어에는 자신의 생각이나 의견을 타인의 그것과 명확히 구별하고자 하는 문화가 존재했다. 이는 산스크리트어 때부터 존재했던 인도유럽어의 가장 큰 특징인 이른바 Atman, 즉 자아自我 개념에서 비롯된 것이다. 영어는 특이하게도 이로 인한 복잡한 문법체계를 극히 단순화시켰다. 아직도 독어와 불어 등에 존속하고 있는 원망법과 가능법을 가정법으로 통합한 게 대표적이다. 이런 점 등을 감안하고 영어를 접하면 훨씬 친숙한 느낌이 들 것이다.

한국어와 영어

한국인은 영어단어를 많이 아는 데도 회화가 잘 안 된다. 수십 년간 미국에서 살아왔고 어려운 단어도 꽤 많이 알고 있는 교포 1세가 초등학생 자녀인 교포 2세보다 영어를 못하는 게 그렇다. 객관적으로 볼 때 한국의 대학생보다 단어 실력이 달리는데도 영어를 모국어로 하는 사람들은 불과 수백 개에 지나지 않는 낱말로 모든 것을 표현한다. 사실 한국인이 가정이나 직장에서 사용하는 단어도 모두 모아봐야 수백 개에 지나지 않는다. 일상회화의 관건은 단어가 아닌 문형에 있음을 증명하는 사례이다.

영어는 명사와 동사의 어미가 인칭과 성, 수, 격, 시제, 상相, 태態, 법法 등에 따라 수시로 변환하는 굴절어이다. 영어를 비롯해 불어와 독어, 러시아어, 아랍어, 이란어, 인도어 등 이른바 인도유럽어에 속하는 모든 언어가 그렇다. 굴절어에 속하기 때문이다.

그러나 영어만큼은 특이하게도 인도유럽어 가운데 유일무이하게 굴절 형태가 거의 사라져 중국어 등의 고립어와 거의 유사한 모습을 띠고 있다. 중국어와 베트남어 말레이–인도네시아어 등은 명사와 동사의 어미가 전혀 굴절하지 않는 까닭에 단어의 문장 내 위치에 따라 그 의미가 확정된다. 격어미 대신 격조사가 발달한 한국어는 굴절어와 고립어의 중간인 교착어에 속하는 까닭에 고립어와 굴절어의 문법적 특징을 모르면 영어와 중국어를 익히는데 큰 어려움을 겪게 된다.

기본적으로 한국어의 문형은 영어와 현격한 차이가 있다. 유럽인은 물론 인도인, 중국인, 말레이인도 영어를 잘하는데 유독 한국인이 일본인과 더불어 세계에서 영어를 가장 못하는 국민으로 꼽히는 것도 교착어의 이런 문법적 특징과 관련이 있다. 무엇보다 문형의 요체인 어순이 완전히 다른 게 가장 큰 이유로 작용하고 있다.

말이든 글이든 결국 문장을 통해 의사소통이 이뤄질 수밖에 없다. 문장은 기본적으로 단어의 나열로 이뤄지나 아무렇게나 단어를 나열한다고 문장이 되는 게 아니다. 반드시 문장의 규칙을 좇아야 한다. 이것이 문법이다. 문법 자체가 하나의 규범인 까닭에 이를 어기면 설령 뜻이 통할지라도 사이비 문장인 이른바 비문非文으로 간주된다. 문법도 일상생활의 법이 그렇듯이 고정돼 있는 게 아니다. 언어관행이 크게 바뀌면 과거에 '비문'으로 취급된 문장이 '정문正文'으로 간주되고, '정문'이 '비문'으로 취급될 수 있다.

한국어와 영어의 문형에서 가장 큰 차이가 나는 것은 동사의 위치이다. 영어는 동사가 반드시 주어 다음에 오게 되어 있으나 한국어는 문장의 맨 뒤에 나온다. 매우 작은 차이 같지만 사실 이게 한국인이 유창한 영어를 구사하는 데 가장 큰 걸림돌로 작용하고 있다. 짧은 문장의 경우는 이해하는 데 큰 문제가 없다. 그러나 전달내용이 복잡해지면 이게 통하지 않는다. 가장 큰 걸림돌로 작용하는 동사의 위치 때문이다.

현재 영어의 고립어 진행이 가속화하고 있는 만큼 언젠가는 영어도 중국어처럼 목적어를 동사 앞으로 끌어내는 구문이 등장할지도 모를 일이다. 이때는 한국인이 유창한 영어를 구사하는 데 커다란 도움을 받을 수 있을 것이다. 그러나 현재로서는 한국어 어순으로 낱말을 늘어놓을 경우 설령 의사소통이 될지라도 비문으로 취급받을 수밖에 없다.

CONTENTS

PART 2 용언用言

용언은 활용活用이 전부다

PART 3   체언體言

체언은 곡용曲用이 전부다

English Grammar for Cultured

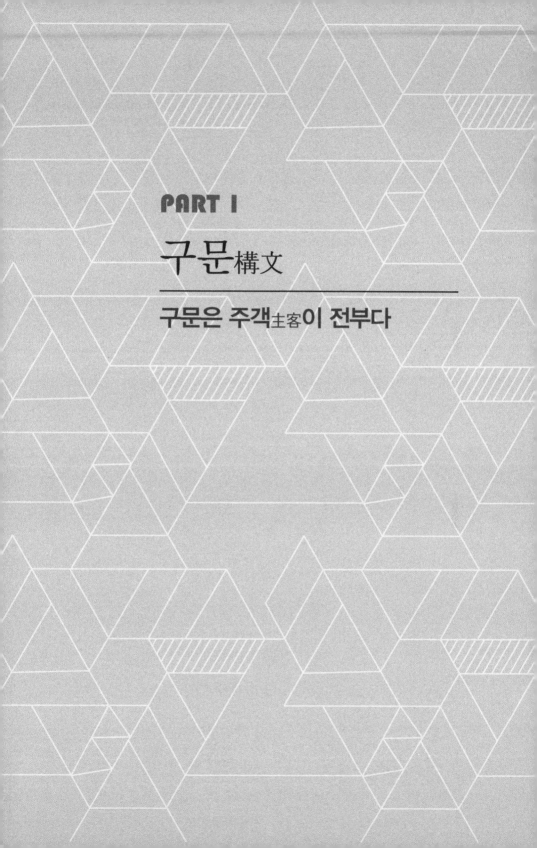

PART 1

구문 構文

구문은 주객土客이 전부다

"~that this nation, under God, shall have a new birth of freedom— and that government of the people, by the people, for the people, shall not perish from the earth."

- Abraham Lincoln, Gettysburg Address, 1863.

Lesson 1

주객主客 – 주어와 객어

구문과 우주 질서

동서고금을 막론하고 모든 언어의 문장은 '주어와 술어'로 구성돼 있고, 이는 다시 술어동사의 성격에 따라 자동사 구문과 타동사 구문으로 양분된다. 여기서 주목할 것은 중문법中文法에서 자동사 구문에 나오는 보어와 타동사 구문에 나오는 목적어를 하나로 묶어 객어客語로 표현하고 있는 점이다. 문장의 구조를 주객主客의 관계로 파악한 셈이다.

이는 우주만물을 음양의 조화로 파악한 뒤 음양으로 분화되기 이전의 하나의 기운인 도道를 우주만물의 근원으로 파악하는『도덕경』의 근본취지와 부합한다. 중문법에서 오랫동안 일본인들이 번역해 사용한 문법용어 '목적어' 대신 굳이 빈어賓語를 사용하는 것도 이런 맥락에서 이해할 수 있다.

『도덕경』의 관점에서 볼 때 중문법은 모든 문장에 대해 마치 우주만물을 음양의 결합으로 파악하는 것처럼 주어와 객어가 하나로 합쳐진 주객主客관계로 파악한 것이나 다름없다. 자동사 구문의 '보어'는 일심동체一心同體인 부부관계, 타동사 구문의 '빈어' 즉 목적어는 한마음이 되어 천하를 함께 다스리는 일심공치一心共治의 군신관계와 닮았다. 주인 및 군주인 주主의 입장에서 보면 '보어'인 배우자 및 '빈어'인 신하 모두 객客에 해당한다.

모든 문장을 '주객' 관계로 파악하는 중문법의 기본시각은 『도덕경』에서 역설한 우주만물의 기본질서와 부합하는 동시에 모든 문장을 국가통치 질서로 파악한 본서의 취지와 맞아떨어진다. 실제로 우리말의 '-는 -이다'의 구조로 된 자동사 구문과 '-가 -를 -하다'의 구조로 된 타동사 구문 모두 주인 역할을 하는 주어의 입장에서 볼 때는 '주인과 손님' 즉 주객관계에 지나지 않는다. 고금을 막론하고 짧고 간명하게 표현한 문장을 좋은 문장으로 간주하는 것도 바로 이런 이치에서 한 치도 벗어나지 않고 있다.

이런 이치를 무시한 채 언설을 장황하게 펼치면 일종의 둔사遁辭-Excuse로 전락하고 만다. 초점이 흐려져 전달하고자 하는 내용이 왜곡 내지 실종될 소지가 크다. 이는 하나의 문장 내에 여러 개의 주어가 병렬 내지 중첩된 복문을 생각하면 쉽게 이해할 수 있다. 단문일지라도 술어동사의 활용을 되도록 자제해야 좋은 글과 말이 될 수 있는 이유가 여기에 있다.

좋은 사례가 있다. 19세기 중엽 링컨이 게티스버그에서 연설할 당시 당대의 웅변가인 에드워드 에버렛은 2시간 동안 장광설을 펼친 바 있다. 연설을 마친 후 흡족한 표정으로 자리에 앉은 그는 자신의 뒤를 이어 단상에 오른 링컨의 연설을 듣고는 크게 부끄러워할 수밖에 없었다. 링컨의 연설은 단 2분에 불과했다. 사용된 단어 역시 총 266개에 지나지 않았다.

그러나 그 내용만큼은 사람들의 심금을 울리는 천고의 명문으로 점철돼 있다. 절제된 표현과 정연한 논리로 다듬어진 덕분이었다. 당시 링컨은 21세기의 현재까지 미국 민주주의를 상징하는 다음 구절로 연설의 대미를 장식했다.

e.g. 1

The *government of the people*, *by the people*, *for the people*, / shall not perish from the earth.

인민의, 인민에 의한, 인민을 위한 정부는 / 결코 지상에서 사라지지 않으리라.

이 구절을 두고 학교문법에서는 복잡한 해석을 시도하고 있다. The government는 주어, of the people, by the people, for the people은 주어를 꾸며주는 형용사구, shall not은 미래시제 조동사, perish는 빈어賓語, 즉 목적어와 보어補語의 도움을 필요로 하지 않는 완전자동사, from the earth는 동사를 꾸며주는 부사구라는 식이다. 게다가 제1형식 문장에 해당한다는 친절한 문형 분석까지 곁들이고 있다. 이런 분석이 영어를 제대로 이해하기 위해 반드시 필요한 것이라면 나름대로 수긍할 수도 있다. 그러나 그 속을 들여다보면 오히려 방해만 될 뿐이다. 이른바 문형 5형식의 틀에 박힌 교육 탓이다.

영문법 학자들은 문형 5형식을 크게 자동사自動詞 Intransitive Verb와 타동사他動詞 Transitive Verb 구문으로 대별하고 있다. 이는 아리스토텔레스 이후 많은 학자들이 인도유럽어의 문법구조를 열심히 탐구한 결과를 반영한 것으로 높이 평가할 만하다.

그러나 문제는 그 다음이다. 왜 자동사와 타동사를 다시 완전과 불완전으로 나눈 뒤 5개의 문형으로 나눴는지에 대한 해명이 궁색하다. 나아가 목적어를 왜 간접목적어와 직접목적어로 나눌 수 있는 것인지, 목적보어가 목적어의 의미를 보완한다는 것은 과연 구체적으로 무엇을 뜻하는지 등에 관해 제대로 된 설명을 내놓지 못하고 있다. 이것이 학생들을 더욱 헷갈리게 만들고 있다. 문형 5형식의 가장 큰 문제는 인도유럽어에서 체언體言의 곡용曲用과 용언用言의 활용活用이 극도로 축소된 영어만을 분석대상으로 삼아 억지문법을 만든 데 있다.

세상의 모든 문장은 아무리 길지라도 오직 하나의 주어와 동사만 갖고 있다. 우리말에서 한 문장에 사용되는 '−은/는'과 '−이/가'가 구별되는 이유다. 한 문장에서 문장 전체를 대표하는 주어는 '−은/는'의 주격조사가 붙은 구절이 될 수밖에 없다. 일례로 〈기미독립선언서〉의 다음 대목을 들 수 있다.

e.g. 2

"원한과 분노에 쌓인 2천만 민족을 힘으로 구속하는 것은 다만 동양의 영구한 평화를 보장하는 길이 아닐 뿐만 아니라, 이로 인해 동양 안위를 좌우하는 핵심인 4억 중국인이 일본에 대하여 가지는 두려움과 의심을 갈수록 두텁게 하여 그 결과로 동양의 모든 국면이 함께 넘어져 망하는 비참한 운명을 가져 올 것이 분명하니, / 오늘날 우리 조선의 독립은 조선 사람으로 하여금 정당한 생존과 번영을 이루게 하는 동시에 일본으로 하여금 그릇된 길에서 벗어나 동양을 붙들어 지탱하는 자의 중대한 책임을 온전히 이루게 하는 것이며, 중국으로 하여금 꿈에도 잊지 못하는 일본 침략의 불안한 공포로부터 벗어나게 하는 것이며, 또 동양평화로써 그 중요한 일부를 삼는 세계평화와 인류행복에 필요한 단계가 되게 하는 것이다."

문법의 관점에서 볼 때 하나의 문장이 너무 길어 좋은 글이라고 하기는 어려우나 내용 면에서 보면 나름대로 매우 논리정연하게 전개된 글임을 알 수 있다. 첫 머리인 '원한─'에서 '─분명하니'까지는 이유를 설명하는 종속절이다. '오늘날─'부터 '─것이다'까지가 주절이다. 주어는 '조선의 독립', 술어는 3개의 '것이다'로 나타나 있다. 이처럼 엄청난 길이의 문장도 그 핵심내용을 추려보면 '조선독립은 세계평화의 전제조건이다'라는 단문을 확장한 것에 불과하다. 다음 예문을 보자.

e.g. 3

A   =   B

Chosun's independence / is / a precondition for World Peace.

朝鮮獨立   / 是 /   世界和平的 前提條件.

조선독립은   / 이다 /   세계평화의 전제조건.

한 문장에서 주어로 등장하는 명사를 통상 주격명사Nominative Noun라고 한다. 주격은 주어가 될 수 있는 자격을 말한다. 주격 명사를 대신한 대명사는 주격대명사Nominative Pronoun가 된다. 한 문장에서 주어가 될 수 있는 것은 주격명사와 주격대명사밖에 없다.

이들 주격명사와 주격대명사는 한 문장에서 가장 핵심적인 실체實體를 이루고 있는 까닭에 통상 체언體言 Substantive이라고 한다. be동사로 연결되는 A = B 문장에서 주격체언은 주어와 술어에 동시에 등장한다. 주어와 술어에 등장하는 주격체언을 연결시켜 주는 be동사는 용언用言 Predicate에 해당한다.

호모 나란스의 입장에서 볼 때 굴절어인 영어와 고립어인 중국어, 교착어인 한국어에 근본적인 차이가 있을 수 없다. 실제로 이들 3국에서 사용된 고금의 문장을 보면 하나의 통칙通則을 찾을 수 있다. 그것은 바로 문장을 크게 자동사自動詞 구문과 그 밖의 타동사他動詞 구문으로 대별하는 것이다. 영어에 나타나는 자동사 구문은 굳이 문형 5형식에 적용하면 크게 4가지로 나눌 수 있다. 문형 5형식의 1-2형식에서 말하는 자동사

구문을 기준으로 한 다음 예문을 보자.

e.g. 4

1. 완전자동사인 '−be' 동사 및 'go'동사 등, 즉 우리말의 '−다'

I / **have been** to New York once. 나는 뉴욕에 한 번 가 보았다.

Time / **flies** fleetingly before we know it. 세월이 덧없이 흐른다.

I / **went** to the bookstore as often as not. 나는 종종 서점에 갔다.

Spring / **came** late this year. 올해는 봄이 늦게 왔다.

The stars / **shined** more brilliantly. 별들이 더욱 찬연히 빛났다.

They / **lived** on their nerves. 그들은 긴장된 생활을 했다.

The evening / **began** well. 그날 저녁은 괜찮게 시작했다.

2. 완전자동사인 '−be' 동사 및 'have' 동사, 즉 우리말의 '−이 있다'

There **are** / lots of diamonds in the sky.
하늘엔 수많은 다이아몬드가 있다.

Caesar / **is no more**. 시저는 더 이상 존재하지 않는다.

I / shall come, if need **be**. 필요가 있으면 다시 오겠다.

Whatever **is**, / is right. 세상에 존재하는 건 모두 옳다.

She / **has** many ardent admirers. 그녀에겐 많은 열렬 추종자가 있다.

Sycophants / **have been** and **are**.

아첨꾼은 줄곧 있어 왔고 지금도 있다.

He / **has not** an ounce of conscience.

그에겐 양심이라곤 손톱만큼도 없다.

3. 불완전자동사인 '–be' 동사와 'become' 동사, 즉 우리말의 '–이다, –되다'

He / **is** quite contented as he is. 그는 현재의 자신에 만족하고 있다.

He / **has been** a public official. 그는 계속 공무원으로 근무해 왔다.

She / **is not** who she used to be. 그녀는 예전의 그녀가 아니다.

Their contention / **has become** salient.

그들의 다툼이 점점 노골화했다.

A fine child / **becomes** a fine man.

될성부른 나무는 떡잎부터 알아본다.

It / **should not become** a political football.

그게 정치적 논란이 돼선 안 된다.

4. 불완전자동사인 '–be' 동사 및 'seem' 동사 등, 즉 우리말의 '–같다'

He / **is like** a cancer on our society. 그는 우리사회의 암과 같다.

You / **seem** to be fit as a fiddle. 당신은 정정해 보인다.

That / **sounds** good to me. 그게 내겐 좋아 보인다.

She / **appeared** surprised at the news. 그녀는 그 소식에 놀라보였다.

I / **am getting** silly as I **grow** old. 나이를 먹으면서 주책이 된다.

He / **kept** silent regarding the truth. 그는 그 사실에 계속 침묵했다.

위 예문에서 우선 be동사 및 have동사가 완전자동사로 사용된 경우를 살펴보자. 문법학자들은 have동사를 일괄적으로 '—을 갖고 있다'는 뜻의 타동사로 구분하고 있으나 이는 잘못이다. be동사가 불완전자동사로 사용될 때 '—이 되다'의 뜻을 지닌 become동사도 동일한 기능을 수행한다고 보아야 한다. 독어에서 werdenbecome동사가 수동태의 조동사로 사용되고 있는 사실이 이를 뒷받침한다.

이때 '—이다'에 해당하는 영어의 be동사는 A와 B를 연결해 주는 역할에 그치는 까닭에 통상 계사繫辭 copula라고 한다. 마지막 예문에 나오듯이 seem, appear, get, sound 등의 동사는 계사인 be동사와 유사한 기능 및 역할을 하는 까닭에 반계사半繫辭 semi copula로 불린다.

위 예문의 자동사 구문 모두 결국은 '—이다'와 '—있다', '—같다', '—다' 등 be동사의 4가지 용법이 확장된 경우에 해당한다. go와 come 등의 완전자동사와 반계사 등의 불완전자동사 모두 be동사에 약간의 뜻이 첨가된 것에 불과하다.

타동사 구문은 문형 5형식에서 3-5형식으로 분류되고 있으나 이들 모두 우리말의 '—을/를'에 해당하는 목적어를 지니고 있다는 점에서 동일하다. 결국 굴절어인 영어는 말할 것도 없고 중국어 등의 고립어, 한국어와 일본어 등의 교착어 모두 문장은 크게 자동사 구문과 타동사 구문 등 2가지로 이뤄져 있는 셈이다.

구문과 통치 질서

하나의 문장을 이루기 위해서는 한 문장에 등장하는 낱말 모두 술어동사를 제외하고는 반드시 일정한 격格을 가져야만 한다. 이는 크고 작은 가족의 경우를 생각하면 된다. 역사상 가장 큰 대가족을 이룬 사람은 청대의 건륭제이다. 그는 다섯 세대가 한 집에서 생활하는 이른바 5세동당五世同堂을 자랑했다. 5세동당에서 가장 연장자인 고조부에서 시작해 가장 어린 막내 손자에 이르기까지 일정한 호칭이 존재하지 않을 경우 집안은 이내 뒤죽박죽이 되고 말 것이다.

문장의 격은 바로 이런 호칭에 비유할 수 있다. 주어主語, 술어동사述語動詞, 보어補語, 빈어賓語가 문장의 핵심에 해당한다. 모든 문장에는 몇 가지 규칙이 있다. 먼저 주어는 반드시 하나만 존재해야 한다. 이는 하늘에 두 개의 태양이 없는 것에 비유할 수 있다. 이 원칙이 무너지면 마치 『삼국지』의 내용처럼 군웅이 각지에 할거해 저마다 천하의 주인을 자처하는 것과 비슷하게 된다.

영어는 주어로 사용되는 명사 및 대명사를 문두文頭로 끌어내는 방법으로 이 문제를 해결하고 있다. 영어를 포함해 불어와 독어 등에 it 및 이와 유사한 뜻의 il과 es 등의 비인칭 주어가 등장하는 이유가 여기에 있다.

영어의 주어가 문두로 나오는 것은 사실 중국어와 베트남어, 말레이-인도네시아어처럼 고립어가 갖는 기본적인 특징이기도 하다. 실제로 영어는 인도유럽어 가운데 격변화가 사실상 사라진 유일한 경우에 속한다. 영어의 문장이 고립어의 특징을 보여주는 이유다.

고립어에 가까운 영어가 주어의 위치문제를 해결했다고 해서 곧바로 문장을 구성할 수 있는 것은 아니다. 술어동사를 비롯해 보어와 목적어, 수식어 등에 대한 배치문제가 남아 있기 때문이다. 여기서 두 번째 규칙이 나왔다. 술어동사는 반드시 주어 뒤에 나오고 보어와 목적어는 술어동사 뒤에 나오도록 한 것이 그것이다. 이 규칙이 지켜지지 않을 경우 수식어 및 피수식어가 뒤엉키고, 보어 및 목적어의 위치가 술어동사와 뒤바뀌는 등 혼란스럽게 된다. 이는 군주가 신하의 도움을 받지 못해 고성孤城에 홀로 남아 있는 것에 비유할 수 있다.

술어동사는 본동사本動詞와 조동사助動詞로 이뤄진다. 이를 동사구動詞句라고 한다. 동사구는 문무백관이 모인 조정朝廷에 비유할 수 있다. 동사구의 핵심은 말할 것도 없이 본동사이다. 본동사는 일인지하, 만인지상의 승상丞相에 해당한다. 그러나 일부 본동사는 겉모습만 본동사일뿐 내용상 오히려 조동사가 본동사의 역할을 대행하는 경우도 있다. 이는 현재 정치에서 허수아비 총리 밑에 실세 장차관이 포진한 것에 비유할 만하다. 고립어의 성격을 띠고 있는 영어는 산스크리트어와 고대 그리스어 및 라틴어와 달리 조동사의 도움이 없을 경우 미래시제와 완료상, 수동태, 가정법 등을 표현할 길이 없다.

술어동사가 굴절어미를 사실상 상실해 고립어와 별반 차이가 없게 된 21세기의 영어는 조동사가 본동사의 통제하에 있는 한국어와 달리 조동사가 본동사를 압도하는 난세의 조정에 해당한다. 의문문을 만들 때 본동사 또는 조동사가 주어 앞으로 튀어나오는 게 그 증거이다. 중국어 등 대부분의 고립어가 문미文尾에 우리말의 '-까?'에 해당하는 종결조사를 덧붙이는 방식과 대비되는 대목이다.

나라의 모습을 제대로 갖추기 위해서는 조정을 세우는 것만으로는 안 된다. 먼저 나라의 근본인 백성들이 안심하고 생업에 종사할 수 있어야 한다. 그래야 재정과 군비를 확충해 유사 시를 대비할 수 있다. 그러기 위해서는 민民과 관官 모두 맡은 바 임무에 충실해야 한다. 이는 술어동사 뒤에 나오는 보어와 목적어가 술어동사의 명을 좇아 자신이 있어야 할 위치에 자리 잡고, 맡은 바 임무를 열심히 수행하는 것에 비유할 수 있다. 이로써 비로소 문장이 성립하게 된다.

언어학자들은 문장을 주격Nominative과 주어Subject, 술어Predicate, 술어동사Predicate Verb, 보어Complement, 목적어Object 등으로 표현하고 있다. 문장을 『Sentence = NP ; N = S, P = V + C/O』로 도식화하는 이유다. 이를 국가통치에 비유할 경우 주격 N은 곧 군주, 술어동사 V는 군왕의 명을 받들어 일반 관민을 다스리는 조정, 보어 C는 백성에 해당한다. 목적어 O는 우리말의 '-을/를'로 나타나고 있는 데서 알 수 있듯이 술어동사의 명령을 직접적으로 받는 까닭에 중앙조정의 명을 받드는 천하 각지의 지방관원에 비유할 수 있다. 군주 N의 명을 받들어 일반 관민을 다스리는 조정 V가 활약하는 무대인 술어 P는 군명이 집행되는 통치공간에 해당한다.

영어는 우리말처럼 이른바 영어의 형용사에 해당하는 정태동사定態動詞가 존재하지 않고 오직 통상적인 동사인 동태동사動態動詞만이 존재하는 까닭에 조정 V의 비중이 더욱 클 수밖에 없다. 모든 언어학자들이 동사를 정복하면 영어를 정복한 것이나 다름없다고 말하는 이유다.

이를 통치에 비유하면 조정 V는 승상에 해당하는 본동사, 승상을 곁에서 돕는 좌승상 이하의 조정백관인 조동사로 구성돼 있는 셈이다. V가 시제와 완료상, 능동태, 직설법 등에 따라 다양한 활용을 하는 것은 치세와 난세의 상황에 따라 정책을 바꿔 시행하는 조정의 임기응변에 비유할 수 있다.

만일 군주인 N이 국가대계의 미래를 얘기하고자 하는데도 조정 V가 계속 현재 내지 과거에 머물거나, 조심스런 태도로 백성에게 다가가고자 하는데도 조정 V가 가정법을 사용하지 않고 직설법을 구사하거나 하면 이는 군명을 제대로 받들지 못하는 게 된다.

정반대로 백성 C가 상소를 올려 민심을 상달하고자 하는데도 조정 V가 이를 뭉개버릴 경우 군주가 민정民情을 알 길이 없게 된다. 문법에 비유하면 자동사 구문의 전형인 제2형식의 N = C 문형이 성립할 길이 없게 되는 것과 같다.

나아가 조정의 명을 직접적으로 수령하는 지방관원 O가 지방의 특수한 사정으로 인해 조정의 명을 늦춰줄 것을 상소했음에도 조정 V가 이를 제대로 수용하지 않고 고압적인 자세로 일관하면 타동사 구문의 전형인 제5형식의 O = np 문형이 성립할 길이 없게 된다.

국가공동체로 나타나는 통치공간은 일반 관민官民이 생업에 종사하고 공무를 집행하는 국가영토 위에서 기능한다. 문법에 비유하면 문장으로 표현되는 통치공간이 술어 즉 P = V + C/O로 구성돼 있는 것과 같다. 보어 C는 통상 계사로 작동하는 be동사의 매개를 통해 N = C의 관계를 이루고 있는 까닭에 군왕인 N과 직결돼 있다. 이는 군주와 백성을 한 몸으로 간주하는 동양전래의 군민일체君民一體 개념과 상통한다.

보어가 전혀 등장하지 않는 이른바 영보어零補語 zero complement의 자동사 구문은 군주 N이 승상과 문무백관 등이 참여한 가운데 조정 V에서 국가대사를 논의하는 것에 비유할 수 있다. 다음 예문을 보자.

e.g. 5

   I / **must fly**!
⋯▶ 군주 I는 / 조정에서 must fly한다고 표명한다.

   We / **can fly** *to the moon*!
⋯▶ 군주 We는 / 조정에서 can fly한다고 표명한다.

첫 번째 예문은 국가대사를 논의하는 자리에서 일방적으로 군주의 의지만 표명된 까닭에 이를 일반 국민에게 특별히 알릴 내용이 없다. 그러나 두 번째 예문의 경우는 약간 다르다. fly의 움직이는 방향이 to the moon의 부사구로 나타난 데서 알 수 있듯이 군주의 의지표명이 나라의 앞날에 커다란 영향을 미칠 수밖에 없기 때문이다.

군주의 의지가 민의와 완전히 일치하는 구문의 전형은 조정 V가 오직 계사로 작용하는 N = C 문형이라고 할 수 있다. 여기서 조정 V는 단지 군주와 백성을 이어주는 역할에 그치고 있다. 이를 통치에 비유한 다음 예문을 보자.

e.g. 6

We / are **happy**.

···▸ 군주 We는 / 조정에서 happy하다고 표명한다.

be동사는 계사의 역할에 그치고 있는 까닭에 주어 N과 보어 C에 개입할 여지가 전혀 없다. 보어로 등장하는 모든 명사와 형용사가 주어와 똑같이 주격을 취하는 이유다. 이는 한 문장 내에서 오직 하나의 주격명사만을 인정하는 영어문장에서 유일한 예외에 해당한다. 파격이다. 동양에서 이상주의 정치를 역설한 맹자와 주희 등이 역설한 군민일체君民一體 통치이념이 그대로 반영된 것에 비유할 수 있다.

비교언어학의 관점에서 볼 때 아랍어와 러시아어 등에서 be동사가 '—

이다'와 '-있다'의 의미 가운데 어느 쪽인지를 막론하고 직설법 현재시제에서 be동사를 생략하는 것도 이와 관련이 있다. be동사가 오로지 N = C의 문형을 만드는 일에 매진한 까닭에 군주 N과 백성 C는 be동사의 존재를 거의 인식하지 못한다. 백성인 보어 C의 역할 및 기능이 가장 선명히 드러나는 구문이 바로 be동사 구문이라고 해도 과언이 아니다.

이에 반해 타동사 구문은 그 성격을 완전히 달리 한다. 타동사 구문은 하나같이 우리말의 '-을 -하다'로 표현되고 있다. 모든 타동사 구문은 조정 V로 비유되는 술어동사의 명을 반드시 이행해야만 한다. 목적어 O를 조정의 명을 받드는 일반 관원으로 비유한 이유가 여기에 있다.

실제로 타동사 구문에서는 문형 5형식에서 말하는 제3−5형식 모두 조정 V의 명을 얼마나 잘 집행했는지에 따라 비문非文 여부가 갈린다. 절을 단문으로 축약해 놓은 5형식의 경우 O = np 구조로 이뤄져 있는 목적어 O를 다시 절로 환원시킬 경우 np의 p가 문장 전체를 지배하는 술어동사 V와 시제 및 완료상, 태 등에서 정확히 일치해야만 한다. 이것이 일치하지 않을 경우 이는 조정의 명령이 제대로 집행되지 않는 관기官紀 문란에 비유할 수 있다.

타동사 구문에서는 술어동사 V 뒤에 아무리 많은 낱말이 올지라도 모두 목적어 O로 통합할 수 있다. 군민일체로 표현되는 자동사 구문 N = C의 구조와는 정반대의 모습이다. N = C 구조에서 V는 사실상 존재하지 않는 것이나 다름없다. N = C의 구조에서 술어동사 V가 그 모습을 그나마 드러내는 것은 시제와 완료상, 태 등을 구체적으로 드러낼 때뿐이다. 이때 역시 N = C 구조를 해쳐서는 안 된다. 군민일체의 이상을 훼손하는 것은 군주 N의 명을 거역하는 것이나 다름없기 때문이다.

이에 반해 타동사 구문에서는 정반대로 군주 N의 명을 철저히 집행해야만 한다. 스스로 시제와 완료상, 태 등에서 임기응변의 모습을 보여주어야 한다. 문형 5형식에 적용하면 3형식의 O = o1, 4형식의 O = o1 + o2, 5형식의 O = np 등 다양한 유형의 O를 효과적으로 통제하는 것을 의미한다. 이를 태만히 할 경우 관기가 무너져 군명이 실종되고 만다. 이는 비문非文을 의미한다. 먼저 타동사 구문 가운데 가장 간략한 3형식의 문형부터 살펴보자.

e.g. 7

I / hope *that concert was a shot in the arm*.

⋯→ 군주 I는 / 조정에서 O를 hope한다고 표명한다.

⋯→ O는 '콘서트가 활력소가 된 것'이다.

⋯→ 나는 콘서트가 활력소가 됐기를 바란다.

모든 타동사 구문은 3형식과 4형식, 5형식을 막론하고 모두 S = V + O의 구조를 하고 있는 까닭에 우리말의 '—를 —하다' 구문으로 요약할 수 있다. O가 무조건 우리말의 '—하는 것'으로 요약되는 이유다. 4형식에서 가장 기본이 되는 give동사 및 teach동사 구문을 보면 이를 더욱 쉽게 알 수 있다.

e.g. 8

She / won't give *me a definite answe*r.

···▶ 군주 She는 / 조정에서 O를 will not give한다고 표명한다.

···▶ O는 '나에게, 확정적인 대답을'이다.

···▶ 그녀는 나에게 확정적인 대답을 주지 않을 것이다.

He / taught *me English*.

···▶ 군주 He는 / 조정에서 O를 taught한다고 표명한다.

···▶ O는 '나를, 영어를'이다.

···▶ 그는 나에게 영어를 가르쳤다.

원래 teach동사는 ask동사와 더불어 산스크리트어 시대 이후 이른바 2중대격二重對格 double accusative을 취했다. 그래서 두 번째 예문의 문장을 쪼갤 경우 '나를 가르치다'와 '영어를 가르치다'로 나뉜다. 이는 수여동사 give가 원래부터 '-에게 -을 주다'의 뜻을 지니고 있는 것과 적잖은 차이가 있다. 영어는 teach동사가 '-에게 -을 가르치다'의 뜻을 지니고 있는 까닭에 가르치는 대상과 가르치는 내용이 동시에 등장할 때 가르치는 대상은 대격에서 여격으로 변한다. 러시아어에서 teach의 의미를 지닌 동사가 '-를 -로 이끌다'의 뜻을 지니고 있는 것과 대비되는 대목이다.

타동사 구문에서는 술어동사의 움직임이 목적어인 O에 그대로 투사되는 까닭에 술어동사의 명을 어길 경우 문장 자체가 파탄 나게 되어 있다.

가장 복잡한 5형식의 O = np 구문을 보면 이를 보다 확연히 알 수 있다.
5형식의 가장 복잡한 문형을 분석한 다음 예문을 보자.

e.g. 9

Jane / dye **Tom's hair yellow**.

⋯▸ 군주 Jane은 / 조정에서 O를 dye한다고 표명한다.

⋯▸ O는 '톰의 머리가 노란 것'이다.

⋯▸ 제인은 톰의 머리가 노랗게 되도록 물들인다.

Mary / had **Jane dye Tom's hair yellow**.

⋯▸ 군주 Mary는 / 조정에서 O를 had한다고 표명한다.

⋯▸ O는 '제인이 톰의 머리를 노랗게 물들이는 것'이다.

⋯▸ 메리는 제인이 톰의 머리를 노랗게 물들이도록 시켰다.

Bill / has **me say that Mary had Jane dye Tom's hair yellow**.

⋯▸ 군주 Bill은 / 조정에서 O를 has한다고 표명한다.

⋯▸ O는 '내가 메리는 제인을 시켜 톰의 머리를 노랗게 물들였다고 말하는 것'이다.

⋯▸ 빌은 "내가 메리는 제인을 시켜 머리를 노랗게 물들이게 했다고 말하도록" 시킨다.

목적어에 사물이 등장한 첫 번째 예문은 V의 목적어 O가 her hair = dyed black의 n = c 모습으로 O = np에 부합하고 있음을 보여준다. 목적어에 사람이 등장한 두 번째 예문은 V의 목적어 O가 the hairdresser dye her hair black의 p = v + o의 모습으로 O = np에 부합하고 있다. 주목할 것은 두 번째 예문의 O가 5형식의 np구조를 이루고 있는 점이다.

세 번째 예문은 O = np 구조가 3중으로 결합된 $\langle$ S = V + O ← O = v' + o' ← o' = v^ + o^$\rangle$ 구조로 되어 있다. 수학으로 치면 y = f(x)의 3중 적분에 해당한다. 두 번째 예문은 y'의 1차 미분, 첫 번째 예문은 y'의 2차 미분이 되는 셈이다. 아무리 긴 문장일지라도 수학의 미적분 이치를 도입하면 쉽게 해석할 수 있다.

결국 영어의 모든 구문은 S = V + C의 자동사 구문과 S = V + O의 타동사 구문 등 2가지 패턴밖에 없고, 한 발 더 나아가 '주어+ 동사' 구조로 단순화된다는 사실을 알 수 있다. 이런 미적분 형식이 가능하게 된 것은 바로 술어동사 V가 전체의 문장을 통솔하고 있기 때문이다. 이처럼 술어동사는 과거와 미래, 완료상과 미완료상, 수동태와 능동태, 직설법과 가정법 등 상황에 따른 다양한 활용을 통해 주어의 의미를 전달하는 역할을 수행하고 있다.

이상과 같은 검토를 통해 영어의 타동사 구문은 일괄적으로 S = V + O로 요약할 수 있음을 알 수 있다. 이는 S = V + C로 요약되는 자동사 구문과 짝을 이룬다. 결국 영어의 모든 문장은 크게 자동사 구문과 타동사 구문으로 요약되는 셈이다. 이를 도식으로 표시하면 다음과 같다.

1. 자동사 구문 $NP \leftarrow P = V + C$

2. 타동사 구문 $NP \leftarrow P = V + O \leftarrow O = np$

위의 도식은 형용사가 동사처럼 활용活用 Conjugation하는 한국어 및 중국어와 달리 명사와 똑같이 곡용曲用 Declension하고 있는 영어의 정곡을 찌른 것이기도 하다. 곡용과 활용에 대한 정확한 이해는 자동사와 타동사 구문을 막론하고 영어구문을 정확히 파악하는 지름길에 해당한다.

Lesson 2

보어補語 – 보어와 주격

문장 분석의 기본 틀

우리나라에서 최초로 문법을 다룬 사람은 구한말의 개화사상가 유길준이다. 최초의 미국 유학생이기도 한 그는 『조선문전朝鮮文典』에서 한국어를 영어와 비교한 뒤 품사를 명사와 대명사, 동사, 형용사, 부사, 후사後詞, 즉 조사, 접속사, 감탄사 등 8종으로 나눈 바 있다. 명저 『서유견문록西遊見聞錄』을 펴낸 바 있는 그는 근현대에 들어와 한국인으로서는 사상 최초로 정치언어학을 탐구한 인물에 속한다.

이에 자극을 받은 국어학자 주시경도 곧 1909년에 『국어문법國語文法』을 펴내면서 한국어의 품사를 명사, 형용사, 동사, 조사, 접속사, 관형사, 부사, 감탄사, 종지사 등 모두 9가지로 나눴다. 이것이 현재 한글 문법체계의 골간이 되어 있다.

통상 언어학자들은 문장을 분석할 때 먼저 해당 문장을 크게 주부主部

Subject와 술부述部 Predicate로 나누는 일부터 시작한다. 수식어를 동반한 주어와 술어의 덩어리가 바로 주부와 술부이다. 수식어를 털어낼 경우 주부는 곧 주어S, 술부는 술어P만 남게 된다. 주부 및 술부는 주어 및 술어를 달리 표현한 것에 지나지 않는다.

국어문법에서는 주부와 술부, 주어와 술어 이외에도 체언Substantive과 용언Predicate 개념을 즐겨 사용한다. 이는『주역』에 나오는 체용體用 개념을 이용해 주어와 술어를 품사론의 관점에서 파악한 것이다. 명사와 대명사 및 수사 등은 문장의 몸체가 된다는 의미에서 체언이 되고, 동사와 형용사 등은 이들 체언을 구체적으로 설명해준다는 의미에서 용언에 해당한다는 취지이다. 문장을 S + P의 구조로 파악하는 것은 바로 이 때문이다.

그러나 구문론을 중시하는 사람들은 S + P 대신 N + P를 주로 사용한다. 여기의 N은 명사와 대명사 등이 주어로 등장할 수 있는 자격인 이른바 주격主格 Nominative을 뜻한다. 체언과 용언의 개념으로 풀이하면 문장구조를 주격체언 + 술부로 파악한 셈이다. 문장을 N + P구조로 파악할 경우 한국어와 일본어 및 중국어가 영어와 적잖은 차이점을 보이고 있음을 단박에 알 수 있다. 다음 예를 보자.

e.g. 1

그는 / 두통이 있다.

彼は / 頭痛が 有る.

他 / 有 頭痛.

He / has a headache.

그는 / 머리가 아프다.

彼は / 頭が 痛い.

他 / 頭 痛.

His head / aches. (O)

↗ He / head aches. (X)

　앞의 예문은 한국어 및 일본어의 '두통이 있다'를 '두통을 갖고 있다'로 해석할 경우 한국어와 일본어, 중국어, 영어 모두 어순만 다를 뿐 사실 똑같은 문장구조를 갖고 있음을 보여준다. 그러나 뒤의 예문은 굴절어의 일종인 영어가 한국어 및 일본어 등의 교착어와 중국어 등의 고립어와 적잖은 차이를 있음을 보여주고 있다. 왜 이런 차이가 나는 것일까?

　뒤의 예문에서 한국어와 일본어의 경우는 '머리가 아프다'가 하나의 덩어리가 되어 술어의 역할을 하고 있다. 격조사를 가진 교착어의 특징이 완연히 드러나는 대목이다. 격조사는 물론 격어미도 존재하지 않는 중국어 역시 하나의 절로 구성된 頭痛 tou tong이 한 덩어리가 되어 술어의 역할을 수행하고 있다. 중국어에서는 주어 他ta와 술어 頭痛 사이에 '−있다'의 의미를 지닌 有you가 들어올 수도 있고 생략될 수도 있다.

　그러나 영어에서는 우리말 및 일본어의 '그는 머리가 아프다' 내지 중국어 '他頭痛' 구문처럼 한 문장 내에 두 개의 주격이 동시에 등장하는 게 불가능하다. he를 소유격으로 변환시킨 후 his head를 주어로 내세운 자동사 구문을 사용하거나 head와 ache를 하나로 통합한 명사 headache을 have동사의 목적어로 변환시킨 타동사 구문을 사용해야만 한다.

일부 문법학자는 한국어와 일본어, 중국어처럼 한 문장에 두 개의 주격이 등장하고 있는 것을 두고 이른바 2중 주어문으로 해석하고 있으나 이는 잘못이다. 고금동서를 막론하고 한 문장에 2개의 주어가 존재하는 것은 비문非文이다.

한국어와 일본어에서 주격조사 '-이/가'가 동일한 주격조사 '-은/는'과 함께 쓰일 때는 반드시 서술절을 이끄는 역할을 하는 까닭에 문장 전체의 주어인 '-은/는'과 충돌할 이유가 없다. 중국어에서 '그는 머리가 아프다'와 '그는 두통을 갖고 있다'의 구문이 동시에 등장할 수 있는 것은 have동사에 해당하는 有를 '-있다'로 해석하기 때문이다. 만일 有를 영어의 have처럼 '-를 갖고 있다'의 타동사로 고정시키면 우리말처럼 '그는 머리가 아프다'는 식의 표현이 불가능하게 된다. 영어와 마찬가지로 한 문장에 2개의 주어가 등장하기 때문이다.

영어 등의 굴절어와 한국어 등의 교착어, 중국어 등의 고립어 모두 영어의 be동사에 해당하는 동사처럼 '-있다'와 '-이다'의 뜻을 동시에 갖고 있다. 나아가 직설법 현재 시제의 경우에는 과감히 생략하는 게 상례이다. 영어를 비롯해 독어와 불어 등 서구의 일부 언어에서만 직설법 현재

시제에도 이를 생략하지 않을 뿐이다. 이는 have동사를 '—을 갖고 있다'의 타동사로 고정시킨 결과이다. 다음 예문이 그 증거이다.

e.g. 2

他 / φ　　頭　　痛. (O)
He / φ　　head　ache. (X)

他 / 有　　頭痛. (O)
He / has a headache. (O)

두 예문에서 중국어의 頭痛은 有가 없는 구문에서는 '머리가 아프다'는 뜻의 절로 나타난 것이고, 有가 있는 구문에서는 영어의 headache처럼 하나의 명사로 등장한 것이다. 有가 있는 구문에서도 頭痛을 영어의 that-절처럼 해석해 '그는 머리가 아픈 것이 있다'로 해석할 수도 있으나 문맥이 매끄럽지 못하다.

고립어 양상을 보이고 있는 영어는 중국어처럼 有동사를 생략하는 게 불가능하다. 생략할 경우 한 문장에 주어가 2개 출현하는 결과가 되기 때문이다. have동사를 有처럼 '—있다' 의미의 자동사로 통합하지 못한 결과가 바로 이런 차이를 빚어낸 것이다. 문장을 분석할 때 품사론보다는 구문론의 차원에서 문장 전체를 총체적이면서도 유기적으로 해석해야 하는 이유가 여기에 있다.

굴절어 'VO'와 교착어 'OV'

한국어처럼 격조사가 발달한 교착어와 인도유럽어처럼 격어미를 발전시킨 굴절어, 중국어처럼 격조사와 격어미를 모두 생략한 고립어에서 나타나는 가장 큰 차이는 어순에 있다. 일찍이 언어학자 그린버그는 이에 주목해 동사의 문장 내 위치를 기준으로 세상의 모든 언어를 크게 VO언어와 OV언어로 나눴다. 그가 밝혀낸 두 언어의 차이점은 다음과 같다.

e.g. 3

VO언어 즉 굴절어	OV언어 즉 교착어
피수식어/ 수식어	수식어/ 피수식어
동사/ 부사	부사/ 동사
명사/ 관계절	관계절/ 명사
명사/ 형용사	형용사/ 명사
명사/ 소유격	소유격/ 명사
조동사/ 본동사	본동사/ 조동사
전치사/ 명사	명사/ 후치사
완결조사 없음	완결조사 있음

VO언어인 영어는 beautiful girl 및 the boy's box처럼 형용사 및 소

유격이 명사의 앞에 나오는 예외적인 면도 있다. 그러나 그린버그의 분석틀에서 벗어나는 것은 아니다. 고립어인 중국어의 경우는 대략 VO와 OV의 중간지대에 속한다. 조동사가 본동사 앞에 오는 점 등에서는 VO의 특징을 지니고 있으나 수식어가 피수식어 앞에 나오고 '-까?'에 해당하는 '-嗎ma?' 등의 완결조사가 존재하는 점 등에서는 OV와 닮았다.

그린버그의 분류에서는 명확히 드러나지 않았으나 영어 등의 VO언어와 한국어 등의 OV언어를 구별하는 중요한 징표가 따로 있다. 그것은 바로 형용사가 명사처럼 격에 따라 격변화를 하는 이른바 곡용曲用을 하는가, 아니면 동사처럼 시제와 수동태, 가정법 등에 따라 이른바 활용活用을 하는가 하는 점이다. 영어 등의 인도유럽어는 형용사가 예외 없이 명사처럼 곡용을 한다. 이에 반해 한국어 및 일본어 등의 교착어는 형용사가 동사처럼 활용을 한다.

이는 기본적으로 완결조사가 존재하기에 가능한 것이다. 완결조사가 존재하는 중국어 역시 형용사가 동사처럼 활용한다. 형용사의 곡용과 활용은 VO와 OV를 구별하는 가장 중요한 기준이 된다. 영어가 속해 있는 인도유럽어에서 동사가 극도로 복잡한 모습을 띠고 있는 가장 큰 이유는 바로 형용사가 명사처럼 의미가 고정된 데 있다. 동사가 형용사를 대신해 사물의 성질과 상태인 성상性狀 변화까지 표현해야 하는 부담을 떠안은 결과로 볼 수 있다. 지금까지 그린버그를 비롯한 수많은 비교언어학자가 등장했음에도 이를 적확히 지적한 사람이 없다. 곡용어와 고립어 및 교착어의 특징을 하나로 꿰지 못한 데 따른 한계로 볼 수 있다.

형용사와 정태동사

우리나라의 현행 국어문법에서는 '-있다'의 존재사存在詞와 '-이다'의 지정사指定詞를 인정하지 않고 있다. 학자들 사이에 논란이 지속되고 있기 때문이다. 이는 잘못이다. '-이다'와 '-있다' 모두 영어의 be동사 및 have동사처럼 매우 중요한 역할을 수행하고 있기 때문이다.

영어를 비롯해 불어와 독어, 러시아어, 아랍어 등 인도유럽어에서는 '-있다'와 '-이다'의 의미를 be동사로 통합해 사용하고 있다. 중국어는 우리말처럼 '-있다'는 有you, '-이다'는 是shi로 구분해 사용하고 있다.

비교언어학의 관점에서 볼 때 우리말의 '-있다'와 '-이다'는 단순히 어떤 사물의 성질과 상태만을 서술하는 데 그치지 않고 있다. 영어의 형용사에 해당하는 낱말과 결합해 동사처럼 활용하는 역할을 수행하는 게 그렇다. 영어에서는 be동사가 형용사 young과 결합해 우리말의 '젊다'처럼 술어 역할을 수행한다. 다음 예문을 보자.

e.g. 4

He / is young.　　　⋯▸　그는 젊 + 다.

He / was young.　　　⋯▸　그는 젊 + 었다.

He / had been young.　⋯▸　그는 젊 + 었었다.

He / would be young.　⋯▸　그는 젊 + 으리라.

위 예문을 통해 우리말의 '−이다'는 영어의 be동사처럼 영어의 형용사에 해당하는 어근 '젊−'과 결합해 마치 동사처럼 활용하고 있음을 쉽게 알 수 있다. 우리말은 be young에 해당하는 '젊다'가 영어처럼 be동사 + 형용사로 나뉘지 않고 한 덩어리가 되어 마치 '가다', '먹다' 등의 동사처럼 활용하고 있다. 우리말의 '젊다'와 '곱다' 등을 영어와 달리 동사의 일종인 이른바 정태동사定態動詞 Stative Verb로 분류하는 이유가 여기에 있다.

'가다'와 '먹다' 등의 동사는 정태동사와 대립되는 이른바 동태동사動態動詞 Dynamic Verb로 분류된다. 정태동사와 동태동사는 기능상 아무런 차이가 없다. 다만 정태동사는 사물의 성질 및 상태의 변화를 표시하는 데 반해 동태동사는 사물의 움직임을 표시하는 점만이 다를 뿐이다.

우리말은 정태동사가 동태동사처럼 활용하는 까닭에 사물의 성상性狀 변화를 표현할 때 젊다, 젊었다, 젊으리라 등처럼 어미를 변화시킨다. 이에 반해 영어는 형용사가 명사와 마찬가지로 그 성상의 의미가 고정돼 있어 동사처럼 활용할 수가 없다. 형용사 young을 마치 우리말의 어근 '젊−'으로 간주한 뒤 be동사를 마치 정태동사 '젊다'의 어미처럼 활용해 사물의 성상 변화를 표현하는 이유다. 일부 문법학자가 우리말의 '−이다'와 '−있다'를 지정사 및 존재사로 규정하며 여타 정태동사 및 동태동사와 구분하고자 하는 것은 바로 영어의 be동사의 활용에 주목한 결과로 볼 수 있다. 비교언어학의 관점에서 볼 때 나름대로 타당한 주장이다.

우리말의 동태동사가 시제時制 및 완료상完了相의 활용을 할 때 반드시 '−이다'와 '−있다'의 도움을 받고 있는 사실이 이를 뒷받침한다. 이는 오직 동태동사만이 존재하는 영어에서 go 및 eat 등 모든 동사의 시제 및 완료상 등을 표현할 때 반드시 be동사 및 have동사의 도움을 받아야 하는 것과 닮아 있다. 다음 예문을 보자.

e.g. 5

He / goes.　　　　　⋯→ 그는 가 + ㄴ다 (현재)

He / is going.　　　　⋯→ 그는 가 + 고 있다 (현재진행)

He / has gone.　　　　⋯→ 그는 가 + ㄴ 바 있다 / 그는 가 + 버렸다
　　　　　　　　　　　　(현재완료)

He / went.　　　　　⋯→ 그는 가 + ㅆ다 (단순과거)

He / was going.　　　⋯→ 그는 가 + 고 있었다 (과거진행)

He / had gone.　　　⋯→ 그는 가 + ㅆ었다 (과거완료)

He / will go.　　　　⋯→ 그는 가 + ㄹ 것이다 (단순미래)

He / shall go.　　　　⋯→ 그는 가 + 게 될 것이다 (의지미래)

He / would go.　　　⋯→ 그는 가 + 리라 (가정법미래)

He / will be going.　⋯→ 그는 가 + 고 있을 것이다 (미래진행)

He / will have gone.　⋯→ 그는 가 + 버릴 것이다 (미래완료)

주목할 점은 영어의 동태동사 go가 과거시제를 표현할 때 went로 바뀌고 완료상을 표현할 때는 과거분사형인 gone으로 변환되고 있는 점이다. 이는 우리말의 동태동사 '가다'의 어근 '가-'가 온갖 종류의 시제 및

완료상에도 전혀 변하지 않는 것과 대비된다. go가 과거시제에서 어근이 완전히 다른 went 형태로 바뀌는 것은 일종의 변칙활용變則活用이다.

　일부 국어문법 학자들이 인도유럽어에서 보편적으로 나타나고 있는 이런 변칙활용에 주목해 우리말의 정태동사 '곱다美'와 동태동사 '줍다拾' 등이 '고우니'와 '주워서' 등으로 변하는 것을 'ㅂ-변칙활용' 등으로 규정하고 있으나 이는 잘못이다. 우리말의 정태동사 및 동태동사는 어근 '곱-'과 '줍-' 등이 변하는 게 아니다. 단지 어근이 어미와 결합할 때 발음을 매끄럽게 하는 일종의 활음조滑音調 euphony 현상에 불과한 것이다. 우리말에서는 정태동사와 동태동사를 막론하고 영어와 달리 어근이 절대 변하지 않는다. 활음조 현상을 두고 인도유럽어의 변칙활용으로 해석하는 것은 잘못이다.

　우리말의 이런 특징은 이른바 태態 Voice의 변환 때에도 그대로 드러난다. 정태동사의 능동태 '먹다'의 어근語根 '먹-'에 수동 및 사역의 의미를 지닌 '-이'와 '-히' 등의 음소音素를 덧붙여 만든 사동태使動態 '먹이다'와 피동태被動態 '먹히다' 등이 그 실례이다.

　이때 '먹다'의 사동태 및 피동태의 어간語幹인 '먹이-'와 '먹히-'는 한 덩어리가 되어 능동태 어근 '먹-'처럼 작용하는 까닭에 전혀 변하지 않는다. 이는 영어에서 능동태 동사가 be동사를 포함해 have동사 및 make동사와 결합해 사동태 및 피동태로 변환할 때 과거분사 또는 원형동사로 나타나는 것과 대비된다.

우리말은 시제와 완료상, 피동태 등의 활용을 할 때 어근은 물론 어간까지 전혀 변하지 않아 매우 간략한 느낌을 준다. 그러나 영어는 원형동사와 과거분사 형을 be동사 및 have동사와 결합시킨 매우 복잡한 모습으로 나타난다. '-이다'와 '-있다'의 뛰어난 효용성이 생생히 드러나는 대목이다.

우리말의 '-이다'와 '-있다'가 영어의 be동사 및 have동사와 동일한 기능 및 역할을 하고 있다는 것은 비교언어학의 관점에서 볼 때 매우 중요한 의미를 지니고 있다. 불어와 독어, 러시아어 등 인도유럽어가 모두 영어처럼 변할 뿐만 아니라 중국어도 시제와 완료상 및 태를 표시하는 在zai, 了le, 被bei 등의 조동사를 동원해 동일한 효과를 거두고 있기 때문이다. '-이다'와 '-있다'를 두고 정태동사 및 동태동사의 활용에 나타나는 종결어미 정도로 간단히 치부하는 기존의 견해에 적잖은 문제가 있음을 보여준다.

영어에서 우리말의 정태동사 활용과 동일한 효과를 거두기 위해 'be동사 + 형용사 어구'의 형태를 취하는 것은 일종의 고육책에 해당한다. 형용사를 용언이 아닌 체언으로 분류한 후과이다. 영어에서 be동사 이외에 become, grow 등의 다양한 자동사가 등장하는 것도 우리말의 정태동사가 구현하고 있는 다양한 표현을 흉내내고자 하는 노력의 일환으로 해석할 수 있다.

'―있다' 뜻의 have동사 구문

영어문장에서 have동사는 be동사와 더불어 핵심적인 역할을 수행한다. 완료상에서 have동사가 조동사로 활용되고 있는 게 그렇다. 타동사 구문에서 여러 술어동사를 대신하는 이른바 대동사代動詞 pro-verb로 이용되는 것도 같은 맥락에서 이해할 수 있다. 다음 사례를 보자.

e.g. 6

She / *had* him by the collar. 그녀는 그의 옷깃을 움켜잡았다.

He / *had* his head in his hands. 그는 두 손으로 머리를 감싸 쥐었다.

Mary / *had* her back to me. 메리는 내 쪽으로 등을 보였다.

She / *had* some friends with her. 그녀는 친구 몇 명과 함께 있었다.

I / *had* treatment for my back problem. 나는 허리가 아파서 치료를 받았다.

He / *had* the fish in a net. 그는 물고기를 그물망에 넣었다.

She / *had* difficulty in staying awake. 그녀는 깨어 있는 게 힘들었다.

I / *will have* the salmon. 전 연어 요리로 하겠어요.

He / *had* a cigarette while he was waiting. 그는 기다리면서 담배를 한 대 피웠다.

She / *had* a swim to cool down. 그녀는 더위를 식히려고 수영을 했다.

She / *is going to have* a baby. 그녀는 곧 출산할 것이다.

He / *had* a strong influence on me. 그는 내게 커다란 영향을 주었다.

I / *had* a letter from my brother. 나는 형이 보낸 편지를 받았다.

Can I / *have* the bill, please? 계산서 좀 볼 수 있겠습니까?

We / *had* some friends to dinner. 우리는 친구를 저녁식사로 대접했다.

위의 예문은 take와 eat, smoke, see, bear, receive 등 다양한 내용의 술어동사를 대신하고 있는 have동사의 대동사 역할을 잘 보여주고 있다. 이는 be동사가 자동사 구문에서 go, come 등의 자동사를 대신하는 것에 비유할 만하다. have동사가 완료상을 만들 때 단독으로 사용되고 있는 것도 have 동사의 이런 특징과 무관하지 않다. 불어와 독어에서 be동사가 have동사와 더불어 완료상의 조동사로 활용되는 것과 대비되는 대목이다.

이는 기본적으로 have동사 역시 be동사처럼 '–있다'의 뜻으로 널리 사용되고 있는 사실에서 비롯된 것이다. have동사가 '–있다'의 뜻으로 사용될 경우 형식상으로만 타동사 구문일 뿐 내용상으로는 자동사 구문으로 파악해야 한다. 다음 예문을 보면 그 이유를 쉽게 짐작할 수 있을 것이다.

e.g. 7

He / *has* a new car.   ⋯⋯▸ 그는 / 새 승용차를 한 대 갖고 있다. O

그에게는 / 새 승용차가 한 대 있다. O

He / *has* a strict father. ⋯▸ 그는 / 엄격한 부친을 갖고 있다.   X

그에게는 / 엄격한 부친이 계시다.   O

have동사 구문은 목적어가 생물체 또는 비非생물체인지 여부에 따라 그 해석을 달리해야 문맥이 자연스럽다. 우리말에서는 목적어가 생물체인지 여부를 따지지 않고 '-있다'로 기술할 경우 아무 문제가 없다.

영어의 have동사 구문 역시 '-있다'로 해석해야 하는 경우가 매우 많다. 이는 have동사가 be동사를 대신해 '-있다' 뜻의 자동사 구문을 만들고 있음을 방증한다. 다음 예문을 보자.

e.g. 8

The ham / *has* a smoky flavor. 그 햄에서는 연기냄새가 난다.

I / *have* a good sense about people. 나에게는 사람을 보는 센스가 있다.

She / *has* a lot of homework tonight. 그녀는 오늘밤 숙제가 많다.

She / *has* three children. 그녀는 아이가 셋 있다.

He / *has* a front tooth missing. 그는 앞니 한 대가 없다.

He / *hardly had* time to breathe. 그는 숨 돌릴 새가 없었다.

I / *have* a few ideas for the title.

나는 제목에 대해 몇 가지 생각이 났다.

The green / *has* a restful effect. 녹색은 편안하게 하는 효과가 있다.

I / *have* a splitting headache. 나는 골치가 지끈지끈 아프다.

위 예문은 have동사 구문이 There is 형식의 유도부사 구문과 동일한 뜻을 지니고 있음을 보여주고 있다. have동사 앞에 나오는 문법상의 주어는 술어동사의 영향력이 미치는 장소를 드러내는 것에 불과하고 실질적인 주어는 have동사 뒤에 오고 있기 때문이다. 유도부사로 나타나는 자동사 구문과 하등 차이가 없는 셈이다. 다음 예문을 보면 이를 보다 확연히 파악할 수 있다.

e.g. 9

He *has* / no hope of winning. 그는 승리 가능성이 없다.
= There *is* / no hope of winning for him.
그에게는 승리 가능성이 없다.
He ⋯→ there, for him

Korea has / many scenic spots. 한국은 명승지가 많다.
= There are / many scenic spots in Korea. 한국에는 명승지가 많다.
Korea ⋯→ there, in Korea

유도부사 구문의 there는 문법상의 주어도 아니고, 내용상의 주어도 아니다. 이에 반해 have동사의 주어는 문법상 주어의 모습을 취하고 있다.

비슷한 역할을 하는 중국어의 有you와 달리 have동사를 '–을 가지고 있다'의 뜻으로 고정시킨 결과이다.

have동사 구문은 문장 내의 실질적인 주어가 소재하고 있는 위치를 문두에 내세워 그 소재를 확실히 하고 있는 점만이 유도부사 구문과 다를 뿐이다. 위의 두 번째 예문에 대한 한국어 번역에서 '한국은'이 비록 주격조사인 '–은'을 취하고 있으나 사실은 처소격의 뜻으로 사용되고 있는 점에 주목할 필요가 있다. 한국어 구문에서 '–은/는' 등의 주격조사가 나왔다고 해서 반드시 주어가 되는 것이 아니다. 영어 역시 문두에 문법상의 주어로 나온다고 해서 반드시 주격으로 볼 이유가 없다. 동일한 내용의 중국어 및 러시아어 예문이 이를 뒷받침한다.

e.g. 10

I	/ have	a book.

⋯▸ у меня / есть одна книга.

⋯▸ 我 / 有 一本書.

위 예문을 통해 러시아어의 yu меняmenya는 아예 '나에게'의 처소격으로 굳어져 있음을 알 수 있다. 문장의 앞에 나와 주격의 모습을 취하고 있는 중국어 예문의 我wo 역시 '나는'이 아니라 '나에게'로 굳어져 있는 것이다. 중국어에서는 유독 有you동사에 한해 이런 예외를 인정하고 있다.

'–있다'의 뜻을 지닌 영어의 have동사 구문 역시 '–있다'의 뜻으로 사용될 경우 사실상 이런 예외를 인정한 것으로 판단하는 것이 옳다. 외양만 타동사 구문일 뿐 사실상 자동사 구문으로 간주해야 하는 이유다. 사실 그같이 해야만 문맥의 흐름이 자연스럽게 된다. 영어라고 해서 have동사를 원래의 뜻대로 새겨 '나는 부모를 갖고 있다'는 식으로 해석할 리가 없기 때문이다.

그럼에도 대다수 영문법 학자들은 이를 눈치채지 못한 채 '—있다'의 뜻을 지닌 have동사 구문 역시 일괄적으로 타동사 구문으로 간주하고 있다. 그러나 문법상의 주어가 주격의 모습을 취한 것에 얽매일 필요가 없다. 보다 중요한 것은 문장 내의 기능 및 역할이기 때문이다. 중국어에서 유일하게 有동사 구문의 예외를 인정한 게 좋은 예이다.

실제로 '—있다' 뜻의 have동사 구문에서 형식상의 주어는 유도부사 구문의 there와 마찬가지로 오직 술어동사의 동작이 미치는 소재지를 밝히는 역할을 수행할 뿐이다. 유도부사 구문의 there와 달리 취급할 이유가 전혀 없다. '—있다' 뜻의 have동사 구문에 대한 예외를 인정해야만 have동사가 be동사에 버금하는 역할을 수행하고 있는 이유를 제대로 파악할 수 있다. 다음 예문을 보면 영어의 have동사가 지니고 있는 위력을 실감할 수 있다.

e.g. 11

영어 The lovely daughter of the tailor / **has gone**.
불어 La fille aimable du couturier / **est allée**.

독어 Die liebliche Tochter des Schneiders / **ist gegangen**.

위 예문은 영어와 달리 불어 및 독어에서는 be동사에 해당하는 être와 sein동사가 일부 자동사의 완료상 조동사로 활용되고 있음을 보여주고 있다. 불어와 독어에서는 go, come, fall 등 장소의 이동을 나타내는 자동사는 완료상에서 have동사 대신 be동사를 조동사로 취한다. 영어가 예외 없이 have동사를 사용하는 것과 대비된다.

자동사 뒤에 나오는 보어부사구

영어의 have동사가 사실상 자동사 구문을 이끌게 된 데에는 같은 뜻의 불어 avoir동사와 독어 haben동사에 비해 상대적으로 '-있다'의 의미를 강하게 띠고 있기 때문이다. 이는 seem 등의 자동사가 자동사 구문에서 be동사를 대신해 형용사 보어의 다양한 의미를 전달하는 역할을 수행하는 것에 비유할 만하다.

그렇다면 영어문장에는 have동사에 이끌리는 자동사 구문과 정반대로 겉모습은 자동사 구문인데도 사실상 타동사 구문에 해당하는 경우는 없는 것일까? 매우 많다. 다음 예문을 보자.

e.g. 12

The college / **graduated** *50 students* last year.

그 대학은 작년에 50명을 졸업시켰다.

50 students / **graduated** *in Chinese* last year.

작년에 중국어 분야에서 50명이 졸업했다.

My son / **graduated** *from Harvard* last year.

내 아들은 작년에 하버드대를 졸업했다.

첫 번째 예문은 구문의 내용 및 구조에 비춰 명백한 타동사 구문에 해당한다. 두 번째 예문은 in Chinese가 술어동사 graduate를 수식하는 역할에 그치고 있는 까닭에 명백한 자동사 구문에 해당한다. 그렇다면 세번째 예문은 어디에 속하는 것일까?

문형 5형식을 주장하는 사람들은 자동사 구문으로 잘라 말하고 있다. from Harvard 역시 in Chinese와 마찬가지로 술어동사를 수식하는 부사구에 불과하다는 게 논거이다. 그러나 과연 그럴까? 세 번째 예문의 부사구 from Harvard는 두 번째 예문의 in Chinese와 외형상 유사한 모습을 띠고 있으나 그 기능 및 역할에는 본질적인 차이가 있다.

graduate는 기본적으로 '-를 졸업하다'의 뜻을 지니고 있다. from Harvard처럼 술어동사가 요구하는 어구가 뒤따라 나올 경우 이는 graduate가 말하고자 하는 바를 충족시킨 경우에 해당한다. 두 번째 예문의 in Chinese와는 성격이 다른 것이다. from Harvard가 술어동사와 하나로 결합해 일종의 목적어 역할을 수행하고 있기 때문이다. 다음 예문을 보면 자동사 구문에 등장하는 부사구를 간단히 취급할 수 없는 이유를 쉽게 확인할 수 있다.

e.g. 13

The car / **went into** a tree. 그 차가 나무를 들이받았다.

My son / **went to** the university. 내 아들이 그 대학을 들어갔다.

첫 번째 예문의 go into는 hit, 두 번째 예문의 go to는 enter와 동일한 뜻으로 사용된 것이다. 전치사와 묶어 해석할 경우 내용상 완전히 타동사에 해당한다. 두 번째 예문의 번역문에서 알 수 있듯이 현재 우리말에서는 자동사 구문인 '대학에 들어가다'와 타동사 구문인 '대학을 들어가다'가 혼용되고 있다. 시간이 지나면 두 구문 가운데 어느 하나로 정리될 가능성이 높다. 중국어에서 go에 해당하는 去qu동사가 당초 자동사로만 쓰이다가 타동사로 전용된 사례가 이를 뒷받침한다.

e.g. 14

他 / **去**qu. 그가 간다.

⋯→ 他 / **去信**quxin. 그가 편지를 보낸다.

⋯→ 他 / **去貴妃**quguifei. 그가 양귀비역 배역을 맡는다.

고립어인 중국어는 전적으로 문장 내 위치만으로 해당 낱말이 주격인지 아니면 목적격인지 여부를 판별할 수밖에 없다. 중국어 동사가 자동사와 타동사 사이를 자유롭게 넘나드는 이유다. 현재 격어미를 대부분 상실해 사실상 고립어와 흡사한 모습을 띠고 있는 영어도 예외일 수 없다. 다음 예문이 그 증거이다.

e.g. 15

My mouth / **waters**.	내 입안에서 군침이 돈다.
I / **watered** the horse.	나는 말에게 물을 먹였다.
He / **smokes** heavily.	그는 애연가이다.
He / **smokes** a cigar.	그는 시가를 피운다.
She / **heads** for the door.	그녀는 문 쪽으로 간다.
She / **headed** the research team.	그녀는 그 연구팀을 이끌었다.

위 예문은 술어동사가 문장 내의 위치 및 기능에 따라 자동사와 타동사 사이를 자유롭게 오가고 있음을 잘 보여주고 있다. 앞서 나온 예문에서 graduate from과 go to처럼 전치사가 붙은 경우는 구체적으로 문장 내에서 어떤 역할을 하고 있는지에 따라 자동사 또는 타동사 구문으로 나눠 해석하는 게 타당하다. 다음 예문을 보자.

e.g. 16

He / **went** to Harvard.　　그는 하버드대를 들어갔다.

He / **went** to school.　　그는 학교에 다녔다.

He / **went** to the school.　그는 그 학교에 갔다.

첫 번째 예문은 내용상 타동사 구문으로 간주하는 게 타당하다. 두 번째 구문은 go to school이 학교에 다닌다는 뜻의 관용어로 굳어져 있는 만큼 go동사가 보어 school을 강력 요청하고 있다고 파악하는 게 옳다. 문형 5형식에 따르면 2형식이다. 세 번째 예문은 단순히 갔다는 사실만 강조한 것으로 판단될 경우는 제1형식, 어떤 곳을 특별히 강조한 것으로 판단될 때에는 2형식으로 보는 게 옳다.

여기서 주목할 것은 첫 번째 예문처럼 외양상 자동사 구문의 형식을 취하면서 사실상 타동사 구문으로 해석될 경우이다. 영어에는 이와 유사한 구조 및 기능을 가진 구문이 매우 많다. 전치사와 결합해 사실상 타동사 구문을 이끄는 역할을 수행하는 동사로 go to, graduate from, come to, complain of, wait for, experiment with, sympathize with, interfere with, consent to 등을 들 수 있다. 다음은 이들 동사들이 사실상의 타동사 구문을 이끌고 있는 구체적인 실례이다.

e.g. 17

A good ideas / **come to** my mind. 좋은 생각이 머릿속에 떠오른다.

He / **complains of** being overworked. 그는 업무 가중을 불평한다.

I / can't **wait for** spring to come. 나는 대춘待春할 여유가 없다.

You / may **experiment with** this system.

너는 이 시스템을 실험해도 좋다.

I / **sympathize with** his situation. 나는 그의 처지를 측은해 했다.

She / **interferes with** my work. 그녀는 내 작업을 방해한다.

He / **consented to** his daughter's marriage.

그는 딸의 결혼을 허락했다.

이상과 같은 검토를 통해 영어의 자동사 구문은 크게 보어가 필요한 구문과 그렇지 않은 구문으로 대별할 수 있음을 알 수 있다. be동사 구문은 '-이다'와 '-있다'의 두 가지 뜻을 지니고 있는 만큼 반드시 보어가 등장하는 NP(v + c) 내지 보어가 탈락한 즉 영보어零補語의 NP(v + φ) 구문 가운데 하나에 속하게 된다. 여타의 자동사 구문은 이미 검토한 바와 같이 문장 내 기능 및 역할에 따라 보어를 취하기도 하고 사실상의 타동사 역할까지 수행함으로써 1형식과 2형식, 3형식을 자유롭게 넘나든다. 가장 주목할 것은 타동사로 못을 박아놓은 have동사가 '-있다'의 의미를 지닐 때 사실상의 자동사 구문을 이끄는 경우이다. 중국어의 有동사 구문처럼 예외로 간주하면 아무 문제가 없다.

Lesson 3

빈어賓語 – 빈어와 대격

한 덩어리로 된 타동사 구문의 빈어

문형 5형식에서 말하는 제3-5형식의 타동사 구문은 기본적으로 P = v + o의 구조에서 벗어나지 않고 있다. 자동사 구문에서 술어동사가 보어를 취하는 경우와 같이 타동사 구문에서는 모든 술어동사가 예외 없이 목적어를 취한다. 자동사 구문의 보어에 명사, 형용사, 구와 절 등의 제한이 없듯이 목적어 역시 아무런 제한이 없다. 먼저 타동사 구문에서 가장 기본이 되는 3형식의 예문부터 살펴보자.

e.g. 1

대명사 I / love *her*. 나는 그녀를 사랑한다.
부정사 She / wishes *to succeed in life*.

그녀는 성공적으로 살고자 한다.

동명사 He / avoids *making a promise*. 그는 약속하는 것을 피한다.

절   I / know *that he is honest*. 나는 그가 성실하다는 것을 안다.

자동사 구문이 P = v + c 구조를 띠고 있는 것처럼 타동사 구문 역시 P = v + o 구조를 하고 있다. 경우에 따라서는 v가 구句의 형태를 취할 때도 있다.

e.g. 2

The recipe / **calls for** butter, but margarine will do.
조리법에는 버터를 필요로 하나, 마가린으로 충분하다.

위 예문의 call for 등과 같이 두 단어 이상으로 이루어진 동사를 이른 바 구동사句動詞 phrasal verb라고 한다. 구동사는 전치사와 결합한 것 자체를 하나의 동사로 간주한 경우를 말한다.

가장 복잡한 형식의 제5형식도 목적어가 약간 복잡한 모습을 하고 있는 것만이 다를 뿐이다. 타동사 구문을 특별히 어렵게 생각할 필요가 없는 이유다. 다만 몇 가지 특이한 경우만 주의하면 된다. sentence와 condemn, punish 등이 술어동사로 등장한 구문은 외양상 4형식과 닮아 있으나 3형식으로만 간주되고 있다. 다음 예문을 보자.

e.g. 3

The king / **gave** *him a death* sentence.　O

왕은 그에게 사형을 선고했다.

⋯▸　The king / gave *a death sentence to him*.　O

The king / **sentenced** *him to death*.　O

왕은 그를 사형에 처했다.

⤳　The king / sentenced *death to him*.　X

The king / **punished** *him with death*.　O

왕은 그를 사형으로 벌했다.

⤳　The king / punished *death to him*.　X

위 예문을 통해 sentence와 condemn, punish 등의 동사는 우리말의
'–를 벌하다'처럼 직접목적어와 단단히 결합해 있는 까닭에 3형식으로
존재할 수밖에 없다는 사실을 확인할 수 있다. 다음 예문 역시 4형식과
닮아 있으나 통상 3형식으로 간주되고 있다.

e.g. 4

He / **envied** *me my good looks*. 그는 나의 그 미모를 부러워했다.

God / **forgave** *you your sin*. 신은 당신의 그 죄를 사하여 주셨다.

She / **saved** *me my trouble*. 그녀는 나의 그 곤경을 구해 주었다.

He / **pardoned** *me my asking*. 그는 나의 그 질문을 양해해 주었다.

It / **costs** *me my life*. 그건 나의 그 죽음을 대가로 요한다.

He / **grudge** *me my success*. 그는 나의 그 성공을 배 아파한다.

위 예문들은 대부분 외양상 '–에게 –을 해주다'의 구조를 취하고 있다. 그러나 그 내용을 보면 술어동사 뒤에 곧바로 나오는 me과 her 등은 연이어 나오는 목적어를 강화하는 기능만 하고 있는 까닭에 생략하더라도 아무 문제가 없다. 일종의 동어반복에 지나지 않는다. 실제로 일상생활에서는 이들 목적어를 생략한 문장이 널리 쓰이고 있다.

e.g. 5

He / envied *me my good looks*. 그는 나의 미모를 부러워했다.

= He / envied *me good looks*.

= He / envied *my good looks*.

He / hit *me on my head*. 그는 나의 머리를 때렸다.

= He / hit *me on the head*.

= He / hit *my head*.

결국 앞에 나온 예문은 겉모습만 '—에게 —을 해주다'의 4형식을 취하고 있을 뿐 단순한 3형식임을 쉽게 알 수 있다. 그러나 모두 그런 것은 아니다. 일부 구문은 기능 및 역할 면에서 완벽하게 4형식의 모습을 취하고 있다. 다음 예문을 보자.

e.g. 6

He / found **me my bag**. 그는 나에게 내 가방을 찾아 주었다.
God / forgave **you your sin**. 신은 당신에게 당신의 죄를 사하여 주었다.

문법적으로 볼 때 앞서 나온 예문들은 일종의 목적어 복사複寫 구문에 해당한다. 영어에 존재하는 3종류의 복사 구문 가운데 하나이다. 3종의 복사 구문은 앞서 나온 목적어 복사 구문 이외에 자동사 복사와 주어 복사 구문을 말한다.

자동사 복사 구문은 흔히 동족목적어同族目的語 Cognate Accusative 구문으로 불린다. 이는 술어동사와 동일한 뜻의 목적어가 등장하는 구문을 말한다. 우리말의 '숨을 쉬다', '삶을 살다', '꿈을 꾸다' 등에 나오는 목적어가 이에 해당한다.

e.g. 7

He / lived *happily*. 그는 행복하게 살았다.

···→ He / lived *a happy life*. 그는 행복한 삶을 살았다.

He / died *heroically*. 그는 영웅적으로 죽었다.
···→ He / died *hero's death*. 그는 영웅적인 죽음을 맞았다.

동족목적어 구문은 자동사와 타동사 구문이 원래부터 엄격히 구분될 수 있는 게 아님을 보여주고 있다. 인도유럽어 가운데 동족목적어가 가장 발달한 언어는 아랍어와 히브리어 등 셈족 언어이다. 자동사의 명사형 동족목적어로 만들어 동사의 의미를 강화시킨 아랍어의 다음 예문을 보자.

e.g. 8

Faraha / farahan   فرح   فرحا
He rejoiced / the rejoice

영어의 동족목적어 구문도 위의 아랍어 예문처럼 술어동사의 의미를 강조하고자 하는 취지에서 나온 것으로 볼 수 있다. 영어에서 최상급 동족목적어를 사용한 경우가 그 증거이다. 다음 예문을 보자.

e.g. 9

She / smiled **her brightest** *smile*. 그녀는 극도의 희색喜色을 띠었다.

I / shouted **my loudest** *shout*. 나는 함성喊聲을 질렀다.

She / breathed **his last** *breath*. 그녀는 최후의 숨을 내쉬었다.

He / died **a beggar**'s *death*. 그는 객사客死했다.

She / died **young age**'s *death*. 그녀는 요절夭折했다.

위 예문을 통해 알 수 있듯이 동족목적어를 수식하기 위해 등장한 명사와 형용사 모두 동족목적어의 의미까지 내포한 것이다. 영어 역시 문장을 간명하게 만들기 위해 동족목적어를 생략한 것일 뿐 기본취지만큼은 아랍어가 동족목적어 구문을 취하는 취지와 동일하다.

술어동사를 복사한 동족목적어 구문과 달리 이른바 재귀동사再歸動詞 구문은 주어를 복사해 목적어로 삼은 게 특징이다. 재귀동사의 동작이 타인에게 미치지 않고 주어 자신에게만 미친 결과이다. 술어동사의 기능 및 역할 면에서 볼 때 재귀동사 구문은 수동태 구문과 사뭇 닮아 있다. 우리말의 '스스로 −하다'의 뜻과 유사하다. 다음 예문을 보자.

e.g. 10

He / **absented himself** from school. 그는 학교를 결석했다.

She / **prides herself** on her beauty. 그녀는 자신의 미모를 자부한다.

They / **love each other**. 그들은 서로를 사랑한다.

마지막 예문에 나오는 each other를 두고 일부 학자는 상호목적어相互目的語로 부르고 있다. 그러나 그 기능 및 역할 등에서 재귀목적어와 하등 차이가 없다. 재귀동사의 동작이 복수형의 주어에 동시적으로 작용한 것으로 파악하면 된다.

본질적으로 같은 공급동사와 수여동사

영어의 3형식 중에는 우리말로 번역할 때 자동사 구문으로 착각하기 쉬운 게 제법 많다. 일례로 '−와 결혼하다'의 뜻을 지닌 marry동사 등을 들 수 있다. 우리말에서는 자동사 구문이나 영어에서는 타동사 구문으로 나타나고 있다. 그 이유는 무엇일까?

원래 불어에서 유래한 marry동사는 '−를 출가시키다'의 뜻을 지니고 있다. 영어의 marry동사가 타동사 구문으로 나타나는 이유다. 불어와 비교해 놓은 다음 예문을 보자.

e.g. 11

능동태   Il / marie **sa fille au banquier**.

그는 딸을 은행가에게 출가시킨다.

= He / marries **his daughter to a banker**.

수동태   Ellle / est mariée **au banquier**.

그녀는 은행가에게 시집간다.

	=	She / is married **to a banker**.
재귀동사		Ellle / **se** marie **avec le banquier**.
		그녀는 은행가와 결혼한다.
	≠	She / marries herself with a banker.
	⋯▸	She / marries **a banker**.
		그녀는 은행가를 배우자로 삼는다.

불어는 '스스로를 결혼시키다'의 재귀동사를 통해 우리말과 똑같은 '–와 결혼하다'의 구문을 형성하는 데 반해 영어는 '–를 배우자로 삼다'의 새로운 뜻을 부여해 불어의 재귀동사 구문을 대체한 것을 알 수 있다. 영어는 불어의 marry동사를 도입하면서 '–를 출가시키다'의 뜻은 그대로 둔 채 '–를 배우자로 삼다'의 새 의미를 부여하는 창조성을 발휘한 셈이다.

우리말은 어휘가 풍부한 까닭에 영어의 marry동사 구문이 나올 때 딸을 시집보내는 부모가 주어로 나오면 '–를 출가시키다', 결혼 당사자인 딸이 주어로 나올 경우는 '–를 배우자로 삼다'로 풀이하면 된다. 현재 영어에는 marry동사처럼 자동사 구문으로 착각하기 쉬운 타동사 구문이 몇 개 더 있다. approach, become, resemble 등이 그것이다. 다음 예문을 보자.

e.g. 12

She / **approached** *the bank* for a loan.

그녀는 융자문제로 은행과 접촉했다.

It / **becomes** *you*. 그것은 너와 잘 어울린다.

She / **resembles** *her mother*. 그녀는 모친과 닮았다.

위의 예문 모두 '-와 -하다'로 해석되고 있는 점에 주의할 필요가 있다. 이는 원래 술어동사 뒤에 나오는 대격 명사가 이른바 공동격共同格 어미를 취하고 있다가 이후 격어미가 탈락한 결과이다. 위 예문 모두 우리말의 자동사 구문으로 번역되는 까닭에 특별히 주의를 요한다.

이와 비슷한 경우로 이른바 공급동사供給動詞 구문을 들 수 있다. 이는 '-에게 -를 제공하다'로 번역되는 까닭에 4형식의 이른바 수여동사受與動 詞 Dative Verb 구문과 혼동하기 쉽다. 다음 예문을 보자.

e.g. 13

We / **supplied** *them with food*. 우리는 그들에게 식량을 공급했다.

= We / **supplied** *food to*(=for) *them*.

We / **gave** *them food*. 우리는 그들에게 식량을 주었다.

= We / **gave** *food to*(=for) *them*.

공급동사와 수여동사 구문에 나오는 술어동사는 그 위치 및 기능에 하등 차이가 없다. 그러나 공급동사 구문에서는 내용상 직접목적어에 해당하는 food가 간접목적어에 해당하는 them 뒤에 올 경우 반드시 전치사 with의 도움을 받아야 문장을 이룰 수 있다. 그 이유는 무엇일까?

로마제국의 공용어인 라틴어에 뿌리를 둔 불어에서 유래한 supply동사는 그 자체만으로는 과연 동작의 결과가 대상자에게 도움을 주었는지 여부를 판단할 수 없다. 단지 '―을 제공하다'의 뜻밖에 없다. 이에 반해 독어 geben과 마찬가지로 원시 게르만어에 뿌리를 두고 있는 give동사는 오랫동안 그 자체로서 '―을 베풀어주다'는 시혜施惠의 의미로 통용돼 왔다. 이런 역사언어학적 차이가 공급동사와 수여동사를 가르는 기준이 됐다.

현재 영어에서 supply와 유사한 기능을 하는 공급동사로 provide, equip, furnish, present, endow, entrust 등을 들 수 있다. 대개 라틴어에 뿌리를 둔 이들 공급동사가 사용된 예문을 보면 그 실체를 보다 명확히 이해할 수 있다.

e.g. 14

He / **provided** *me with the best service.*
그는 나에게 최상의 서비스를 제공했다.
We / **equiped** *each booth with a television set.*
우리는 각 부스에 TV를 설치했다.
She / **furnished** *him with some information.*
그녀는 그에게 약간의 정보를 제공했다.

He / **presented** *me with a set of golf clubs*.

그는 나에게 골프채 한 세트를 증정했다.

Nature / **endowed** *him with wit and intelligence*.

하늘은 그에게 기지와 지성을 주었다.

He / **entrusted** *his nephew with the task*.

그는 조카에게 그 과제를 맡겼다.

위 예문 모두 직접목적어에 해당하는 명사 앞에 전치사 with가 등장하고 있는 점에 주목할 필요가 있다. 이는 공급동사와 수여동사의 차이가 전치사 for와 with의 차이와 무관하지 않음을 암시하는 것이다.

원래 고전 산스크리트어 이래 인도유럽어에서는 '-를 위해'와 '-을 가지고'를 엄격히 구분했다. '-를 위해'는 이른바 위격爲格으로 분류해 수여동사의 간접목적어 격어미인 '-에게'의 여격與格과 동일하게 취급했다. 여격은 말 그대로 어떤 혜택이 돌아가는 당사자를 지칭하는 격이다. 훗날 격어미가 탈락한 이후 영어에서 전치사 for와 독어의 für, 불어의 pour가 위격 내지 여격의 격어미를 대신하고 있는 게 그 증거이다.

이에 반해 '-을 가지고'는 술어동사 움직임의 수단 및 도구를 나타내는 이른바 조격造格 내지 구격具格으로 취급했다. 위격처럼 '-를 위해'의 뜻이 빠져 있는 것이다. '-와 함께'의 뜻을 지닌 공동격共同格 역시 술어동사의 움직임에 동참한 사람을 드러내기 위한 것으로 위격 및 여격처럼 '-를 위해'의 뜻이 배제되어 있다. 이후 조격과 구격, 공동격의 격어미가 탈락하면서 영어의 with, 독어의 mit, 불어의 avec가 문장 내에서 이들의 격어미를 대신하게 됐다. 영어에서 공급동사 supply가 본래의 수여동사 give와 달리 반드시 전치사 with를 동반하는 이유가 바로 여기에 있다. 다음 예문이 그 증거이다.

e.g. 15

She / **furnished** *the room with antiques*.
그녀는 / 그 방을 고가구로 치장했다.　　O
그녀는 / 그 방에 고가구를 배치했다.　　O

She / **furnished** *him with some information*.
그녀는 / 그에게 약간의 정보를 제공했다.　O
그녀는 / 그를 약간의 정보로 제공했다.　　X

위의 예문은 공급동사 furnish가 전치사 with를 똑같이 동반하고 있음에도 술어동사 뒤에 오는 목적어가 사람일 경우와 그렇지 않을 경우 그 뜻이 현격히 달라지고 있음을 보여준다. 사람이 등장하는 경우는 반드시 간접목적어로 파악해야만 문장의 뜻이 통하나 사물이 등장하는 경우는 3형식과 4형식 어느 쪽으로 해석해도 문맥이 통한다. 공급동사와 수여동사는 그 기능 및 역할에 근원적인 차이가 없음에도 굳이 그 차이를 찾는다면 바로 이 점을 들 수 있을 것이다.

따로 구분할 필요가 없는 4형식

문형 5형식을 주장하는 사람들은 4형식의 수여동사 구문을 매우 특별히 다루고 있다. 그러나 이 또한 큰 틀에서 보면 타동사의 기본문형인 3형식에서 벗어나는 게 아니다. 4형식의 핵심요소를 추출한 다음 예문이 그 증거이다.

e.g. 16

He / teaches *me English*.　O

⋯▶ He / teaches *English*.　　O

⋯▶ He / teaches *me*.　　　　O

He / buys *me a car*.　O

⋯▶ He / buys a *car*.　　O

⤳▶ He / buys *me*.　　　X

두 번째 예문을 통해 알 수 있듯이 일반 동사에서 변화한 수여동사 buy는 직접목적어만을 대동해도 문장이 성립하나 간접목적어와 결합할 때는 '그는 나를 매입하다'의 뜻으로 바뀌어 비문이 된다. 이에 반해 teach는 직접목적어 또는 간접목적어와 단독으로 결합할지라도 모두 문장이 성립한다. 이런 차이가 나는 것은 일반 동사에서 변화한 수여동사

buy의 직접목적어로 사람이 왔기 때문이다. 이를 인정할 경우 인신매매의 뜻이 된다.

본래의 수여동사 teach는 그럴 염려가 전혀 없기에 '그는 나를 가르치다'와 '그는 영어를 가르치다' 구문이 모두 성립하는 것이다. 직접목적어에 사람이 오든 사물이 오든 아무 상관이 없는 셈이다. 러시아어의 다음 예문을 보면 본래의 수여동사 teach의 특징을 보다 확연히 알 수 있다.

e.g. 17

Онhon / учиtutshit **меня**menya **музыке**musike.
He   /   teaches   me   to music.

teach에 해당하는 러시아어 учиtьutshiti 동사는 가르치는 대상을 직접목적어, 가르치는 내용을 간접목적어로 취한다. 우리말로는 '-를 -로 이끌다'의 뜻에 가깝다. 이는 고전 산스크리트어 시대부터 teach와 ask 등의 동사가 '가르치다'와 '묻다' 등의 대상 인물을 여격이 아닌 목적격으로 받은 사실과 무관하지 않다. 다음의 예문이 그 증거이다.

e.g. 18

He / taught   me with it.   O
⋯➔ He / taught   me it.   O

···▸ He / taught   it for me.   O

He / gave   me with it. ?
···▸ He / gave   me it.   O
···▸ He / gave   it for me.   O

He / bought   me with it. ?
···▸ He / bought   me it.   O
···▸ He / bought   it for me.   O

He / supplied   me with it. O
···▸ He / supplied   me it.   ?
···▸ He / supplied   it for me.   O

위 예문은 동일한 구조를 이루고 있는 수여동사와 공급동사를 통틀어 가장 기본이 되는 동사가 바로 teach임을 보여준다. 현재 영어는 계속 중국어처럼 고립어로 진행하는 모습을 보이고 까닭에 언젠가는 위의 예문들이 teach처럼 하나로 통합될지도 모를 일이다. 다음 예문이 그 증거이다.

e.g. 19

他 / 敎　　 我　 英文.

He　teaches　me　English.

⋯▸ 他 / 敎　　 英文　　 給我.

He　teaches　English　for me.

⋯▸ 他 / 敎　　 給我　 英文.

He　teaches　for me　English.

중국어에서는 영어의 수여동사에 해당하는 타동사를 이른바 쌍빈동사
雙賓動詞로 취급한다. 위 예문을 통해 중국어의 쌍빈동사와 영어의 수여동
사 구문이 사실 동일한 문법구조 위에 서 있음을 쉽게 알 수 있다. 敎jiao-
teach, 問wen-ask, 許xu-allow, 傳chuan-tell, 寫xie-write, 買mai-buy, 送song-
send, 還huan-return 등이 대표적인 쌍빈동사이다.

현재 영어에서는 teach와 give 등의 수여동사 구문에서는 위의 마지막
예문에 나온 He teaches for me English 형식이 등장하지 않고 있다. 그
러나 장차 고립어의 경향이 더욱 진전될 경우 이런 문형도 조만간 출현
할지 모른다. 다음 예문이 이런 추론을 뒷받침한다.

e.g. 20

I / explained **to him** *what this means.*

나는 그에게 이게 무슨 뜻인지 설명해 주었다.

She / proved **to me** *that this is true.*

그녀는 나에게 이것이 사실임을 입증해 보였다.

He / said **to me** *that she was a liar.*

그는 나에게 그녀가 거짓말쟁이임을 말해주었다.

위의 예문들은 모두 I explain it to him 형식으로 축약할 수 있다. 이는 앞서 나온 중국어 예문과 같은 것이다. 영어의 수여동사 구문이 중국어의 쌍빈동사 구문과 하등 차이가 없음을 보여주는 것이다. 영어의 introduce, announce, confess, describe, suggest, propose 등의 타동사 모두 그 기능 및 역할 면에서 위의 예문과 같다.

위 예문들을 통해 알 수 있듯이 '–에게 –을 해주다' 형태의 타동사 구문은 제3–4형식을 막론하고 하나로 통합해 제3형식의 확장으로 파악하는 게 타당하다. 사실 그렇게 해야만 문장의 뜻이 보다 선명히 드러난다. 다만 이 경우 직접목적어가 앞에 나와 이른바 3형식의 모습을 구체적으로 드러낼 경우에는 간접목적어를 표시하는 전치사가 to나 for 이외에도 of 및 on 등이 출현하고 있음을 주의할 필요가 있다. 다음 예문을 보자.

e.g. 21

I / owed **him** everything. 나는 그에게 모든 걸 신세졌다.

⋯▸ I / owed everything **to him**.

He / built **her** a house. 그는 그녀에게 집을 지어 주었다.

⋯▸ He / built a house **for her**.

He / played **me** a trick. 그는 나에게 속임수를 썼다.

⋯▸ He / played a trick **on me**.

I / asked **him** some questions. 나는 그에게 몇 가지 질문을 했다.

⋯▸ I / asked some questions **of him**.

마지막 예문에 전치사 of가 나온 것은 ask가 teach와 마찬가지로 '그를 향해 물었다'의 구절에서 이미 의문점을 물었다는 뜻을 내포하고 있기 때문이다. 원래 산스크리트어에서는 ask, tell, teach 등의 동사가 나올 때는 give로 상징되는 수여동사와 달리 '-를 향해 -를 물었다'는 식으로 이중대격을 취했다. ask동사가 동족목적어에 해당하는 question이 직접 목적어로 나올 경우 전치사 to 대신 of를 취하는 이유가 여기에 있다.

일각에서는 He send me a letter의 구문에 나오는 me는 '방향 간접목적어', He bought me a new bag의 me는 '이해 간접목적어'로 구분해 부르고 있으나 이는 오히려 혼란만 가중시킬 뿐이다. 이들 간접목적어는 사실 처소격 부사어에 지나지 않는다. 이는 이들 동사가 원래 공급동사 및 수여동사처럼 '-에게 -를 해주다'의 뜻을 지니고 있지 않기 때문이다. 다만 문장 내에서 수여동사처럼 기능할 경우 이를 수여동사 구문으로 간주해도 무방할 것이다.

3형식의 확장에 불과한 5형식

문형 5형식에서 말하는 제5형식은 확실히 제3-4형식과 다른 모습을 하고 있다. 이는 that절을 술어동사의 목적어로 압축시켜 놓은 결과이다. 5형식의 문장을 that절로 환원시킬 수 있는 것은 바로 이 때문이다. 다음 예문을 보자.

e.g. 22

He / found **her** *to be helpful*.
그는 그녀가 도움이 되리라는 것을 알아챘다.
= He / found *that she would be helpful*.

She / told **me** *to lose weight*.
그녀는 나에게 체중을 줄이라고 말했다.
= She / told *that I should lose weight*.

위 예문은 5형식의 술어동사 뒤에 나오는 일체의 어구를 that—절로 환원시킬 수 있음을 보여주고 있다. 이는 5형식 또한 3형식의 변형에 지나지 않는다는 사실을 증명하는 것이다. 어떤 면에서 5형식은 2개의 목적어를 취하고 있는 4형식보다 훨씬 간명하다.

5형식의 특징을 가장 잘 보여주는 술어동사는 see와 hear 등의 이른바 지각동사知覺動詞 Verb of Perception와 have 등의 사역동사使役動詞 Causative Verb이다. 이들 동사가 등장하는 구문은 5형식의 가장 큰 특징인 O = np 구조를 잘 보여주고 있다. 문장구조를 분석한 다음 예문을 보자.

e.g. 23

I / saw him, he then screamed.
나는 그를 보았는데, 당시 그는 비명을 질렀다.
⋯▶ I / saw him who screamed. 나는 비명을 지르는 그를 보았다.
⋯▶ I / saw him scream. 나는 그가 비명을 지르는 것을 보았다.
[= I / saw *him*.

he screamed.]

I / ordered him, he then didn't sleep.
나는 그에게 명했는데, 당시 그는 자지 않았다.
⋯▶ I / ordered that he should sleep. 나는 그가 자야 한다고 명했다.
⋯▶ I / ordered him to sleep. 나는 그에게 취침을 명했다.

$[= I / ordered \textit{him}$

$\textit{he} \ \text{sleep.}]$

위의 예문은 5형식의 O = np 구조가 관계대명사 및 that절로 이뤄졌음을 보여준다. 이는 술어동사의 목적어가 잇달아 나오는 부정사 구문의 주어 역할을 동시에 수행한 결과이다. 5형식의 O = np 구조는 술어동사가 지각동사 및 사역동사가 아닌 경우에도 동일하게 나타나고 있다.

e.g. 24

I / *saw him crying sadly.* 나는 그가 슬피 울고 있는 걸 보았다.
[= I / *saw him.*

       he was crying sadly.]

I / want *him to come back soon.* 나는 그가 이내 돌아오기를 원한다.
[= I / want *him*

       he will come back soon.]

이를 통해 5형식의 목적어는 O = np 구조로 이뤄졌음을 알 수 있다. 술어동사를 기준으로 보면 P= v + o의 3형식에 지나지 않는 것이다. O = np의 p를 두고 통상 목적보어로 부르고 있으나 이는 약간 문제가 있다.

p가 자동사 구문뿐만 아니라 타동사 구문을 망라하고 있기 때문이다.

e.g. 25

$O=vi+c(\phi)$

She / thought *him generous*. 그녀는 그가 너그럽다고 생각했다

I / saw *him enter the room*. 나는 그가 입실하는 것을 보았다.

It / makes *me look fat*. 이것을 입으면 비만해 보인다.

He / had *his baby kidnaped*. 그는 아이를 유괴 당했다.

I / got *the car to start*. 나는 차에 시동을 걸었다.

$O=vt+o$

She / thought *him to do it*. 그녀는 그가 그 짓을 했다고 생각했다

I / saw *him tease the weak*. 나는 그가 약자를 괴롭히는 것을 보았다.

What / makes *you say that*? 당신은 왜 그런 말을 하는 것인가?

He / had *me kidnap her baby*. 그는 나를 시켜 그녀 아이를 유괴했다.

I / got *her to help him*. 나는 그녀를 시켜 그를 도왔다.

현재 5형식과 관련해 가장 논란이 되고 있는 것은 O = np의 p가 부사
구로 이뤄진 경우이다. 문장 내 기능 및 역할에 비춰 분명 O = np의 모

습을 띠고 있음에도 5형식으로 취급받지 못하고 있는 것이다. 이는 술어 동사의 직접목적어가 뒤이어 나오는 부사구와 과연 np의 구조를 이루고 있는지를 확인하면 쉽게 알 수 있는 것이다. 3형식과 5형식이 구분되는 다음 예문을 보자.

e.g. 26

    I / hit *him on the head*.   나는 그를 머리 위로 때렸다.

⋯▸ I / hit *him*.   나는 그를 때렸다.

⋯▸ I / hit *the head*.   나는 머리를 때렸다.   O

⋯▸ I / *hit him, he is on the head*.

    나는 그를 때렸고, 그는 머리 위에 있다.   X

    I / put *the cup on the table*. 나는 컵을 탁자 위에 놓았다.

⋯▸ I / put *the cup*.   나는 컵을 놓았다.

⋯▸ I / put *the table*.   나는 탁자를 놓았다.   X

⋯▸ I / put *the cup, it is on the table*.

    나는 컵을 놓았고, 컵은 탁자 위에 있다.   O

위 예문을 통해 모든 면에서 똑같은 외양을 하고 있음에도 그 기능 및 역할이 전혀 다르다는 사실을 알 수 있다. 두 예문 모두 비슷한 모습을 하고 있으나 첫 번째 예문은 O ≠ np인데 반해 두 번째 예문은 O = np

로 5형식과 동일한 구조를 이루고 있다. 두 번째 예문을 5형식 구문과 비교하면 그 특징을 보다 확연히 파악할 수 있다.

e.g. 27

I / **put** *the cup on the table.* 나는 컵을 탁자 위에 놓았다.

···➤ I / **put** *the cup that it might be on the table.*

나는 컵이 탁자 위에 있도록 놓았다.

I / **left** *him to be alone.* 나는 그를 외톨이로 놔두었다

···➤ I / **left** *him that he might be alone.*

나는 그가 외톨이로 있도록 놔두었다.

It / **bored** *me to death.* 그것은 죽고 싶을 정도로 따분했다.

···➤ It / **bored** *me so much that I was near to death.*

그것이 너무 따분해 죽을 뻔했다.

위 예문 모두 부사 및 부사구가 하나같이 O = np에서 p의 역할을 하고 있음을 보여주고 있다. 이들 부사구는 자동사 구문에서도 그러했듯이 5형식의 O = np에서도 똑같은 기능을 수행하고 있는 것이다. 이는 부사 alone과 전치사구 on the table이 him과 alone의 술어 역할을 한 결과이다. 첫 번째와 두 번째 예문은 np의 p가 목적절, 세 번째 예문은 결과절

의 축약 형태로 나타나 있다.

위 예문을 통해 알 수 있듯이 부사어가 이처럼 당당하게 O = np의 p 역할을 하게 된 것은 영어가 고립어의 성격을 띤데 따른 것이다. 중국어 구문에서는 이런 현상이 매우 선명하게 드러나고 있다. 다음 예문을 보자.

e.g. 28

他 / 擱 杯子,　　擱 在卓子上.

He / put the cup, put on the table.

···▶

他 / 把杯子　擱 在卓子上.

He / the cup put on the table.

우리말처럼 목적어를 앞으로 빼내는 이른바 '把ba 구문'을 사용할 경우 在卓子上zai-zhuozishang이 직접목적어 杯子beizi와 동떨어져 있는 까닭에 우리말처럼 술어동사를 수식하는 부사구로만 기능하게 된다. 영어의 문형 5형식에 대입할 때 완벽한 3형식이 되는 셈이다.

그러나 把 구문을 사용하지 않을 경우 영어처럼 부사구를 목적어 뒤에 곧바로 이어 쓸 수 없다. 그럴 경우 부사구 在卓子上이 주어에 걸리게 되기 때문이다. 부사구를 술어동사 擱ge와 직접 연결시키기 위해서는 부득불 술어동사를 복사해 사용하지 않으면 안 된다. 중국어에서 목적어를 앞으로 빼내는 '把 구문'이 널리 사용되게 된 것은 바로 이런 술어동사의 복사를 피하기 위한 노력의 소산으로 볼 수 있다.

영어에서는 on the table이 cup 뒤에 배치될지라도 논리상 직접목적어와 술어동사에 동시에 걸려 있는 것으로 간주하는 까닭에 중국어처럼 동사를 복사하지 않아도 된다. 그러나 논리적으로 보면 on the table은 cup을 꾸며주는 수식어로 판단할 수도 있다. 문장 내 정황논리 및 언어관행에 의해 on the table이 술어동사와 목적어에 동시에 걸려 있다고 판단하는 것일 뿐이다. 부사어가 O = np 구조에서 술어역할을 수행할 경우 3형식이 아닌 5형식으로 파악해야 하는 이유가 여기에 있다.

5형식의 가장 큰 특징인 O = np 구조는 마치 거울 속의 거울이 존재하듯이 중층구조로 만들어진 경우도 있다. 다음 예문을 보자.

e.g. 29

Bill / has ***me say that Mary had Jane dye Tom's hair yellow***.

←　Mary / had ***Jane dye Tom's hair yellow***.

←　Jane / dye ***Tom's hair yellow***.

위 예문은 "빌은 내가 메리는 제인을 시켜 머리를 노랗게 물들이게 했다고 말하도록 시킨다."는 복잡한 정보를 담고 있다. O = np로 구성된 첫 번째 예문은 똑같은 구조로 이뤄진 두 번째 예문을 목적어로 보유하고 있고, 두 번째 예문 역시 동일한 구조의 세 번째 예문을 목적어로 삼고 있음을 잘 보여주고 있다. 한 문장 내에 5형식의 O = np 구조가 세 번에 걸쳐 중층적으로 나타나고 있는 것이다.

영어 역시 이론적으로는 마치 우리말에서 말꼬리를 계속 이어가듯이 이런 구조를 얼마든지 만들어낼 수 있다. 그러나 O = np 구조가 3중 이상으로 높아질 경우 헷갈릴 소지가 커 통상의 언문言文에서는 O = np의 중층구조가 3중 이상으로 넘어가지 않는 게 상례이다. 이처럼 가장 복잡한 문형인 5형식의 타동사 구문이 3중 이상의 O = np 구조로 이뤄졌을지라도 결국은 S = V + O의 가장 간략한 3형식 문장으로 환원시킬 수 있다는 사실을 확인할 수 있다.

이상과 같은 검토를 통해 5형식의 문형 역시 3형식의 기본 문형을 O = np 구조로 확대한 것임을 알 수 있다. 4형식은 목적어의 숫자를 확장한 O = o1 + o2의 구조에 해당한다. 이는 teach처럼 2중대격double accusative을 취하는 동사를 포함해 give 등의 수여동사 구문을 분석할 때 이미 충분히 검토한 바 있다. 3형식은 4형식의 o2가 영零으로 구성된 O = o1의 단일구조로 간주하면 된다.

English Grammar for Cultured

PART 2

용언用言

용언은 활용活用이 전부다

"To be, or not to be; that is the question!"

- William Shakespeare, 『Hamlet』.

Lesson 1

시제時制 – 시제와 진행형

산스크리트어와 시제

21세기 현대인들은 1일 3식을 한다. 그러나 그 내용 및 형식은 다양하다. 중국과 일본은 격식을 차린 순서로 통상 찬餐, 반飯, 식食으로 구분한다. 영어 역시 1일 3식 가운데 가장 풍성한 식사에 해당하는 저녁식사를 만찬晚餐의 뜻을 지닌 dinner로 표현한다.

불어에서 유래한 dinner는 원래 정오부터 오후 9시 사이 정식 메뉴에 의한 식사를 뜻하는 정찬正餐으로, 만찬보다는 오찬에 가깝다. dinner가 저녁식사를 뜻하는 셰익스피어 시대의 supper를 밀어내고 만찬의 의미를 지니게 된 것은 생활습관의 변화에 따른 것이다. 현재 유럽에서는 아침식사는 간단히 하고, 점심과 저녁식사를 충실히 하는 이른바 2식주의二食主義로 진행하고 있다.

그럼에도 영국은 아침식사 식단에도 소시지와 훈제 청어, 토마토를 올리는 등 매우 실속 있게 차려먹는 전통을 고수하고 있다. 이는 조찬을 뜻하는 breakfast의 어원이 단식을 끝냈다는 취지에서 나온 것과 무관하지 않다. 다음 예문을 보자.

e.g. 1

Muslims / *fast* during Ramadan. 무슬림은 라마단 기간 중 단식한다.
Muslims / *break their fast today*. 무슬림은 오늘 단식을 끝낸다.

현대인들이 1일 3식 가운데 점심을 가장 가볍게 처리하는 것은 산업 문화와 무관하지 않을 것이다. lunch 역시 간단하면서도 가벼운 점심식사를 뜻한다. 격식을 차린 오찬午餐의 경우는 luncheon으로 표현한다. lunch는 우리말의 점심 개념에 가장 가깝다고 할 수 있다.

그러나 이웃 일본과 중국은 우리와 사뭇 다르다. 중국어 點心dianxin은 영어의 snack 내지 nosh의 뜻인 간식間食을 의미한다. lunch는 따로 午飯wufan을 사용한다. 일본의 경우도 다르지 않다. 點心denshin은 차에 곁들이는 간단한 과자와 절임을 뜻하고, 우리말의 점심식사는 따로 晝飯hirumeshi로 표현한다. 중국어 및 일본어에서 점심을 snack 개념으로 이해하게 된 것은 모두 불가佛家의 영향에 따른 것이다.

산스크리트어로 편찬된 『금강경金剛經』이 역설하는 핵심 내용 가운데 하나가 우주의 무한한 시간 개념이다. 산스크리트어가 영어와 불어, 독어, 러시아어를 막론하고 21세기 인도유럽어의 모든 술어동사의 시제時

制-Tense보다 훨씬 복잡한 시제를 갖고 있는 것도 이와 무관하지 않다. 산스크리트어의 시제를 알면 현재의 인도유럽어는 말할 것도 없고 라틴어 및 고대 그리스어의 시제까지 사실상 통달했다고 말할 수 있다.

과거와 현재, 미래의 3시제

시제는『금강경』에서 설파했듯이 현재의 시점을 중심으로 크게 그 이전의 과거와 그 이후의 미래로 나눌 수 있다. 이른바 3시三時이다. 문장 내에서 3시를 관장하는 것은 말할 것도 없이 술어동사이다. 그러나 문법에서 말하는 시제는 우리가 생각하는 통상적인 3시 개념과 다르다. 이를 두고 덴마크의 저명한 언어학자 예스페르센은 이같이 요약했다.

"시간은 모든 인류에게 공통된 것으로 언어 없이도 존재한다. 그러나 시제는 언어에 따라 제각기 다르고, 시간관계를 나타내는 언어적인 표출로 인해 반드시 동사의 형태로 나타나게 되어 있다."

비교언어학의 관점에서 볼 때 술어동사에서 가장 정교한 시제를 갖고 있는 것은 영어를 비롯한 인도유럽어이다. 석가모니가 등장하기 수천 년 전부터 신에 대한 경배敬拜를 극도로 중시한 베다어 시대의 유산이다.

그러나 언어로 시간을 정확히 표현하는 것은 애초부터 불가능한 일이다. 시간은 잠시도 멈추지 않고 언제나 한 방향으로 질주하기 때문이다. 이른바 불가역不可逆이다. 한번 지나간 시간은 영원히 돌아오지 않는다.

현재라고 말하는 순간 이내 과거가 된다. 과거와 현재, 미래의 시제 모두 그 내막을 들여다보면 다양한 시간관계를 하나로 뭉뚱그려 표현한 것에 불과하다.

문법의 시제는 문장전체를 총괄하는 술어동사가 표시하는 시간개념을 기준으로 한 전후관계를 말한다. N = C 구문을 제외한 모든 구문은 한 문장 내에서 주격은 오직 하나밖에 있을 수 없고, 주어를 제외한 나머지 체언 모두 주격 이외의 격인 이른바 사격斜格의 형태를 취해야 한다. 시제도 이와 똑같다. 한 문장 내에 존재하는 모든 동사는 술어동사의 시제를 기준으로 전시前時, 동시同時, 후시後時 등 3개의 시제 가운데 하나의 시제를 부여받는다. 시제에 어긋날 경우 문장 전체의 뜻이 애매해져 비문이 되고 만다.

영어의 시제는 우리가 알고 있는 것과 달리 원래 현재와 과거 두 시제밖에 없다. 미래시제는 will 및 shall 등의 조동사, 완료시제는 have동사, 진행시제는 be동사의 도움을 받아야만 표현이 가능하다. 독일어의 경우도 똑같다. 이는 게르만어의 가장 큰 특징 가운데 하나이다.

통상 5세기에서 11세기의 노르만 정복 이전까지의 고대 영어Old English 시기에는 미래시제가 없어 현재시제로 대신했다. 과거시제 하나로 라틴어의 후예인 불어에서 말하는 단순과거 이외에도 대과거와 완료과거의 시제까지 두루 사용했다. 이는 당시의 생활이 그만큼 단순했음을 반증한다.

미래시제는 산스크리트어 시대 이후 고대 그리스어와 라틴어를 거쳐 현재의 모든 인도유럽어에 이르기까지 동사활용 시제의 기본에 해당한다. 그럼에도 유독 게르만어 계통에만 미래시제가 존재하지 않은 것은 초기 게르만족들이 독일 남부의 슈바르츠발트Schuwartbald 지대 이른바 '흑림黑林' 일대에 정착할 당시만 해도 미래를 언급하기에는 먹고사는 문제가 매우 시급했으리라는 추론을 가능하게 한다. 라틴어의 후신인 불어가 술어동사 자체의 활용을 통해 미래, 진행, 완료 시제를 모두 표현하고 있는 게 그 증거이다.

물론 불어에도 영어와 독어처럼 조동사의 도움을 받아 시제를 표시하는 경우가 있으나 그 내용 및 의미가 사뭇 다르다. 러시아어와 아랍어의 경우는 특이하게도 시제 대신 이른바 완료상完了相을 기준으로 하여 시제를 간접적으로 표시하고 있다. 이 또한 산스크리트어 이래의 전통을 이어받은 것으로 특이하게 볼 것은 아니다.

미래시제의 혼란

현재 영어를 비롯한 인도유럽어의 시제는 우리들이 생각하는 통상적인 시간 개념과는 크게 다른 까닭에 영어문장을 해석할 때 적잖이 당황할 수밖에 없다. 가장 대표적인 것이 현재완료이다. 문법상의 현재 시제는 술어동사의 움직임이 현재 진행 중인 것을 뜻하는 까닭에 사실 현재진행과 동일한 시제를 갖고 있다. 독어와 불어, 러시아어가 현재시제로 현재진행 시제까지 표시하는 것은 이 때문이다.

러시아어는 현재완료시제를 아예 인정하지 않고 있다. 이는 현재 시제가 술어동사 움직임의 진행까지 내포하고 있는 상황에서 어떻게 완료상이 존재할 수 있는가 하는 의문에서 비롯된 것이다. 논리적으로 이게 타당하다. 러시아어와 동일한 시간개념을 갖고 있는 우리나라 사람이 영어의 현재완료 시제에서 가장 헷갈려 하는 것도 바로 이 때문이다.

그렇다면 영어를 비롯해 독어와 불어 등은 어떻게 해서 현재완료 시제를 인정하고 있는 것일까? 먼저 현재완료 시제가 지니고 있는 독특한 시간 개념부터 살펴보자.

통상 술어동사가 조동사의 도움을 얻어 시제를 표시하는 것을 이른바 복합시제複合時制 compound tense라고 한다. 조상어가 같은 고대 영어와 독어는 술어동사의 시제가 현재와 과거밖에 없었던 까닭에 매우 오래 전에 복합시제를 만들어 미래와 완료시제 등을 표시해 왔다.

고대 영어에서 미래를 나타내기 위해 초기에 사용된 조동사는 scullan과 willan이다. 이는 독어 sollen 및 wollen과 어원이 같은 것으로 훗날 shall 및 will로 변했다. 이들 조동사는 본동사에서 유래한 까닭에 초기부터 미래시제의 조동사로만 기능한 것도 아니었다. 이른바 단순미래와 의지미래의 구분은 바로 그 유산이라고 할 수 있다. 단순미래는 말 그대로 미래를 표시하는 조동사의 기능을 하는 데 그치고 있는 반면 의지미래는 본동사로 존재했던 먼 과거의 유산을 그대로 이어받은 것이다.

현재 영어는 shall과 will이 단순미래 및 의지미래에 마구 뒤엉켜 사용되고 있는 까닭에 매우 혼란스런 상황이다. 이로 인해 부득불 영어문장에서 shall과 will이 등장할 경우에는 먼저 이들 미래 조동사가 문장 내에서 어떤 의미로 사용되었는지부터 파악해야 한다. shall이 단순미래와 의지미래로 사용된 다음 예문을 보자.

e.g. 2

I / *shall* be back in a day or two. 하루 이틀 내 돌아오겠소.
I / *shall not* expect you till I see you. 편리할 때 와 주시오.
When *shall* you / do it? 자네 언제 그 일을 할 건가?
Shall you / always love me? 그대가 늘 나를 사랑할까?

I / *shall kill* you if you go too far. 지나치게 굴면 너를 죽여 버리겠다.
I / *shall do* nothing of the sort. 나는 그런 일을 절대로 하지 않겠다.
Thou / *shall* conceive in thy womb! 그대는 수태受胎를 하게 되리라!
You / *shall* pay smart for this. 너는 이로 인해 큰 대가를 치르리라.
Never the twain / *shall* meet. 동과 서는 영원히 합치지 못하리라.
Marry me, and all / *shall* be well. 저와 결혼해 주면 만사형통하리라.

구문에 따라서는 의지미래와 단순미래를 명확히 구분하기가 어려운 경우가 많다. 영어에서 현재시재로 미래시제를 대신하는 구문이 많은 것도 이와 무관하지 않을 것이다. 현재시제로 미래시제를 대체하는 관행은 복문의 종속절에서 광범위하게 나타나고 있다.

e.g. 3

You / *shall* read it one day when you *are older*.

더 성장한 뒤 이것을 읽어라.

When the end *comes*, it / *will come* quietly.

종말이 오면 아마 조용히 오리라.

I / *will go* for a walk if it *does not rain*.

비가 오지 않으면 산책하겠다.

이는 주절의 술어동사가 이미 미래형으로 되어 있는 등 미래시제를 충분히 알 수 있는 상황에서 굳이 종속절에까지 중복해 표시할 필요가 없다는 판단에 따른 것이다. 가까운 미래를 나타낼 때에는 관행적으로 현재형 내지 현재진행형을 사용하는 것도 같은 맥락에서 이해할 수 있다.

e.g. 4

The council / doesn't *meet* till next week.

회의는 다음 주까지 열리지 않는다.

I / *leave* for the United States tomorrow.

내일 나는 미국으로 떠날 것이다.

I / *am running* down right now to see you.

너를 보러 지금 당장 내려가려고 해.

영어에서 현재시제로 미래시제를 대체하는 관행이 널리 퍼져 있는 것은 미래시제가 존재하지 않았던 고대 영어 시절의 유산으로 볼 수 있다. 그러나 역사언어학의 관점에서 볼 때 시제와 관련한 영어의 가장 큰 특징은 역시 진행형의 존재에서 찾아볼 수 있다. 이는 독어와 불어, 러시아어 등 인도유럽의 어느 나라에도 존재하지 않는 영어만의 특징이기도 하다.

진행형 시제의 등장

시제를 극도로 중시하는 인도유럽어는 기본적으로 시간은 마치 화살처럼 날아가는 것과 같다는 생각에서 출발하고 있다. 대화하는 사람이 현재라고 생각해 말하는 시점 자체가 이미 말이 나오는 순간 과거가 되어 버리고 만다. 불어와 독어 등이 영어의 '−ing' 형과 같은 현재진행 시제를 따로 두지 않는 이유가 여기에 있다. 다음 예문을 보자.

e.g. 5

구분	현재	현재진행
영어	He / **goes**	He / **is going**.
불어	Il / **va**.	Il / **va**.
독어	Er / **geht**.	Er / **geht**.
러시아어	Онon / **идёт**igyot.	Он / **идёт**.

영어를 빼고는 직설법 현재시제에서 현재진행형이 없음을 쉽게 알 수 있다. 라틴어의 후신인 불어와 게르만어의 원형을 간직하고 있는 독어, 슬라브어의 종주국인 러시아어 모두 현재시제로 현재진행을 표현하고 있다. 그런데도 유독 영어에만 현재진행형이 존재하는 이유는 무엇일까?

아직까지 이에 대한 정설이 없다. 현재 학계 내에서는 2가지 설이 널리 지지를 받고 있다. 언어학자 스위트가 주장한 이른바 유추설과 예스페르센의 혼동설이 그것이다. 스위트는 'be동사 + 형용사' 구문에서 'be동사 + -ing' 형이 유출되었다고 주장하고 있다. 이에 대해 예스페르센은 'be동사 + 현재분사'와 'be동사 + 동명사' 구문이 혼용된 뒤 현재의 진행형으로 발전했다는 주장을 펴고 있다. 두 사람의 주장을 비교해 놓은 다음 예문을 보자.

e.g. 6

Sweet
① 〈vi〉 − Hie blissodon = They rejoiced.
② 〈be + c〉 − Hie waeron blipe = They were glad.
③ 〈be + -ende〉 − Hie waeron blissiende = They were rejoicing.

① , ② ⋯▸ ① , ② , ③

Jespersen

① 〈be + −ende〉 − Hie waeron blissiende = They were rejoicing.

② 〈be + on + −ung〉 − Hie waeron on blissiung.

                         = They were on rejoicing.

③ 〈be + −inge〉 − Hie waeron blissinge = They were rejoicing.

④ 〈be + −ung〉 − Hie waeron blissiung = They were on rejoicing.

⑤ 〈be + −ing〉 − Hie waeron blissing = They were rejoicing.

            ① , ② ⋯▶ ③ , ④ ⋯▶ ⑤

두 사람의 주장 모두 고대 영어의 현재분사와 동명사의 형태가 뚜렷한 차이를 지닌 점에 주목한 데서 나온 것이다. 내용 면에서 예스페르센은 스위트의 주장을 근거로 자신의 설을 전개한 것이나 다름없다. 단지 고대 영어의 현재분사 '−ende'와 동명사 '−ung'이 통합되어 현재의 '−ing'가 나오게 된 배경을 구체적으로 설명한 게 약간 다를 뿐이다. 어느 설을 취하든 큰 차이는 없는 셈이다.

여기서 주목할 것은 영어에 등장한 최초의 진행형은 현재진행형이 아닌 과거진행형이었다는 점이다. 위 예문을 통해 알 수 있듯이 두 학자 모두 be동사의 과거형을 예로 든 게 그 실례이다. 원래 영어와 독어 등 게르만어 계통에는 고대 그리스어와 라틴어의 문법체계를 간직하고 있는 불어 및 러시아와 달리 이른바 '반과거半過去−Imperfect Past' 시제가 존재하지 않았다. 이는 영어의 내용상 과거진행형 같은 것이다.

반과거는 산스크리트어 시대부터 계속 존재해 온 것으로 매우 중요한 시제이다. 인도유럽어에는 모두 반과거 시제가 존재한다. 어떤 이유에서 인지 유독 독어와 영어 등 게르만어 계통에만 현재 및 과거 시제만 있고 반과거시제가 존재하지 않는다. 산스크리트어와 고대 그리스어, 라틴어에 나타나는 반과거는 영어 및 독어의 과거에 해당하는 단순과거 및 현재완료에 해당하는 복합과거와도 다르다.

반과거의 가장 중요한 의미는 과거의 지속적이거나 반복적인 행위를 나타내는 데 있다. 과거진행을 뜻하는 우리말의 '―를 하고 있었다'와 과거의 경험을 뜻하는 '―하곤 했다'에 해당하는 게 바로 반과거이다. 이런 시제가 필요했던 것은 완료상과 밀접한 관련이 있다. 과거의 어떤 행위가 완전히 끝나지 않았음을 드러내기 위해 이런 시제가 필요했던 것이다. 영어의 과거진행형은 바로 반과거의 흔적이라고 할 수 있다. 다음 예를 보자.

e.g. 7

Yesterday morning I / *was moving* the furniture.
어제 아침 나는 그 가구를 옮기고 있었다.
I / perceived that her body *was shaking*.
나는 그녀의 몸이 격하게 떠는 것을 알았다.

위 예문을 통해 알 수 있듯이 영어에서도 과거의 특정 시점을 기준으로 미완의 동작이나 상태, 각별한 관심을 가지고 관찰의 대상으로 삼은 사건이나 동작 등을 사실적으로 그리고자 할 때 과거진행형이 등장한다. 불어는 영어의 현재완료가 담당하고 있는 과거의 반복적인 행위까지 반과거로 표시한다.

결국 영어는 be동사의 도움을 얻어 과거진행형을 최초로 만들어냄으로써 산스크리트어 시대부터 지속된 반과거 시제의 효능을 그대로 재현한 셈이다. 역사언어학의 관점에서 볼 때 이는 커다란 진보에 해당한다. 표현능력이 그만큼 섬세해졌다는 징표이기 때문이다. 학자들은 대략 11세기에 노르만 정복이 빚어진 이후 불어의 영향을 받아 반과거에 해당하는 과거진행형을 만들어낸 것으로 추정하고 있다.

영어에서 반과거를 복제한 과거진행형의 등장은 여기에 그치지 않고 기상천외하게도 현재 진행형의 등장을 가능하게 했다. 스위트의 분석을 확장하면 'was/were + 형용사' 구문에서 과거진행형인 'were + -ing' 구문을 유추한 데 이어 마침내 'is/are + -ing' 구문까지 만들어낸 셈이다. 인도유럽어에서 현재진행형의 구문을 가진 언어는 영어가 유일하다.

이는 현재진행형의 실용성에 주목한 영국인들의 창조적인 발상에서 비롯된 것이다. 반과거밖에 없던 불어가 영어의 현재진행형에 해당하는 'être en traint de-' 어구를 만들어낸 게 그 증거이다. 이는 우리말로 '-하는 열차 위에 있다'의 뜻이다. 독어는 지금까지 고집스럽게 현재시제로 현재진행 시제를 대신하는 전통을 고수하고 있다.

현재진행형의 용도는 간단하지 않다. 독어처럼 과거의 전통을 고집할 것만도 아니다. 현재형은 반영구적으로 지속되는 동작과 상태 등을 나타내는 데 반해 현재진행형은 제한된 기간 동안 지속된 동작과 상태 등을 표시한다. 다음 예문에 두 시제가 지니고 있는 뉘앙스의 차이가 확연히 드러나고 있다.

e.g. 8

The sun / *rises* in the east and sets in the west.
해는 동쪽에서 뜨고 서쪽으로 진다.
Seoul / *lies* on the Han River.
서울은 한강 변에 위치하고 있다.

The sun / *is sinking* beyond the western hills.
해가 서산으로 꼴딱 넘어 가고 있다.
He / *is staying* in a hotel for the time being.
그는 호텔에 잠시 머물고 있다.

현재진행형은 이밖에도 will과 shall로 표현되는 단순미래 시제와 구별되어 말하는 사람의 미묘한 감정과 의지를 담은 표현에도 이용된다. 현재진행형을 사용할 때는 정감의 분위기가 감도는데, 단순미래 시제는 딱딱한 느낌이 강하다.

e.g. 9

I / *am leaving* here tomorrow for good.

내일 나는 이곳을 영원히 떠날 작정이다.

I / *will leave* here tomorrow for good.

내일 나는 이곳을 영원히 떠나게 된다.

Really he / *is coming* to see us?

정말 그가 우리를 보러 오는 겁니까?

He / *will come* here tomorrow to see us.

그는 내일 우리를 보러 여기 올 것이다.

이처럼 영어의 현재진행형은 현재 내지 미래시제로는 표현하기 어려운 미묘한 뉘앙스의 표현에 대거 동원되고 있다. 영어의 미래진행형이 화자의 주관적인 감정이 개입된 미래시제를 표현할 때 등장하는 것도 이런 맥락에서 이해할 수 있다. 다음 예문을 보자.

e.g. 10

I / *shall be forgetting* my own name next.

다음엔 내 이름조차 잊어버릴 듯하다.

He / *will be coming* home. 그는 아마 집으로 오고 있을 것이다.

현재는 뜻을 분명히 하기 위해 수동태 진행형을 사용하고 있으나 18세기까지만 해도 수동태 진행형이 보편화하지 않은 까닭에 능동태 진행형이 이를 대신했다. 현재도 능동태 진행형이 수동태 진행형을 대신한 구문이 매우 많다.

e.g. 11

The house / **is building** for us. 저 집은 우리를 위해 건축 중이다.
The bread / **is baking** in the oven. 오븐 안에서 빵이 구어지고 있다.
Trumpets / **were blowing**. 나팔소리가 울려 퍼졌다.
There was not / much business **doing**. 일이라고 해야 별 게 없었다.
Women / are angels, **wooing**. 여인은 구혼을 받을 때 천사와 같다.
As to the book now **printing**, I've no idea.
지금 인쇄 중인 책에 대해 잘 모른다.

위의 예문은 모두 수동태 진행형으로 바꿀 수 있는 것들이나 관용적으로 능동태 진행형을 사용하는 용례에 속한다. 영어의 진행형과 관련해 주의할 것은 일부 술어동사의 경우 진행형으로 표시하지 않는 점이다. 애초부터 진행형을 사용치 않은 결과이다.

e.g. 12

The committee / **consists of** ten members.

그 위원회는 열 명의 위원들로 구성된다.

Ten members / **compose** the committee.

열 명의 위원이 그 위원회를 구성한다.

This bottle / **contains** poison.

이 병에는 독이 들어 있다.

So many hotels / **resemble** each other.

너무 많은 호텔들이 서로 비슷하다.

One example / **will suffice** to illustrate the point.

그 점의 예증에는 사례 하나로 충분하다.

He / finally **obtained** his father's permission.

그는 마침내 부친의 허락을 얻어냈다.

I / **recognized** how urgent the situation was.

나는 상황이 얼마나 긴박한지 눈치챘다.

She / **slipped** over on the ice.

그녀는 빙판 위에서 미끄러졌다.

He / **crashed** his car into a lamppost.

그는 가로등에 차를 들이받았다.

첫 번째 예문들은 술어동사가 시간과 별로 관련이 없고, 자체 내에 사물의 성상性狀을 표시하는 내용을 담고 있다는 공통점을 지니고 있다. 두 번째 예문들은 술어동사가 순간적인 동작을 나타내는 까닭에 오히려 진행형으로 사용하는 게 이상한 느낌을 줄 수 있다.

이에 반해 일부 술어동사는 자체적으로 계속성을 나타내는 까닭에 진행형을 쓸 필요가 없으나 진행형으로 쓸 때는 미묘한 뉘앙스 차이를 보인다. like, hate, love, feel, hear 등의 지각동사를 포함해 lie, rise, turn, rain, stand, sit 등의 일반 동사가 이 경우에 속한다. 다음 예문을 보자.

e.g. 13

I / **like** coffee better than tea. 나는 차보다 커피를 더 좋아한다.

I / **hate** to drink with the flies. 나는 혼자 술 마시는 게 싫다.

We / **love** our country. 우리는 조국을 사랑한다.

I / **feel** sorry for him. 나는 그가 안쓰럽다.

He / could **hear** a dog barking. 그의 귀에 개 짖는 소리가 들렸다.

London / **lies** on the Thames. 런던은 템즈 강변에 위치해 있다.

The sun / **rises** in the east. 태양은 동쪽에서 뜬다.

The earth / **turns** round the sun. 지구는 태양 주위를 돈다.

It / hardly **rained** at last summer. 지난 여름에는 비가 거의 안 왔다.

We / all **stood** there waiting. 우리는 모두 거기에 서서 기다렸다.

I / **sat** talking for hours. 나는 앉아서 여러 시간 얘기했다.

She / **was liking** him more and more.

그녀는 그를 점점 더 좋아하게 됐다.

I / **was hating** myself every day. 나는 매일 나 자신을 증오한다.

She / **was loving** another then.

당시 그녀는 다른 사람을 사랑하고 있었다.

I / **am feeling** a little cold. 나는 약간 추워지는 것 같다.

He / **is hearing** lectures on politics. 그는 정치학을 수강 중이다.

The ship / **is lying** at No. 3 Berth. 배는 제3 부두에 정박 중이다.

The moon / **is rising** above the horizon.

달이 지평선 위에 떠오르고 있다.

The bus / **is turning** the corner. 버스가 막 코너를 돌고 있다.

It / **had been raining** hard all night.

밤새 비가 심하게 내리고 있었다.

I / **was standing** only a few feet away.

나는 겨우 몇 피트 떨어진 곳에 서 있었다.

She / **was sitting** at her desk. 그녀는 책상에 앉아 있었다.

두 번째 예문들은 원칙적으로 진행형을 쓸 필요가 없으나 진행형을 이용해 계속성을 강조하거나 분위기를 생생하게 전달하려는 취지에서 나온 것이다. 최근에는 이처럼 진행형으로 사용하는 빈도가 늘어나는 추세이다.

원칙적으로 진행형을 사용할 수 없는 think, see, hope, have, be동사 등이 최근 진행형을 이용해 화자의 의중을 보다 섬세하게 표현하고자 하는 경향을 보이는 게 그렇다. 다음 예문을 보면 이들 동사의 진행형이 표출하는 뉘앙스 차이를 대략 짐작할 수 있을 것이다.

e.g. 14

I / **am thinking** of changing lodgings.

난 하숙을 옮길까 심각히 고려중이다.

I / **am not thinking** of that.

난 지금 그 생각을 하는 게 아닙니다.

He / couldn't believe what he **was seeing**.

그는 눈앞에 펼쳐진 광경을 믿을 수 없었다.

Who / **has been seeing** her?

누가 그녀와 지금까지 만나는 것인가?

I / **am hoping** to hear from you very soon.

빨리 응답해주셨으면 합니다.

Every retailer / **is hoping** for seasonal cheer.

소매점들이 명절 특수를 기대하고 있다.

We / **are having** a sunny day.

오늘 하루는 맑은 날씨가 되겠습니다.

She / **is** always **having** a shy at him.

그녀는 그를 만나면 늘 어쩔 줄 모릅니다.

They / **are** always **being** hungry.

그들은 늘 굶주려 있습니다.

You / fancy you **are being** clever.

자네는 스스로 현명하다고 생각하고 있네.

위의 예문들을 보면 진행형이 불가능한 것으로 알려졌던 술어동사도 거침없이 진행형을 사용하고 있음을 알 수 있다. 말할 것도 없이 화자가 자신의 심경을 담아 서술내용을 보다 정밀精密하게 표현하고자 하는 취지에서 비롯된 것이다. 인도유럽어 가운데 영어만이 유일하게 진행형을 찾아낸 것이 이런 표현을 가능하게 한 셈이다.

그러나 비록 진행형을 찾아냄으로써 시제를 풍부하게 했음에도 일정한 한계가 있다. 이는 이른바 '완료상'이 존재하지 않은 데 따른 것이다. 원래 시제는 완료상과 불가분의 관계를 맺고 있다. 완료상이 발달한 러시아어와 아랍어는 시제가 흐릿하고, 시제가 발달한 영어는 그와 정반대의 모습을 보이고 있는 게 그렇다.

Lesson 2

상相 – 완료상과 미완료상

완료와 미완료의 의미

산스크리트어를 시작으로 고대 그리스어와 라틴어 등 인도유럽어는 시제와 상相, 즉 Aspect를 공히 갖고 있다. 상은 술어동사가 나타내는 움직임의 양상을 나타내는 문법 용어이다. 시제가 술어동사 움직임의 시간 관계를 나타내는 것과 대비된다. 상은 시간관계보다 움직임의 양상을 중시하는 까닭에 시제에 큰 관심이 없다.

인도유럽어 가운데 러시아어 등의 슬라브어와 아랍어 및 히브리어 등의 셈어가 바로 시제보다 상을 중시하는 대표적인 언어에 속한다. 러시아어와 아랍어에서 가장 중시하는 것이 바로 완료상完了相 perfect aspect이다. 현재시제를 동사 원형으로 삼고 있는 영어 및 불어, 독어 등과 달리 아랍어와 히브리어가 과거시제의 완료상을 동사의 원형으로 삼고 있는 게 그 증거이다. 러시아어는 완료체 동사와 미완료체 동사가 나뉘어 있어 두 가지 유형의 동사원형이 존재한다. 다음 예문을 보자.

e.g. 1

구분	미완료체 원형(현재)	완료체 동사원형(과거)
영어	write	
불어	écrire	
독어	schreiben	
러시아어	**писать**pisati	**написать**napisati
아랍어		**ka-ta-ba**

3인칭 남성 단수로 나타나는 완료체 동사원형만 존재하는 아랍어는 해석상 완료체의 활용을 과거, 미완료체의 활용을 현재 내지 미래로 간주하고 있다. 완료체와 미완료체의 동사원형을 모두 갖고 있는 러시아어는 완료체와 미완료체가 동일한 모습으로 활용되고 있으나 그 의미는 완전히 다르다. 다음 예문을 보면 그 의미를 쉽게 알 수 있을 것이다.

e.g. 2

미완료체 동사원형(писать)의 활용		
현재	Яya / **пишу**pishu письмоpisimo.	난 편지를 쓴다 (쓰고 있다).

과거	Я / **писал***pisal* письмо.	난 편지를 썼다 (쓰고 있었다).
미래	Я / **буду***budu* **писать***pisati* письмо.	난 편지를 쓸 것이다 (쓰고 있을 것이다).

완료체 동사원형(написать)의 활용		
미래	Я / **напишу***napishu* письмо.	난 편지를 다 쓸 것이다(다 써 버릴 것이다).
과거	Я / **написал***napisal* письмо.	난 편지를 다 썼다 (다 써 버렸다).

러시아어의 위 예문에서 주의할 점은 완료체가 '–해 버릴 것이다'의 뜻을 지니고 있는 점이다. 우리말의 '–하다' 내지 '–하고 있다'로 표현되는 미완료체의 현재시제는 어떤 행위가 아직 끝나지 않은 까닭에 현재완료 자체가 성립될 수 없다. 논리적으로 이게 맞다. 우리말에서 굳이 '–해 왔다'고 표현하지 않는 것도 이런 논리 위에 서 있다. 과거에 일어난 어떤 행위가 현재까지 이어지고 있다는 식의 표현을 굳이 할 필요가 없는 것이다.

앞서 언급했듯이 현대의 인도유럽어는 크게 영어와 불어, 독어 등과 같이 시제를 중시하는 언어와 러시아어 및 아랍어처럼 완료상 여부를 중시하는 언어로 나눌 수 있다. 이는 산스크리트어에서 유래한 것이다.

산스크리트어에는 과거에 어떤 행동이 완결된 경우 이를 표시하는 방법이 두 가지 존재했다. 하나는 동사의 어근을 중복시킨 후 완료어미를 붙이는 이른바 중복완료重複完了Duplicated Perfect이다. 다른 하나는 동사의 현재어간에 -ām을 붙인 후 어간 kṛ-make, as-be, bhū-become 등의 완료형을 조동사로 삼는 복합완료複合完了Periphrastic Perfect이다.

고대 그리스어와 라틴어는 복합완료 대신 중복완료 쪽을 택했으나 약간의 차이가 있다. 고대 그리스어는 산스크리트어처럼 중복완료형을 만든 후 이를 직설법 현재의 동사원형과 동일하게 취급했다. 러시아어처럼 완료형을 또 다른 동사원형으로 간주함으로써 완료상을 확연히 드러낸 것이다.

이에 반해 라틴어는 중복완료의 방법으로 완료형을 만들어냈으나 현재시제에 be동사에 해당하는 sum동사의 활용어미를 덧붙임으로써 사실상 복합완료와 별반 차이가 없는 완료형을 만들어냈다. 불어가 중복완료 형태의 완료상을 만드는 것도 이와 무관하지 않다고 보아야 한다. 다음 예문을 보자.

e.g. 3

	현재		현재완료
그리스어	γράφομεν*grafomen*	⋯▸	γεγράφαμεν*gegrafamen*
			우리가 써 왔다.
러시아어	пишем	⋯▸	напишем
			우리가 다 써버릴 것이다.
라틴어	scrībimus	⋯▸	scrīpsīmus

			우리가 써 왔다.
불어	Nous écrions	⋯	Nous avons écrit
			우리가 써 왔다.

주목할 것은 고대 그리스어와 라틴어 불어 모두 현재완료에서 '-해 왔다'의 뜻을 지니고 있는 반면 러시아어는 '-해 버릴 것이다'의 미래완료 뜻으로 풀이되고 있는 점이다. 현재의 시제와 완료상이 충돌한다고 판단한 결과이다. 인도유럽어 대부분이 현재완료 시제를 즐겨 사용하는 것과 대비된다.

원래 산스크리트어는 동사의 활용에서 시제와 상을 결합하면서 완료상에 주목한 나머지 우선 상을 완료상과 미완료상으로 나눈 뒤 과거와 현재, 미래의 시제를 덧붙였다. 이로써 기본적으로 모두 6개의 시제가 완성됐다. 산스크리트어는 여기서 한 발 더 나아가 과거시제의 완료상과 미완료상에 또 하나의 지속상持續相 durative aspect을 덧붙였다. 이는 과거의 어떤 행위가 완료되지 않은 상태에서 일정 기간 지속된 것을 표시하고자 한 데서 나온 것이다. 그것이 바로 영어의 과거진행형에 해당하는 반과거半過去이다.

반과거는 과거 시제의 미완료상에 해당한다. 미완료상 자체가 어떤 행위가 완료되지 않았음을 내포하고 있는 까닭에 굳이 반과거를 사용할 필요가 없는데도 사족을 붙인 셈이다. 과거시제의 미완료상과 지속상인 반과거를 구별해줄 필요가 생기면서 등장한 것이 산스크리트어 및 고대 그리스어에 존재한 이른바 '아오리스트Aorist 시제'이다. '부정과거不定過去 시제'로 불리는 '아오리스트 시제'는 신의 동정을 표현할 때 사용된 특이한 용법이다. 이는 우리말의 '-하도다'의 뜻에 가깝다. '아오리스트 시제'는 완료상完了相과 가까웠던 까닭에 라틴어에서는 완료형으로 통합해 버렸다. 역사비교언어학의 관점에서 볼 때 영어 및 독어에 존재하는 현재완료형은 '아오리스트 시제'의 흔적에 해당한다.

'아오리스트 시제'는 과거의 일정시점에 어떤 행위가 빚어진 것은 확실하나 그것이 지속되었는지 아니면 완료됐는지 여부에 대해서는 알 길이 없다는 취지에서 나온 것이다. 상의 관점에서 볼 때 반과거는 선적線的이며 다회적多回的인 시간개념을 지닌 지속상持續相에 해당한다. 이에 반해 '아오리스트 시제'는 점적點的이며 일회적一回的인 시간개념을 지닌 일시상一時相 temporary aspect에 해당한다.

산스크리트어에서 아오리스트 시제의 가장 중요한 용법은 부정사 mā 와 함께 금지명령에 해당하는 이른바 지령법指令法 injunctive을 만들거나 축복과 희망 등을 나타내는 기원법祈願法 precative, benedictive을 만드는 것이었다. '아오리스트 시제'는 a와 oristos의 합성어인 데서 알 수 있듯이 제한을 받지 않는 부정不定 시제를 뜻한다.

'아오리스트 시제'는 고대 그리스어에서도 계속 존재했으나 라틴어에서 시제와 완료상이 혼동을 일으키게 되자 마침내 사라지고 말았다. 학자들은 '아오리스트 시제'가 명령법과 접속법 등에 흡수된 결과로 파악하고 있다. 먼저 과거 시제에 3개의 상을 갖게 된 산스크리트어의 다음 예문을 보자.

e.g. 4

	반과거(과거시제 지속상)	아오리스트 (과거시제 일시상)	완료(과거시제 완료상)
범어	abhavat	abhūt	babhuva
영어	He was becoming.	He became.	He has become.
불어	Il devenait	Il devint.	Il est devenu.
한국어	그는 되고 있었다.	그는 되었다 or 그는 되도다.	그는 되어 있다.

　주목할 점은 일시상의 '−이 되었다'와 더불어 '−이 되도다'로 나타나는 우리말 해석이다. 우리나라 영화 관계자들은 지난 1962년 개봉된 미국 영화 'Gone With the Wind'를 두고 앞서 이를 상영한 일본이 '風と共に去りぬ'로 번역한 것을 참조해 '바람과 함께 사라지다'로 번역했다. 19세기 영국 시인 어니스트 다우슨의 시에서 따온 'Gone With the Wind'는 남북전쟁으로 인해 미국 남부 백인 지주층의 귀족적 삶과 고상한 문화가 파괴되었다는 뜻을 담고 있다. '風と共に去りぬ'의 일본어 번역은 우리말의 '바람과 함께 사라지도다!'에 가까운 것이다. 어느 쪽이든 소설 원작 및 영화 내용에 비춰 절묘한 번역에 해당한다.

　우리말의 '−하도다'와 '−하다' 등은 과거, 현재, 미래의 시제가 없다. 영어의 동사원형에 가까운 이런 어법은 어떤 장면을 장엄하게 묘사하고자 할 때 곧잘 등장한다. 우리말의 '−하도다'는 21세기 현재 인도유럽어에서는 찾아볼 수 없는 '아오리스트 시제'에 가깝다.

원래 '부정과거不定過去 시제'로 불리는 '아오리스트 시제'는 고대 그리스어에서 우리말의 '−하도다'처럼 어떤 일의 시작과 종지 상태를 나타낼 때 사용했다. 중세 때 로마교황청은 고대 그리스어로 된 신약성서를 라틴어로 번역할 때 '아오리스트 시제'를 모두 반과거 시제로 바꿨다. 라틴어에는 '아오리스트 시제'가 존재하지 않은 데 따른 궁여지책이었다.

그러나 이로 인해 장엄하다는 취지의 뉘앙스가 사라지고 말았다. '아오리스트 시제' 용법을 사용한 고대 그리스어 신약성서 [요한 계시록 11장 17절]의 한국어와 영어 번역문을 비교해 보면 이를 쉽게 알 수 있다.

e.g. 5

"옛적에도 계셨고, 시방時方도 계신 주 하나님, 곧 전능하신 이여! 친히 큰 권능을 잡으시고 왕 노릇하시도다!"

"Lord God Almighty, the One who is and who was, because you have taken your great power and have begun to reign."

우리말 번역본은 아오리스트 시제의 장엄한 느낌이 그대로 배어나고 있다. 이에 반해 영어 번역에서는 이런 느낌이 전혀 나타나지 않고 있다. 아오리스트 시제가 부재한 결과이다.

원래 라틴어는 상을 크게 완료상과 미완료상으로 나눈 뒤 이를 모두 시제의 범위로 끌어들여 6개의 시제로 통합해 버렸다. 현대의 인도유럽어에 아오리스트 시제가 존재하지 않게 된 가장 큰 이유가 바로 여기에 있다. 다음 예문을 보면 라틴어가 상과 시제를 얼마나 간략하게 통합했는지 쉽게 확인할 수 있다.

e.g. 6

Tē amābam
= I / loved you.　　　나는 그대를 사랑했다.
= I / was loving you.　나는 그대를 사랑하고 있었다.

라틴어 과거시제가 영어의 과거와 과거진행의 반과거 시제를 모두 갖고 있음을 알 수 있다. 현재와 미래시제, 완료시제의 경우도 예외가 아니다. 비교언어학의 관점에서 볼 때 라틴어는 상과 시제가 복잡하게 얽인 산스크리트어와 고대 그리스어의 동사활용을 완료상과 미완료상으로 양분한 뒤 3시제로 정리하는 역할을 수행한 셈이다.

영어의 12시제

현존 영어에는 모두 12개의 시제가 존재한다. 영어는 왜 굳이 완료상을 기준으로 6개 시제로 통합한 라틴어의 문법체계를 벗어나 다시 반과거 등을 되살림으로써 모두 12개의 시제를 만들어 낸 것일까? 이는 인도유럽어에서 전례 없는 일이다.

영어의 원형동사에 해당하는 미완료체 동사원형 이외에도 완료체 동사원형을 갖고 있는 러시아어는 오히려 현재완료시제를 제거함으로써 모두 5개의 시제를 갖고 있다. 더구나 완료체 동사원형 덕분에 영어처럼 상과 시제를 만들어내기 위해 have동사와 be동사 등을 동원해 복잡한 모습의 동사구動詞句를 만들어낼 필요도 없다. 21세기 인도유럽어 가운데 러시아어와 폴란드어 등의 슬라브어가 아랍어 및 히브리어 등의 셈어와 함께 가장 간명한 동사체계를 갖게 된 이유가 여기에 있다.

영어는 불어의 영향을 받은 후 과거시제의 지속상에 해당하는 반과거를 과거진행형으로 만들어낸 후 여세를 몰아 현재진행과 미래진행은 물론 완료진행까지 만들어냈다. 인도유럽어 가운데 영어처럼 12개의 시제를 갖고 있는 언어는 없다. 독어와 마찬가지로 현재와 과거 등 2개 시제밖에 없던 점을 감안하면 놀랄만한 창조 작업에 해당한다. 산스크리트어와 고대 그리스어에 등장하는 상과 시제를 통합한 라틴어의 6개 시제에서 현재완료 시제를 삭제함으로써 5개 시제로 정비된 러시아어와 극명한 대조를 이루는 대목이다.

영어의 12개 시제는 다시 산스크리트어 및 고대 그리스어처럼 사물의 움직임과 상태를 보다 정교하게 표현할 수 있게 된 점에서는 나름 평가할 만하다. 그러나 다시 시제를 복잡하게 만들었다는 점에서는 부정적인 지적을 면하기 어렵다. 완료체 동사원형이 존재하지 않은 데 따른 필연적인 부작용이기도 하다.

현재 라틴어의 후신인 불어 역시 고대 그리스어에 나타나는 반과거와 아오리스트 시제, 현재완료의 유형을 재현해 놓은 상태이다. 반과거, 단순과거單純過去 passé simple, 복합과거의 존재가 그렇다. 문어체 표현에 자주 등장하는 불어의 단순과거 시제는 완료된 사건, 사태의 연속과 반복 등을 표현할 때 사용한다.

비교언어학의 관점에서 볼 때 지속상의 진행형을 미완료상의 3시제는 물론 완료상의 3시제까지 확장한 영어의 경우는 동사 과거형이 불어의 단순과거와 유사한 역할을 수행하고 있다. '아오리스트 시제'의 부활처럼 보는 견해도 있다. 앞서 검토한 [요한 계시록 11장 17절]의 아오리스트 시제를 고어古語의 형태로 번역한 다음 예문을 보자.

e.g. 7

"옛적에도 계셨고, 시방도 계신 주 하나님 곧 전능하신 이여! 친히 큰 권능을 잡으시고 왕 노릇 하시도다."

"O LORD God Almighty, which art, and wast, and art to come; because thou hast taken to thee thy great power, and hast reigned."

우리말의 '−하시도다' 수준은 아닐지라도 고대 그리스어에 존재했던 '아오리스트 시제'의 장엄한 느낌이 일정 부분 되살아나고 있음을 알 수 있다. 일면 영어의 12개의 시제가 위력을 발휘한 결과로 평가할 수 있다. 굳이 고어 투가 아닐지라도 영어의 과거시제는 불어의 단순과거 못지않은 역할을 수행하고 있다. 반과거는 물론 현재완료까지 대체한 다음 예문을 보자.

e.g. 8

① Not long ago he / **fixed** the squeaking door.

얼마 전에 그가 삐걱거리는 문을 고쳤다.

② Men / **were** deceivers ever.

남자는 언제나 못 믿을 존재이다.

③ I / would rather you **paid** me now.

지금 당장 돈을 지불했으면 합니다.

④ I / **used** to call on my uncle every Sunday.

나는 주일마다 삼촌을 방문하곤 했다.

첫 번째 예문은 Not long ago처럼 일정 시점의 일회성 행위를 나타낸 것이다. 과거시제의 가장 보편적인 용법에 해당한다. 지난 1993년에 영화로까지 만들어진 셰익스피어의 『헛소동─Much Ado About Nothing』에서 나온 두 번째 예문은 과거시제가 일반적인 진리를 나타내는 데 쓰인 경우이다. 세 번째 예문은 소망이나 타당성 등을 나타낼 때 사용된 경우이다.

마지막 네 번째 예문은 반복되거나 습관적인 동작을 나타낸 것으로 과거진행형과는 미묘한 뉘앙스 차이가 있다. 진행형이 지속상을 나타내고 있는 데 반해 네 번째 예문은 일종의 경험상經驗相 experiential aspect을 나타내고 있는 것이다. 지속상과 경험상을 모두 반과거 시제로 처리하고 있는 불어와 대비되는 대목이다. 이 또한 영어에 12개 시제가 존재하고 있기에 가능한 용법이기도 하다. 완료상과 미완료상을 기준으로 12개 시제를 도표로 정리하면 다음과 같다.

e.g. 9

현재	imperfective aspect	
	미완료상	지속상
	I write.	I am writing.
	perfective aspect	
	완료상	지속상
	I have written.	I have been writing.

과거	imperfective aspect	
	미완료상	지속상
	I wrote.	I was writing.
	perfective aspect	
	완료상	지속상
	I had written.	I had been writing.

미래	imperfective aspect	
	미완료상	지속상
	I will write.	I will be writing.
	perfective aspect	
	완료상	지속상
	I will have written.	I will have been writing.

여기서 문제가 되는 것은 산스크리트어 이래 현대의 영어에 이르기까

지 3시제와 완료상의 충돌문제이다. 러시아어에서 현재완료를 삭제한 게 그 좋은 예이다. 인도유럽어 가운데 가장 많은 12개 시제를 갖고 있는 영어와 정반대로 가장 적은 5개의 시제를 갖고 있는 러시아어의 예문을 보자.

e.g. 10

구분	imperfective aspect 미완료상+ 지속상	perfective aspect 완료상
현재	Я пишу.	
과거	Я писал.	Я напишу.
미래	Я **буду** писать.	Я написал **бы**.

위 예문을 통해 러시아어의 시제표현이 얼마나 간명하게 이뤄지고 있는지를 한 눈에 알 수 있다. 이는 현재 자체가 눈앞에서 전개되는 사물의 어떤 행위와 상태를 표현하는 것인 만큼 이는 미완료에 해당하고, 이를 현재진행과 현재완료 및 현재완료진행 등으로 세분하는 것은 잘못이라는 판단에 따른 것이다. 러시아어는 현재완료와 현재완료진행, 현재진행의 시제를 모두 현재 시제의 미완료상에 녹여버린 셈이다.

원래 산스크리트어와 고대 그리스어는 과거시제와 관련해 반과거와 아오리스트 시제, 과거완료 등 3개의 상을 갖고 있었다. 현재시제의 완료상은 이들 과거시제와 밀접한 관련이 있으면서 약간 차이가 있었다. 과거 일정시점에 행위가 일단 완료되고, 이어 그 완료된 상태가 현재까지 이어지고 있는 것을 현재완료로 표현했다.

반과거는 과거 일정 시점에 행위가 나타나 계속 진행된 점에서는 현재완료와 같으나 그 행위가 현재까지 이어지고 있다는 뜻을 내포하고 있지는 않다. 이는 과거와 현재 시제를 동시에 표시하고 있는 점에서 매우 특이하다고 할 수 있다. 예스페르센의 다음 언급은 현재완료 시제의 특징을 극명하게 드러내고 있다.

"조동사의 현재형으로 구성되는 현재완료형은 현재를 과거에 연결시키는 데 사용되는 것으로 일종의 '회고적 현재retrospective present'라고 할 수 있다. 현재의 상태를 과거에 일어난 일의 결과로 본 결과이다. 또 이는 '포괄적 현재inclusive present'라고 할 수 있는데, 이는 과거에서 현재까지 계속되는 상태를 언급한 것이다."

산스크리트어가 현재완료의 동사활용을 매우 중시한 데에는 기본적으로 불가에서 말하는 연기설緣起說과 무관하지 않다. 과거와 현재, 미래가 모두 인연에 의해 이어지고 있다는 사고가 바로 이런 특이한 시제를 가능하게 한 것이다. 이는 희랍시대에도 그대로 이어졌다. 『국가론』등 플라톤의 저술에 나타나는 소크라테스의 언급에 윤회설이 등장하고 있는 게 그 증거이다.

아오리스트 시제에 해당하는 우리말의 '-하도다'가 나름대로 써먹을 데가 있듯이 '-하고 있다'의 현재진행은 말할 것도 없고, '-해 왔다'의 현재완료와 '-해 오고 있다'의 현재완료진행 역시 나름대로 존재가치가 있다. 과거시제와 미래시제에도 똑같은 논리를 적용할 수 있다. 영어는 물론 불어와 독어 등에서도 현재완료 시제가 널리 상용되는 것도 이런 맥락에서 이해할 수 있다.

복합완료의 등장배경

영어와 독어, 불어 등이 be동사와 have동사에 해당하는 조동사를 이용해 복합완료 시제를 만들게 된 데에는 라틴어의 영향이 크다. 라틴어 sum*be*과 amāre*love*동사의 6개 시제 활용을 비교해 놓은 다음 예문을 보면 이를 쉽게 확인할 수 있다.

e.g. 11

sum동사의 6개 시제 활용

	현재	과거	미래	현재완료	과거완료	미래완료
1 sg.	sum	eram	erō	fuī	fueram	fuerō
2 sg.	es	erās	eris	fuistī	fuerās	fueris
3 sg.	est	erat	erit	fuit	fuerat	fuerit

	현재	과거	미래	현재완료	과거완료	미래완료
1 pl.	sumus	erāmus	erimus	fuimus	fuerāmus	fuerimus
2 pl.	estis	erātis	eritis	fuistis	fuerātis	fueritis
3 pl.	sunt	erant	erunt	fuērunt	fuerant	fuerint

amāre동사의 6개 시제 활용

	현재	과거	미래	현재완료	과거완료	미래완료
1 sg.	amō	amābam	amābo	amāvi	amāveram	amāverō
2 sg.	amās	amābās	amābis	amāvisti	amāverās	amāveris
3 sg.	amat	amābat	amābit	amāvit	amāverat	amāverit
1 pl.	amāmus	amābāmus	amābimus	amāvimus	amāverāmus	amāverimus
2 pl.	amātis	amābātis	amābitis	amāvistis	amāverātis	amāveritis
3 pl.	amatnt	amābant	amābunt	amāvérunt	amāverant	amāverint

산스크리트어와 고대 그리스어의 복잡한 상과 시제를 6개 시제로 깔끔하게 정립한 라틴어는 시제의 활용에서도 sum동사의 활용어미를 그대로 사용함으로써 간명함을 더했다. 이는 산스크리트어와 고대 그리스어이래의 복잡다기한 동사활용에서 벗어났음을 보여주는 것이다.

과거와 미래, 완료시제에서 어근 amā-와 활용어미 사이에 삽입된 -b- 및 -v-에 대해 여러 해석이 있으나 복합완료 시제를 만들 때 일종의 조동사 역할을 수행한 산스크리트어의 bhu*become*가 축약된 형태로 보는 게 옳다. 산스크리트어 역시 어근 bhu-가 완료형으로 변할 때 -v-가 삽입되는 게 그 증거이다. 라틴어의 모든 동사는 위 예문처럼 예외 없이 sum동사 활용어미를 덧붙여 6개 시제를 만들어낸다.

원래 산스크리트어에서는 어근을 중복시키는 중복완료와 bhu- 등의 조동사 어미를 활용한 복합완료가 병존했다. 그러나 고대 그리스어에서는 복합완료가 없고 오직 중복완료만 존재했다. 러시아어에 미완료체 원형동사 이외에 완료체 원형동사가 별개로 등장하게 된 것도 이와 무관하지 않다고 보는 게 합리적이다.

그러던 것이 다시 라틴어에 와서는 동사의 어간이 be동사의 활용어미와 결합해 완료형을 만드는 복합완료만 존재하게 됐다. 불어 및 독어에서 have동사에 해당하는 avoir 및 haben동사 이외에도 be동사에 해당하는 être 및 sein동사를 활용해 완료형을 만드는 것은 그 유산으로 볼 수 있다. 그러나 영어와 불어, 독어 모두 똑같은 형태의 복합완료를 사용하면서도 약간의 뉘앙스 차이가 있다. 다음 예문이 그 증거이다.

e.g. 12

He / *came* here a few days ago.(p.)
그는 며칠 전에 여기 왔다.　　　　　　O
↝ He / *have come* here a few days ago.(p.p.)
그는 며칠 전에 여기 온 적이 있다.　　X

Il　/ *vint* ici il y a quelques jours.(단순과거)

그는 며칠 전에 여기 왔다.　　　　　　O

··· Il　/ *est venu* ici il y a quelques jours.(복합과거)

그는 며칠 전에 여기 온 적이 있다.　　O

··· Il　/ *venait* ici il y a quelques jours.(반과거)

그는 며칠 전에 여기 오곤 했다.　　　O

Er / *kam* hier vor einigen Tagen. (p.)

그는 며칠 전에 여기 왔다.　　　　　O

··· Er / *ist* hier vor einigen Tagen *gekommen*. (p.p.)

그는 며칠 전에 여기 온 적이 있다.　　O

　영어의 현재완료는 과거의 특정시점에 어떤 움직임이 나타나 현재까지 지속되고 있다는 완료상과 지속상을 모두 지니고 있음에도 불어 및 독어와 달리 특정시점이 드러날 경우 절대로 사용할 수 없다. 이는 영어의 현재완료가 과거 기준의 완료상보다 현재 기준의 지속상을 중시한 결과이다.

　진행형 시제가 없는 독어는 지속상을 드러낼 길이 없다. 오로지 완료상만을 나타내게 된 까닭에 과거의 특정시점이 표시되는 것을 더 선호한다. 영어에서 비문非文으로 간주되는 표현이 오히려 독어에서는 정답이 되는 셈이다. 진행형에 속하는 반과거를 갖고 있는 불어의 경우는 아오리스트 시제와 유사한 단순과거가 별도로 존재하는 까닭에 완료상을 강조할 때는 단순과거, 지속상을 강조할 때는 복합과거, 경험상을 강조할 때는 반과거로 나누어 표현하는 게 가능하다.

일견 영어는 상의 표현에 제한이 많은 것처럼 보이나 결코 그렇지는 않다. 영어도 현재완료 시제에서 특정시점을 드러내는 것만 피하면 얼마든지 시간관계를 나타내는 여러 부사어와 함께 사용할 수 있다. today, tonight, this year, until now, not yet, recently, of late 등이 그것이다. 다음 예문을 보자.

e.g. 13

I / **have finished** typing these reports today.

보고서 타이핑을 오늘 다 끝냈다.

I / **finished** typing these reports *yesterday*.

보고서 타이핑을 어제 끝냈다.

I / **have not seen** him *this morning*.

오늘 아침 그를 보지 못했다.

I / **didn't see** him t*his morning* but saw him now.

오늘 아침엔 못보고 이제야 그를 봤다.

위 예문은 문맥에 따라 동사의 과거형이 등장하기도 하고, 현재완료형이 등장하기도 한다는 것을 잘 보여주고 있다. 영어의 현재완료 시제는 완료상보다는 지속상을 중시하는 까닭에 현재완료진행을 대신하는 경우가 매우 많다. 다음 예문이 그 증거이다.

e.g. 14

I / **have received** food since then.

나는 그 이후에도 계속 식량을 받아왔다.

We / **have neglected**, and we still neglect it.

우리는 그것을 무시해왔고 지금도 그러하다.

He / **has had** to labor hard until now.

그는 지금까지 고되게 일해야만 했다.

위 예문은 영어의 현재완료 시제가 완료상보다는 지속상을 중시하고 있음을 잘 보여주고 있다. 현재완료 시제가 현재까지 그 영향을 미치고 있는 과거 행위의 결과를 두드러지게 강조하고자 할 경우 빠짐없이 자주 등장하는 것도 같은 맥락에서 이해할 수 있다. 다음 예문을 보자.

e.g. 15

Crisis / **has undermined** his confidence.

위기가 그의 자신감을 약화시켜 버렸다.

Civilization / appears to **have gone** astray.

문명이 길을 잘못 들어버린 듯하다.

College / **has become** too commercial.

대학이 너무 상업화돼 버렸다.

위의 예문은 완료상 및 경험상과 더불어 매우 중요한 상으로 간주되고 있는 이른바 결과상結果相effective aspect을 표현한 것이다. 이는 영어의 현재완료가 '-해 오고 있다'의 지속상을 간직한 데 따른 자연스런 모습이기도 하다. 그러나 결과상이 반드시 현재완료의 시제를 취하는 것은 아니다. 다음 예문이 그 증거이다.

e.g. 16

I / **finally learned** that it was superfluous.

나는 마침내 그것이 불필요함을 깨달았다.

The company / **laid off** ten men today.

회사는 오늘 10명의 직원을 해고해 버렸다.

We / must **pass through** this stage quickly.

우리는 이 단계를 빨리 지나버려야 한다.

결과상에 대비되는 상은 이른바 시동상始動相이라고 한다. 이는 어떤 동작의 시초를 나타내는 상이다. 동사 자체가 시초의 뜻을 나타내기도 하고, 문맥에 의해 이를 드러내기도 한다. 다음 예문을 보자.

e.g. 17

The audience / **began** to troop away.

청중은 떼 지어 떠나가기 시작했다.

She / **has taken** to like him.

그녀는 그를 좋아하게 됐다.

My friend / **became** insolvent.

내 친구는 파산하게 됐다.

We / are none of us **getting** any younger.

우리 모두 다시 젊어질 수 없다네.

A boy / **grow up** and become a man.

사내애는 성장해 한 남성이 된다.

이를 통해 영어에도 매우 많은 상이 존재하고 있음을 알 수 있다. 비록 '-했다'의 완료상과 '-한 적이 있다'의 경험상, '-하곤 했다'의 반복상反復相iterative aspect, '-하도다'의 아오리스트 시제와 같은 무시상無時相 non-temporal aspect 등을 두루 갖춘 우리말에 비할 수는 없으나 영어 는 인도유럽어 가운데 제법 풍부한 상을 지닌 경우에 해당한다.

미래완료와 과거완료의 '상'

영어에서 미래완료와 과거완료는 현재완료와 적잖은 차이가 있다. 미래완료는 미래의 일정시점을 기준으로 이미 끝나 버린 동작과 상태를 가리키는 시제이다. 미래의 기준시점보다 앞선 까닭에 불어에서는 통상 전미래前未來로 부른다. 다음의 예문을 보자.

e.g. 18

He / **will have read** it by tomorrow.
그는 내일까지 그것을 완독完讀할 것이다.
= Il / l'*aura lu jusqu'*à demain.
= Er / *wird* bis Morgen es *gelesen haben*.

영어 및 독어의 미래완료 시제와 불어의 전미래는 tomorrow처럼 미래의 특정시점이 제시될 경우 그보다 앞선 시점의 예상되는 동작의 완료를 표현할 때 사용된다. 이는 주절이 과거시제일 때에도 그대로 적용된다.
  영어는 주절이 과거시제일 때 미래의 특정시점을 제시된 것보다 앞선 미래시제를 나타내는 이른바 과거미래 내지 과거미래완료의 경우 조동사를 과거형으로 바꾸는 방식으로 이를 해결하고 있다. 이는 불어와 독어가 가정법의 일종인 조건법 등으로 대체하는 것과 대비된다. 다음 예문을 보자.

e.g. 19

He / said, "I **will have read** it by tomorrow."

⋯→ He / said that he **would have read** it by tomorrow.

= Il / a dit qu'il **l'aurait lu** jusqu'à demain.

= Er / sagte daß er bis Morgen es **gelesen haben werde**.

영어에서는 주절이 과거일 때 그보다 더 이전의 시기를 나타내는 이른바 대과거大過去 시제는 통상 과거완료의 형태로 나타낸다. 독어도 똑같다. 그러나 불어는 대과거와 전과거前過去, 중복합과거重複合過去를 구분한다. 이는 미완료상의 과거시제에서 단순과거와 반과거, 복합과거가 존재한 데 따른 것이기도 하다. 사실 영어의 과거완료도 3가지로 나눠볼 수 있다. 다음 예문을 보자.

e.g. 20

대과거 ← 반과거

They / **had been working** for 16 hours straight.

그들은 내리 16시간째 작업 중이었다

⋯→ Ils / *avait travaillé* pendent 16 heures continuellement.

전과거 ← 단순과거

As soon as he **had died**, she / began to laugh.

그가 죽자마자 그녀는 웃기 시작했다.

⋯▸ Dès qu'il *fut mort*, elle / commença à rire.

중복합과거 ← 복합과거

She / left here a week after he **had gone**.

그녀는 그가 떠난 일주일 후 이곳을 떠났다.

⋯▸ Elle / est partie ici une semaine après qu'il a été *allé*.

위 영어예문은 똑같이 과거완료 형식으로 되어 있으나 그 뜻을 보면 불어의 대과거, 전과거, 중복합과거 등으로 나뉘어 있음을 알 수 있다. 첫 번째 예문의 대과거는 반과거의 기준시점을 한 단계 더 과거로 옮겨 놓은 것으로 영어의 과거완료진행 시제와 취지를 같이한다. 두 번째 예문의 전과거는 주로 문어체에 사용되는 것으로 어떤 사건이 발생했음을 드러낸 것이다. 세 번째 예문의 중복합과거는 먼 과거의 어떤 행동이 과거의 특정시점까지 영향을 미쳤을 때 사용한 것이다.

이상 살펴본 바와 같이 영어의 12개 시제는 상과 불가분의 관계를 맺고 있다. 현재 시중에 나와 있는 대다수의 영문법서는 거의 상을 다루지 않고 있다. 오랫동안 영어를 배운 사람조차 영어에 상이 존재한다는 사실조차 잘 모르고 있다. 이는 영어가 불어의 영향으로 반과거에 해당하는 과거진행의 시제를 만들어낸 후 연이어 완료상과 지속상에 이르기까지 모든 상을 12개의 시제에 모두 용해시킨 결과이다. 중국어가 상만 나타나고 시제가 흐릿한 것과 대비되는 대목이다. 다음 예문을 보자.

e.g. 21

경험상

我wo / 吃過chiguo　　　　日本菜ribencai

= I / *have eaten*　　　Japanese food.

= I / *had eaten*　　　Japanese food.

지속상

他 / 拿着nazhe　　　　一本書yibenshu

= He / *holds*　　　a book.

= He / *is holding*　　　a book.

= He / *has held*　　　a book.

= He / *has been holding*　a book.

앞의 예문은 경험상, 뒤의 예문은 지속상을 나타내는 중국어와 영어를 비교해 놓은 것이다. 12개의 시제를 갖고 있는 영어와 달리 중국어의 경우는 말하는 시점이 구체적으로 제시되지 않을 경우 그것이 과거인지 현재인지 구분할 수 없다. 시제 대신 상을 중시한 결과이다.

비교언어학의 관점에서 볼 때 상은 시제와 불가분의 관계를 맺고 있다. 완료상으로 상징되는 상을 모르면 시제를 완벽하게 이해할 수 없는 것은 말할 것도 없다. 시제보다 상을 중시하는 아랍어 및 히브리어에서 미완료형 원형동사는 아예 없고 오직 완료형 원형동사만 존재하는 게 그 좋은 실례이다.

현존하는 인도유럽어 가운데 진행형으로 표시되는 이른바 지속상이 3시제는 물론 완료상에도 그대로 적용된 예는 오직 영어밖에 없다. 영어가 비록 동사구가 길어지는 단점에도 불구하고 미완료상에서 지속상을 별도로 찾아낸 것은 높이 평가할 만하다.

태態 – 주동태와 피동태

주동태와 능동태

한 문장 내에서 가장 중요한 것은 주어와 동사이다. 주어에서 촉발된 동작의 흐름이 목적어에 직접적인 영향을 미치는 것을 통상 타동구문他動構文 transitive construction, 주어 자신에게만 미치는 것을 자동구문自動構文 intransitive construction이라고 한다. 타동구문과 자동구문을 가능하게 하는 동사를 각각 타동사他動詞 transitive verb, 자동사自動詞 intransitive로 부른다.

태態–Voice는 자동사와 타동사가 보여주고 있는 동작의 흐름을 뜻한다. 영어를 비롯해 불어와 독어 등에서는 능동태와 수동태만 존재하나 비교언어학적으로 볼 때 태는 모두 4가지가 존재한다.

동사의 기본 형태를 기준으로 태를 나눌 경우 우선 크게 두 가지로 나눌 수 있다. 주동태主動態 subjective voice와 능동태能動態 active voice가 그것이다. 주동태는 주어의 주체적 움직임이나 작용을 나타내는 주동사主動詞

subjective verb의 모습을 뜻하고, 능동태는 주어의 능동적 움직임이나 작용을 나타내는 능동사能動詞 active verb의 모습을 가리킨다. 주동태에서 말하는 주체적 움직임은 마치 전쟁 시 군왕이 직접 군사들을 이끌고 전장에 나서는 친정親征에 비유할 수 있다. 능동태에서 말하는 능동적 움직임은 마치 조정의 신하들이 솔선수범해 국사를 처리하고, 지방관아의 관장들이 해당지역에 알맞은 향약을 제정해 다스리는 것에 비유할 수 있다.

주체적 움직임은 군왕君王에 해당하는 주어의 직접적인 움직임을 표시하는 까닭에 항상 능동적일 수밖에 없다. 그러나 능동적 움직임은 오직 해당 움직임이 자발적으로 이뤄진 것인지 여부만 따지는 까닭에 그러한 움직임이 촉발된 배경에는 무관심하다. 능동적 움직임이 때로는 비주체적일 수 있는 이유가 여기에 있다.

자동사와 타동사는 기본적으로 주동사인 동시에 능동사에 해당한다. 동일한 동사가 주동사와 능동사로 갈리게 되는 것은 전적으로 태의 활용 때문이다. 주동사는 마치 친정에 나선 군왕이 막상 전장에서는 좌우의 장수들을 시켜 전투를 담당하게 하는 것처럼 제3자에게 자신이 하고자 하는 바를 명하는 역할을 수행한다. 주동태는 제3자가 개입할 경우 사동태 使動態causative voice로 변환한다. 이는 한문 및 중국어에서 使shi가 본래적인 사동사使動詞 causative verb로 작용하고 있는 데서 나온 것이다. 사동사는 명령을 하달하는 군왕, 피동사는 명령을 하달 받는 장수의 입장을 나타낸다. 통상 사동태를 나타내는 동사를 사동사 또는 사역동사使役動詞라고 한다.

사동태와 대비되는 것이 피동태被動態 passive voice이다. 이는 주동사의 태가 정반대로 뒤바뀐 것을 말한다. 주동문의 목적어가 주어로 나오고, 주어가 문미의 동작주動作主로 바뀌는 것은 바로 이 때문이다. 이 용어는 한문 및 중국어의 被bei가 본래적인 피동사被動詞 passive verb로 작용하고 있는데서 나온 것이다. 피동태를 나타내는 동사를 피동사 또는 피역동사 被役動詞라고 한다. 사동사와 피동사가 등장하는 구문은 각각 사동구문使 動構文 내지 사동문, 피동구문被動構文 내지 피동문이라고 부른다.

사동문의 가장 큰 특징은 주어가 직접 실질적인 어떤 동작이나 작용을 하지 않고 제3자로 하여금 그 동작이나 작용을 하도록 만드는 데 있다. 피동문의 가장 큰 특징은 주어로 등장한 주체가 동작주로 변신한 주동문 의 주어에 의해 어떤 움직임이나 작용의 대상이 된 데 있다. 피동문의 주 어는 피동사로 表現된 원래의 주동사의 움직임에 의한 직접적인 수혜자 受惠者 또는 피해자被害者에 해당한다.

중국어 및 한국어 구문에서는 주동문을 기준으로 하여 사동문과 피동 문이 매우 많이 등장하고 있다. 이는 수천 년에 걸친 제왕정의 역사와 밀 접한 관련이 있다. 과거 헤겔과 마르크스, 막스 베버 등은 동양의 제왕정 을 군주 1인의 전제정으로 폄하했으나 이는 동양에 대한 천박한 식견으 로 인한 것이다. 사동문과 피동문이 많은 것은 개인보다는 국가공동체 차원에서 사물을 공평하게 처리하는 것을 중시한 역사문화의 소산으로 보는 게 타당하다.

능동문은 주동사이기도 한 능동사能動詞가 술어동사로 등장한 구문을 말하고, 수동문은 수동사受動詞 passive verb가 주어의 수동적인 동작을 드 러낸 구문을 뜻한다. 수동사와 피동사를 영어에서는 공히 passive verb

로 표기하고 있다. 인도유럽어에서는 수동문과 피동문을 구분하지 않고 있다. 이는 수동문과 피동문 모두 예외 없이 자동사 구문으로 나타나는 등 외형상 아무 차이가 없는 데 따른 것이다. 영어에서는 She is gone처럼 예외적인 경우에 한해 자동사 능동문의 수동문 변환을 인정하고 있으나 독어에서는 모든 종류의 자동사 능동문을 수동문으로 변환시킬 수 있는 점 등이 약간 다를 뿐이다.

이에 반해 사동문과 능동문은 커다란 차이가 있다. 사동문은 모두 타동사 구문인데 반해 능동문은 사동사가 아닌 타동사 구문에 한정되고, 이밖에도 자동사 구문까지 포함한다. 이는 능동문이 주동문과 동일한 형태를 띠고 있는데 따른 당연한 결과이다.

그런 점에서 피동문과 수동문은 논리적으로 구분할 필요가 있다. 대다수 영문법학자들은 passive를 수동으로 번역하고 있으나 이는 원래 피동으로 번역하는 게 옳다. 비교언어학의 관점에서 볼 때 수동受動의 수受는 acceptive의 의미에 가깝기 때문이다.

피동태와 수동태

현대 인도유럽어에서는 사동문과 피동문 대신 능동문과 피동문이 대세를 이루고 있다. 이는 종교적이면서도 개인적인 성향이 적극 반영된 결과이다. 산스크리트어의 자아自我, 즉 Atman 개념이 이를 상징한다. 산스크리트어와 고대 그리스어에 보이던 본동사의 사동태 활용이 라틴어에 이르러 facere make동사를 조동사로 활용하는 형태로 변한 게 가장 큰 영향을 미쳤다. 고대 그리스어의 전통을 잇고 있는 러시아어에서 조동사의 도움 없이 본동사의 활용만으로 피동문을 만들고 있는 게 그 증거이다.

영어에서 가장 기본이 되는 구문은 능동문이다. 여기서는 동사가 표현하는 동작의 흐름이 주어에서 목적어로 흐르는 S ⋯▸ O 모습을 띠고 있다. 이와 반해 피동문은 능동구문의 목적어가 주어로 나섬에 따라 동작의 흐름이 O ◂⋯ S로 진행한다. 다음 도표를 보자.

e.g. 1

사동태	주동태, 능동태	피동태	수동태
먹이다	◂⋯ 먹다 ⋯▸	먹히다 ⋯▸	먹게 되다
make eat	◂⋯ eat ⋯▸	be eaten ⋯▸	be made to eat

예문을 통해 영어의 be eaten은 우리가 흔히 알고 있는 수동이 아닌 피동임을 알 수 있다. 우리나라 영문법 용어는 피동과 수동을 거꾸로 해석해 놓은 셈이다. 우리말은 산스크리트어 및 라틴어처럼 동사 어근 '먹-'에 접사를 덧붙이는 방법으로 간단히 사동태와 피동태를 만든다. 이에 반해 영어는 be동사와 make 동사 등의 도움을 받아 각각 사동태와 피동태를 만든다. 불어는 아직도 라틴어처럼 faire*make* 동사를 동사원형과 결합시켜 사동태를 만든다. 다음 예문을 보자.

e.g. 2

    Il / **fait rire** *les enfants*. 그는 아이들을 웃게 만든다(웃긴다).

= He / **makes** *the enfants* **laugh**.

    Elle / **fait bouillir** *de l'eau*. 그는 물을 끓게 만든다(끓인다).

= She / **makes** *the water* **boil**.

영어는 라틴어의 전통을 이어받은 불어와 달리 make 등의 사동사를
이용해 사동문을 만들 때 목적어를 사동사와 본동사 사이에 삽입시키는
복잡한 방법을 동원하고 있다. 사동문이 존재하기는 하되 한국어 및 불
어처럼 완벽한 사동태를 만들지 못하고 있는 셈이다.

원래 능동문은 동작의 흐름이 S → O로 전개되고 있는 점에서 동서에
차이가 없다. 피동문은 능동문의 목적어가 주어로 등장함에 따라 동작의
흐름이 O ← S로 전개되는 점에서 능동문과 반대된다. 사동문은 제3의
매개자mediator가 등장하고 있는 점에서 능동문 및 수동문과 근본적인
차이가 있다. 사동문은 매개자가 등장함에 따라 S → M → O의 관계로
나타난다. 다음 도표를 보자.

e.g. 3

피동태(O ← S)   주동태, 능동태(S → O)

He / **was hit** by her.   ←   She / **hit** him.   →

그는 그녀에게 맞았다.   그녀는 그를 때렸다.

사동태(S → M → O)   사동피동 즉 수동태(O ← M ← S)

She / **made** me **to hit** him.   → I / **was made to hit** him by her.

그녀는 나를 시켜 그를 때렸다.   나는 그를 때리게 됐다.

위 예문을 통해 능동태 즉 주동태와 피동태는 S ⇄ O관계에 있고, 사
동태는 제3자가 개입함에 따라 주동태 즉 능동태가 S → M → O의 관계
로 변환되었고, 사동태와 수동태는 능동과 피동 관계처럼 S ⇄ M ⇄ O
의 상호 역전관계에 있음을 알 수 있다. 본서는 독자들의 혼란을 방지하
기 위해 피동태를 수동태로 표현하고 있는 기존의 관행을 좇아 원래의
피동태를 수동태, 원래의 수동태를 피동태로 표현하기로 한다.

영어는 동사 어간이 산스크리트어 및 고대 그리스어처럼 활용하는 우
리말과 달리 동사 자체를 활용해 수동태와 사동태 구문을 만들 수 없다.
반드시 조동사 be동사를 포함해 have와 let, force, make 등의 여타 동
사를 사용해야만 여러 유형의 태를 만들어낼 수 있다. 이는 라틴어의 유
산이라고 할 수 있다. 라틴어는 facere*make*와 sum*be*동사를 조동사로
활용해 사동태와 수동태 등을 표현했다. 다음 예문을 보자.

e.g. 4

능동 Deus / **creābant** virum et fēminam.

하느님이 남녀를 창조하셨다.

= God / *created* man and woman.

···▸

수동 Vir et fēmina / **creābantur** ā Deō.

남녀는 하느님에 의해 창조됐다.

= Man and woman / *were created* by God.

사동 Populus / **facit** Gracchum praetōrem.

인민은 그라쿠스를 법무관으로 만든다.

= People / *make* Gracchus praetor.

···▸

피동 Gracchus / **fit** praetor ā populō.

그라쿠스는 인민에 의해 법무관이 된다.

= Gracchus / *was made* praetor by people.

위 예문은 sum동사의 활용어미를 이용한 현재와 반과거 시제인 까닭에 수동태 조동사인 sum동사가 표면에 드러나지 않고 있으나 완료시제의 수동태에서는 예외 없이 sum동사가 출현한다. 불어와 영어 모두 라틴어와 동일한 구조를 하고 있다. 다음 예문을 보자.

e.g. 5

　Nōs / **subiectī sumus** ab inimīcīs.

　우리는 원수들에게 예속된 바 있다.

= Nous / *avons été soumis* à nos ennemis.

= We / *have been subjected* to enemies.

　Arma / **occupāta erant** ab hostibus.

　무기가 적군에게 장악되어 버렸다.

= Les armes / *avaient été prises* par les forces hostiles.

= The arms / *had been occupied* by hostile forces.

　위 예문을 통해 영어의 수동구문은 라틴어와 불어의 영향을 크게 받았음을 알 수 있다. 영어의 수동구문은 기본적으로 능동구문을 'be동사 + 과거분사' 형식의 자동구문으로 변환한 것을 말한다. 그러나 타동구문으로 나타나는 능동구문이 모두 수동구문으로 변환할 수 있는 것은 아니다. 다음 예문을 보자.

e.g. 6

　He / *loves* her. 그는 그녀를 사랑한다.

··· She / *is loved* by him. 그녀는 그에게 사랑받는다.

He / *has* the book. 그는 그 책을 갖고 있다.

↝ The book / *is had* by him.

문형을 분석할 때 언급한 것처럼 영어에서 타동사 구문으로 간주되고 있는 '—을 갖고 있다'는 뜻의 have동사 구문은 형식만 타동구문일 뿐 사실은 자동사 구문이라는 사실이 극명하게 드러나는 대목이다. 영어에는 have동사가 '—을 갖고 있다' 뜻으로 사용될 때처럼 능동구문은 가능해도 수동구문이 불가능한 경우가 제법 많다.

e.g. 7

The meal / **cost** us about £40.

우리는 그 식사에 약 40파운드가 들었다.

The project / will **last** four years.

그 사업은 4년간 지속될 것이다.

Polar Bears / can **weigh** up to 720 kg.

북극곰은 무게가 720킬로그램이나 된다.

She / **resembles** his father. 그녀는 아빠를 닮았다.

He / **runs** an unnecessary risk. 그는 불필요한 위험을 무릅쓴다.

They / **work** 8 hours a day. 그들은 하루 8시간을 일한다.

He / **availed** himself of this chance. 그는 이번 기회를 활용했다.

She / **prides** herself on her good looks.

그녀는 자신의 미모를 자부한다.

He / **betook** himself to flight. 그는 줄행랑을 쳤다.

I / **waited** for my friend. 나는 친구를 기다렸다.

위 예문의 우리말 해석을 통해 알 수 있듯이 우리말에서는 '—를 하다'의 타동사 구문으로 나타나고 있으나 영어에서는 자동구문으로 간주된 까닭에 수동구문이 불가능한 경우이다. 그러나 독어에서는 어떠한 자동구문도 수동태로 만들 수 있다.

e.g. 8

Ich / **wartete** auf meinen Freund.

= I / *waited* for my friend.

····▶

Es / **wurde** von mir auf meinen Freund **gewartet**.

= It / *would* by me for my friend *waited*.

원래 영어는 동사와 전치사가 강력히 결합할 경우 타동사와 동일한 동사구로 간주한다. 그러나 wait for와 같은 경우는 모습만 타동사구일 뿐 사실은 자동사와 부사가 결합한 유사 동사구에 불과하다고 보는 것이다. 다음 예문은 동사와 전치사가 강력히 결합한 타동사 구문을 수동구문으로 전환한 경우에 속한다.

e.g. 9

Complain / **was sure of** being attended to.

불평은 다 들어주기로 되어 있었다.

How is such a man / to **be worked on**?

그런 사람을 어떻게 다뤄야 합니까?

She / **had been proposed to** by every single man.

그녀는 모든 총각의 구혼을 받았다.

I / will not **be talked back to**.

나는 말대꾸를 받지 않을 작정이다.

He / **was laughed at** by the whole world.

그는 세인들의 웃음거리가 됐다.

The main purpose / **was gradually lost sight of**.

기본목적은 점차 사라져 버렸다.

She / **was now made an honest woman of**.

지금 그녀는 드디어 정식 아내가 됐다.

He / will **be taken good care of**.

그는 알뜰한 보살핌을 받을 것이다.

She / **was taken pity on** by him.

그녀는 그의 동정을 받게 됐다.

He / was allowed himself **to be made prey of**.

그는 스스로 희생양을 자처하게 됐다.

위 예문처럼 수동구문에서 전치사가 포함된 동사구가 그대로 살아 있는 것은 이들 동사구를 하나의 타동사 덩어리로 간주했기 때문이다. 영어에서는 이처럼 타동사와 자동사, 능동사와 수동사를 하나로 묶어 태의 관점에서 파악한 것을 능동태 및 수동태로 부르고 있다.

영어의 수동태에는 크게 두 가지 종류가 있다. 동작수동動作受動과 상태수동狀態受動이 그것이다. 독어와 비교한 다음 예문을 보자.

e.g. 10

The house / **is built**. 그 집은 건축되어 있다.

⋯▸ Das Haus / *ist gebaut*.

The house / **is being built**. 그 집은 건축되고 있다.

⋯▸ Das Haus / *wird gebaut*.

첫 번째 예문은 상태수동을 나타낸 것으로 영어와 독어 모두 be동사와 sein동사를 조동사로 활용한 자동구문으로 표현한다. 그러나 두 번째 예문처럼 동작수동을 나타낼 경우 독어는 sein 대신 werden*become*동사를 쓰고, 영어는 수동태 현재진행형을 쓴다. 진행형이 존재하지 않는 독어는 수동태로 나타난 동작의 움직임을 살리기 위해 werden동사를 사용한 것이다.

사실 고대 영어에서도 동작을 강조할 때는 become에 해당하는

weorpan, 상태를 나타낼 때는 be동사에 해당하는 wesan이나 beon을 썼다. 고대 영어에서는 독어처럼 게르만어의 전통을 잇고 있었던 것이다. 훗날 영어가 수동태의 조동사를 be동사로 통일시킬 수 있었던 것은 말할 것도 없이 진행형을 만들어냈기에 가능했다.

그러나 영어에서 상태수동과 동작수동이 형태상 엄격히 구분되는 것은 아니다. 문맥에 따라 상태수동이 되기도 하고, 동작수동이 되기도 한다. 다음 예문이 그 증거이다.

e.g. 11

The door / **was shut** at 6 when I went there.
내가 갔을 때 그 문은 닫혀 있었다.
His bills / **are paid** regularly every month.
매월 제때 청구서대로 지불한다.

I / don't know when the door **was shut**.
나는 그 문이 언제 닫혔는지 모른다.
His bills / **are paid**, so he owes nothing now.
청구서대로 지불돼 지금은 외상이 없다.

앞의 예문은 상태수동, 뒤의 예문은 동작수동이다. 동일한 형태를 하고 있음에도 전체의 문맥에 따라 뉘앙스가 달라지는 것이다.

최근 영어의 수동태는 'be동사 + 과거분사' 형태에서 벗어나 be동사 대신 get, become, grow, stand 등을 쓰는 경향이 많아지고 있다. 게르만어의 전통으로 회귀하는 느낌마저 주고 있다. 그러나 이는 미묘한 뉘앙스의 차이를 드러내고자 한 결과로 보는 게 합리적이다. 다음 예문이 그 증거이다.

e.g. 12

She / never *gets confused* over her dates.
그녀는 날짜를 혼동하는 일이 절대 없다.
The galleries / *became filled* with nobles.
복도는 귀족들로 가득 차게 됐다.
He / *grew more frustrated*.
그는 더욱 좌절감을 느끼게 됐다.
I / *stand corrected*.
제 잘못을 인정합니다(정정하겠다).

통상 영어에서는 능동구문인 'I heard that-'보다 수동구문인 'I was told that-'을 상용한다. 누가 자신에게 어떤 말을 했는데 그게 누구인지 기억나지 않는다는 식의 표현이다. 그러나 여기에는 설령 누구인지 안다고 해도 밝히고 싶지 않는 까닭에 정보의 출처에 대해 추궁하지 말아 달라는 의미가 담겨 있다.

영어에 외형은 능동구문인데도 내용은 수동구문인 이른바 능수동형能
受動形 active-passive form 구문이 많은 것도 이와 무관하지 않다. 다음 예문
을 보자.

e.g. 13

The book / **is selling** well these days.

이 책은 요즘 잘 팔린다.

Cotten / **washes** better than others.

목면은 다른 것보다 빨래가 더 잘 된다.

This part / wouldn't **translate** well.

이 부분은 번역하기가 힘들다.

This door / doesn't **lock** well.

이 문은 잘 닫히지 않는다.

They / **trace** back to Lincoln.

그들은 조상이 링컨까지 소급된다.

I / will write a play that will **play**.

내가 무대에서 상연될 희곡을 쓰겠다.

The cake at tea / **eats** drily.

차 시간에 먹는 케이크는 바삭바삭하다.

The ham / doesn't **digest** well.

햄은 잘 소화되지 않는다.

This fluff / will never **brush** off my bags.

솜털이 가방에서 잘 떨어지지 않는다.

The bread / doesn't **bake** well in this oven.

이 오븐으로는 빵이 잘 구워지지 않는다.

I / have something that would **pawn**.

나에게 전당잡힐 물건이 있다.

That / doesn't **listen** so bad.

그 말은 그리 나쁘게 들리지 않는다.

The fish / **cooks** better if you cook slow.

생선은 천천히 요리해야 요리가 더 잘 된다.

This vessel / **steers** with ease.

이 배는 운항하기가 쉽다.

The figures / would not **add up**.

숫자가 제대로 합산이 안 됐다.

Meat / will not **keep** in hot weather.

육류는 더울 때 장기보관이 안 된다.

The words / wouldn't **form** on my lips.

내 입에서는 말이 쉽게 나오지 않았다.

The plans / **worked out** successfully.

계획이 성공적으로 진행됐다.

New York / doesn't **compare** with Chicago.

뉴욕은 시카고와 비교될 수 없다.

My coat / **caught** on a nail.

코트가 못에 걸렸다.

That paper / wouldn't **tear**.

그 종이는 찢어지지 않는다.

My hat / **blew** into the river.

내 모자가 바람에 날려 개울에 떨어졌다.

The matches / refused to **strike**.

성냥의 불이 잘 켜지지 않는다.

외양상의 능동구문이 수동구문의 뜻을 지니고 있다는 것은 개인주의 성향이 강한 인도유럽 문화의 특징이 그대로 반영된 결과이다. 영어를 포함한 대다수 인도유럽어에 수동구문이 유난히 많은 이유가 바로 여기에 있다. 위의 예문들은 수동형으로도 표현할 수 있으나 그 뜻에 약간의 차이가 난다. 다음 예문을 보자.

e.g. 14

The fruit / **is washed** and bagged. 과일은 세척해서 포장합니다.

This dish / does not **wash** well. 이 그릇은 잘 씻기지 않는다.

Oil / **is sold** at the rate of £50 a barrel.

원유는 배럴당 50파운드에 판매한다.

The pens / **sell** for just 50p each. 펜은 개당 겨우 50펜스에 팔린다.

영어문법에서 말하는 이른바 능수동형能受動形은 고대 그리스어 및 라틴어 등에 존재했던 데포넌트deponent와 대비된다. 이태동사異態動詞 verbum dēpōnēns로 번역되는 데포넌트는 외양상 수동태의 형태를 띠면서 능동태의 의미를 갖는 동사를 말한다. 고대 그리스어와 라틴어의 다음 예문을 보자.

e.g. 15

πορεύομαιporyuomai. 나는 간다(형식은 '가게 되다'의 의미).
verba sequentur. 언어는 절로 따라온다(형식은 '따르게 되다'의 의미).

이들 동사는 수동형만 존재하고 능동형이 아예 존재하지 않았다. 그러나 현재분사와 과거분사 등에서는 능동의 뜻을 지니고 있었다. 우리말의 '오다'와 '가다', '따르다', '바라다', '태어나다', '두렵다' 등에 해당하는 동사가 고대 그리스어와 라틴어에서는 모두 데포넌트로 사용됐다.

라틴어에는 미완료상에서는 능동형, 완료상에서는 수동형의 어미활용을 하는 이른바 '반半데포넌트'가 존재했다. 영어의 능수동형 동사와 사뭇 닮아 있다. 왜 인도유럽어에는 이런 동사가 등장하게 된 것일까? 이는 신을 숭배하는 인도유럽어족의 역사와 밀접한 관련이 있다.

위자태와 위타태

원래 산스크리트어와 고대 그리스어에는 이른바 위자태爲自態 Atmanepada가 존재했다. 이는 능동태 및 수동태처럼 남을 위해 행하거나 행해지는 이른바 위타태爲他態 Parasmaipada가 아니라 자신을 위해 행하거나 행해지는 동작을 말한다. 남을 위한 동작의 흐름은 능동태와 수동태로 구분되나 자신을 위한 행위는 능동과 수동의 구별 없이 모두 위자태 하나로 통합됐다. 위자태는 행위의 결과가 행위자 자신에게 미친다는 관점에서 재귀동사를 사용하는 이른바 재귀태再歸態와 닮아 있다.

산스크리트어에서 동사의 태가 위자태와 위타태로 양분된 것은 고전 산스크리트어보다 더 오랜 베다어 시절에 신에 대한 경배 및 찬미에 세심한 주의를 기울인 결과다. 신에게 제사를 올리는 행위를 신관神官 내지 제관祭官의 입장에서 표현하면 위타태가 되고, 당사자인 제주祭主의 입장에서 표현하면 위자태가 되기 때문에 이를 엄하게 구별한 것이다. 이는 동양에서 춘추전국시대 당시 고관들이 반드시 집에 사당을 짓고 신관을 둔 후 결혼 등의 경사나 전장 출전 등의 중대사가 있을 때 신관을 통해 제사를 올린 것에 비유할 만하다.

산스크리트어에서 고대 그리스어에 이르기까지 대다수 동사는 일단 위자태와 위타태로 나뉘고, 위타태는 다시 능동태와 수동태로 구분되는 모습을 보였다. 산스크리트어와 고대 그리스어의 다음 예문을 보자.

e.g. 16

yajati	그 제관은 타인을 위해 제사를 올린다.
yajate	그 제관은 자신을 위해 제사를 올린다.

βουλευω*Būlyuō*	나는 타인을 위해 조언한다.
βουλευομαι*Būlyuomai*	나는 자신을 위해 의논한다.

이는 자아自我를 뜻하는 산스크리트어의 Atman에서 위자태가 나온 데서 알 수 있듯이 개인주의 성향의 언어문화에서 비롯된 것이다. 위자태는 행위의 주체를 강조하거나, 재귀동사처럼 행위의 결과가 행위 당사자에게 반영되거나, 상호목적어를 갖는 동사처럼 복수의 행위 주체가 상호 영향을 주거나 하는 경우에 사용됐다. 그런 점에서 현재 인도유럽어에서 동사의 동작이 주어 자신에게 미치는 재귀동사의 존재는 위자태의 변용으로 볼 수 있다.

일부 문법학자는 위자태를 능동태와 대립시켜 반사태反射態 또는 반조태返照態로 부르고 있으나 위자태가 위타태에 속하는 능동태 및 수동태 전체와 대립하고 있다는 점에서 이는 정확한 표현이 아니다. 대다수 문법학자들이 위자태를 능동태와 수동태의 중간에 위치하고 있다는 취지에서 중간태中間態 middle voice 또는 중동태中動態로 규정하고 있으나 이 또한 정확한 표현이 아니다.

위자태는 산스크리트어에서 현재 시제 이외의 경우에는 수동태의 의미를 겸했다. 고대 그리스어에 이르러 미래시제에서만 다르게 변하고 현재와 반과거 시제에서는 수동태와 똑같이 변했다. 위태태가 수동태와 거의 동일한 모습으로 활용되면서 라틴어에서는 아예 위자태를 수동태에 흡수시켜 모든 태를 능동태와 수동태로 정리해 버렸다.

영어의 수동태 구문에서 전치사 by 이외에도 다양한 전치사가 능동태 구문의 주어를 받는 것도 이런 역사언어학적 배경과 무관하지 않다. 대표적인 것으로 사람의 심경과 상태 등을 표현할 때 등장하는 전치사 of 와 with의 경우를 들 수 있다. 다음 예문을 보자.

e.g. 17

Civilization / is characterized **by** the family.

문명은 가족으로 특색을 드러낸다.

She / was favoured **of** the gods.

그녀는 신의 은총을 크게 받았다.

I / have been frightened **of** every one lately.

나는 요새 사람들을 무서워한다.

She / was abandoned **of** a husband in my youth.

그녀는 젊었을 때 남편에게 버림받았다.

His heart / was filled **with** despair.

그의 가슴은 절망으로 가득 찼다.

Youth today / is challenged **with** many problems.

요즘 청년들은 여러 도전을 받는다.

This / is not achieved **through** words.

이는 말로 되는 게 아니다.

영어는 능동태 구문의 주어가 분명하지 않거나 수동태 주어를 강조하고자 할 때 수동태 구문을 사용한다. 수동태 구문에서는 능동태의 주어가 전치사 by 등에 이끌려 문미에 오게 된다. 문두에 나오는 수동태 주어보다 비중이 약할 수밖에 없다. 어느 경우든 수동태 구문에서는 능동태 구문의 목적어에서 화려한 변신을 한 수동태 주어가 주인공이다. 다음예문을 보자.

e.g. 18

The seed that *is sown*, it / will spring.

뿌려진 씨는 반드시 싹이 틀 것이다.

Not a single word / *had been spoken*.

아무도 말을 하려 하지 않았다.

I / saw the priest *was disappointed*.

나는 목사가 실망하는 기색을 보았다.

My family / *was hit* by the unemployment.

집안은 나의 실직으로 큰 타격을 받았다.

He / *was* greatly *liked* by the nurses.

그는 간호원들이 모두 좋아했다.

I / *was denied* any important victory.

나는 승리다운 승리를 거둔 적이 없다.

Loyalties / *are reinforced* by religion.

충성심은 종교에 의해 강화된다.

He / *was* never *appealed* for any sympathy.

그는 전혀 동정을 바라지 않았다.

문형 5형식에서 teach 및 ask처럼 2중대격을 취하는 것은 물론 give처럼 직접목적어와 간접목적어를 보유한 경우는 두 개의 목적어 모두 수동태 구문의 주어가 될 수 있다. 이때 수동태 구문에 그대로 남아 있는 목적어를 이른바 잔류목적어殘留目的語 retained object라고 한다.

e.g. 19

We / will do you justice. 우린 너에게 공정을 기하도록 하겠다.

⋯▸ Justice / shall *be done* you.

They / left her no resources but love.

사랑을 빼곤 그녀에게 남겨진 유산은 없다.

⋯▸ She / *was left* no resources but love.

We / have spared you any anxiety. 당신은 걱정을 덜게 됐다.

⋯⋯ You / *have been spared* any anxiety.

She / forgave him his sin. 그녀는 그의 죄를 용서했다.

⋯⋯ He / *was forgiven* his sin by her.

목적어가 O = np의 구조로 되어 있는 5형식의 경우는 수동태 구문에서 n이 주어로 나올 수밖에 없는 까닭에 p는 그대로 문중에 남아 있을 수밖에 없다. 이를 잔류술어殘留述語 retained predicative라고 한다.

e.g. 20

People / called me the Piper.

사람들은 나를 피리 부는 사람이라고 했다.

⋯⋯ I / *was called* the Piper.

He / proclaimed the island his territory.

그는 그 섬을 자신의 영토로 선언했다.

⋯⋯ The island / *was proclaimed* his territory.

We / have spared you any anxiety. 당신은 걱정을 덜게 됐다.

⋯⋯ You / *have been spared* any anxiety.

인도유럽어는 라틴어가 널리 통용되는 시기에 이르러 위자태가 사라지고 모든 동사의 움직임을 오직 능동태와 수동태로만 표현하게 됐다. 능동태에서 가장 많은 12개의 시제를 갖고 있는 영어는 특이하게도 수동태에서는 8개의 시제만 갖고 있다.

e.g. 21

구분	미완료상	미완료 지속상
현재	It is written.	It is being written.
과거	It was written.	It was being written.
미래	It will be written.	

구분	완료상	완료 지속상
현재	It has been written.	
과거	It had been written.	
미래	It will have been written.	

우리말은 '그것이 다 써지고 있을 것이다'라는 식으로 수동태 미래완료 진행형까지 표현할 수 있으나 영어는 능동태와 달리 수동태에서 완료상의 지속상을 표현하지 않는다. 미완료상에서도 우리말의 '그것이 써지고 있을 것이다'라는 식의 미래시제 지속상이 존재하지 않는다. 영어를 사용

하는 사람들은 진행형이 존재하는 까닭에 이를 얼마든지 만들어 사용할 수 있으나 굳이 이런 상을 만들어 사용할 필요를 느끼지 않는 것이다.

불어 역시 독어와 달리 자동사 구문을 억지로 수동태로 변환시키지는 않는다. 그러나 불어는 단순과거와 반과거, 복합과거, 대과거, 전과거 등이 존재하는 까닭에 수동태에서도 이에 상응하는 다양한 시제가 존재한다. 수동태에서는 오히려 불어가 영어보다 더 많은 시제를 갖고 있는 셈이다.

Lesson 4

서법敍法 – 직설법과 가정법

가정법과 완곡어법

인도유럽어에서는 시제와 상, 태에 못지않게 중요한 것이 있다. 바로 서법敍法 mood이다. 통상 법으로 약칭해 부르고 있는 서법은 진술방법 및 자세를 뜻한다. 언술하는 사람의 심리적 태도가 가장 잘 드러나는 것이 바로 서법이라고 할 수 있다.

인도유럽어는 산스크리트어 이래 현대에 이르기까지 서법과 관련해 직설법 이외에 지령법, 명령법, 기원법, 원망법, 가정법, 접속법, 조건법 등 서법을 표시하는 다양한 종류의 문법용어가 등장했다. 그러나 현재의 인도유럽어를 기준으로 보면 서법은 크게 직설법과 명령법, 조건법, 접속법 등 4가지로 정리할 수 있다. 영어는 조건법과 접속법을 가정법假定法으로 묶은 게 특징이다.

서법은 기본적으로 언술하는 사람의 주관적인 기분 내지 심경에 의해 결정된다. 언술하는 사람이 시간에 관계없이 어떤 사실을 사실 자체로서 언급하는가 아니면 당시에 느낀 희망 내지 의혹 등의 주관을 섞어 표현하는가에 따라 서법이 결정된다. 명령법과 가정법 등을 직설법과 구별하여 사용하는 것은 바로 언술하는 사람의 주관성의 유무에 달려 있다.

원래 명령법命令法 imperative mood은 라틴어의 **imperator**가 암시하듯이 장군이 부하장병에게 명령을 내릴 때 쓰는 서법이다. 매우 절친한 사이이거나 부자관계 내지 상명하복의 상하관계가 아니고는 좀처럼 명령법을 사용하기 어려운 이유다. 영어에서 명령법의 서법이 가장 간명한 형태인 동사원형의 모습으로 나타나는 이유가 여기에 있다.

직설법直說法 indicative mood은 사실을 있는 그대로 객관적으로 서술하는 서법을 말한다. 사실을 있는 그대로 서술하는 까닭에 사실서법事實敍法 fact mood이라고도 한다. 사실 자체의 보도를 중시하는 대다수 언론과 역사서 등에 직설법의 서법이 널리 사용되는 이유다. 실제로 언론과 역사서에 직설법을 사용하지 않을 경우 진실을 의심받을 소지가 크다. 신문기사 등에서 기자의 주관적인 감정을 철저히 배제할 것을 요구하는 것은 바로 이 때문이다.

그러나 일상의 언설에서 직설법을 관철할 경우 자칫 듣는 사람으로 하여금 불쾌감을 갖게 할 우려가 있다. 인도유럽어를 포함한 세계의 모든 나라 언어에서 이른바 완곡어법婉曲語法 euphemism을 발달시킨 이유가 여기에 있다. 영어의 가정법은 바로 산스크리트어와 고대 그리스어, 라틴어가 그러했듯이 완곡어법의 일환으로 나온 것이다.

완곡어법의 대상에는 제한이 없다. 눈앞의 사건을 제외한 모든 것이 대상이 될 수 있다. 자신이 목도하지 않은 과거의 사실은 말할 것도 없고 앞으로 곧바로 닥칠 것이 확실한 사건일지라도 상대방에 대한 존경 내지 스스로의 겸양을 드러내기 위해 단정적인 어법을 피할 경우 이 서법을 구사할 수 있다. 독어에서 설령 객관적인 사실을 전달할지라도 간접화법으로 표현할 경우 반드시 영어의 가정법에 해당하는 접속법을 사용하는 이유가 여기에 있다.

셰익스피어 작품에 잘 나타나 있듯이 심지어는 아첨의 비난이 쏟아질 것을 예상하면서도 눈앞의 사건을 직설법 대신 완곡어법으로 표현하는 경우가 있다. 이런 어법을 접하는 상대방은 언술하는 사람이 매우 겸손하고, 자신을 특히 존중하고 있다는 느낌을 강하게 받게 된다. 영어의 가정법 역시 불어 및 독어 등과 마찬가지로 이런 완곡어법에서 나온 것이다.

이는 특별히 어렵게 생각할 필요가 없다. 우리말의 존경법尊敬法과 겸양법謙讓法의 기본취지와 하등 다를 게 없기 때문이다. 존경법은 듣는 사람을 직접 높이고, 겸양법은 말하는 사람을 낮춤으로써 듣는 사람을 간접적으로 높이는 서법을 말한다. 존경과 겸양이 겹칠 경우 최고의 존경법이 되는 것은 말할 것도 없다.

비교언어학의 관점에서 볼 때 존경법 및 겸양법에는 크게 2가지 방법이 동원되고 있다. 첫째, 존경의 대상인 상대방에 대한 인칭을 복수형으로 만들어 사용하는 것이다. 불어에서는 2인칭 복수형을 사용하고, 독어에서는 3인칭 복수형을 사용한다. 라틴어에서도 3인칭 복수형을 사용한다. 21세기 현재까지도 궁중용어가 따로 존재하는 태국에서는 국왕을 포함해 정부고관들은 자신을 표현할 때 1인칭 단수가 아닌 1인칭 복수형을 사용한다. 우리말의 '우리고향'과 '우리나라' 등도 일종의 존경법으로 해석할 수 있다.

둘째, 시제를 불분명하게 만드는 것이다. 산스크리트어와 고대 그리스어에 나타난 부정과거不定過去 시제인 아오리스트 시제는 원래 기원과 축복, 희망 등을 나타내는 원망법願望法 benedictive의 일환으로 사용된 것이다. 영어의 가정법에 등장하는 동사가 시제와 상관이 없는 과거시제를 사용하는 것도 이와 무관하지 않다. 조건법 및 접속법이 존재하는 불어와 독어에서는 원망법의 이런 특징이 보다 선명히 드러나고 있다. 다음 예문을 보자.

e.g. 1

Long **live** the king!　　　국왕전하 만세(만수무강하기를)!

= **Vive** le roi!

= Lang **lebe** der König!

May she **be** happy!　　　그녀가 부디 행복하기를!

= Quelle **soit** heureuse!

= **Sei** sie glücklich!

위 예문에서 영어는 모두 원형동사를 사용해 원망법을 표시했다. 영어에서는 wish, want, desire, aspire, expect, request, pray, crave, plead, hope, long for, ask for, yearn for, look forward to 등 이른바 원망동사願望動詞 benedictive verb가 원망법을 표시할 때 대거 사용되고 있다. 다음 예문을 보자.

e.g. 2

I / **wish** him to go away at once. 나는 그가 곧 가버렸으면 한다.

I / **expect for** him to be on time. 나는 그가 정시에 와주길 기대한다.

I / **want for** him to wear the crown. 나는 그가 왕 노릇 하길 바란다.

I / **pleaded with** him not to go. 나는 그가 가지 말 것을 애원했다.

I / **hope** that he comes back safe.
나는 그가 무사히 귀환하길 바란다.

I / **longed for** him to say something.
나는 그가 뭔가 말해주길 고대했다.

I / **look forward to** his safe return.
나는 그의 무사 귀환을 학수고대한다.

I / **yearn for** his honest answer.
나는 그의 성실한 답변을 갈망한다.

독어에서는 이들 원망동사에 준하는 동사들이 술어동사로 나올 경우 이른바 접속법1식을 사용해 영어의 가정법과 똑같이 취급한다. 이를 이른바 준간접화법準間接話法이라고 한다. 마치 남의 말을 하듯 한다는 취지에서 나온 용어이다.

원래 영어도 고대 영어에서는 독어처럼 동사의 가정법 굴절어미가 그대로 살아 있어 가정법과 직설법 간의 차이가 완연했다. 그러나 이후 가정법은 물론 직설법 굴절어미가 사실상 모두 사라지는 바람에 will, shall 등의 이른바 서법조동사敍法助動詞 modal auxiliaries의 도움을 받지 않고는 가정법을 표현하기가 어려워졌다. 이를 두고 일각에서는 영어에서는 가정법이 사실상 없는 것이나 다름없다는 비판을 제기하고 있기도 하다. 그러나 이에 대한 반론도 만만치 않다. 언어학자 존너샤인은『새 영문법』에서 이같이 반박했다.

"흔히 현대 영어에서 가정법이 자취를 감춰버렸다고 말하나 이는 옳지 못한 말이며 지금도 널리 쓰이고 있다. 보다 정확히 표현하면 오히려 가정법과 동등한 표현이 더 많이 쓰이고 있는 실정이다."

현대 영어에서도 가정법은 엄연히 살아 있다는 존너샤인의 주장은 사실을 정확히 파악한 것이다. 영어는 비록 be와 were를 제외하고는 뚜렷한 가정법 형태가 존재하지 않는 게 사실이나 서법조동사를 이용한 활용을 보면 오히려 가정법의 사용이 훨씬 많아졌다는 느낌마저 주고 있다.

사실 가정법은 직설법과 대비되는 완곡어법의 일환으로 등장한 까닭에 가정법이 없는 서법은 상상할 수조차 없다. 이는 우리말에서 존경법과 겸양법이 모두 사라진 반말 투의 평어법不語法만 존재하는 경우를 상상하면 쉽게 이해할 수 있을 것이다.

비교언어학의 관점에서 볼 때 언술을 하는 사람이 자신의 심정을 간곡하게 모두 말하는 이른바 '곡진사정曲盡私情'을 행하기 위해서는 비록 장황해지는 단점이 있기는 하나 가정법을 대거 사용하지 않을 수 없다. 영어에서 가정법의 굴절어미가 사라진 것은 전적으로 언어의 편의성에서 비롯된 것이지 영어의 서법을 모두 직설법으로 통일하자는 취지에서 나온게 아니다. 그런 점에서 영어의 가정법을 제대로 이해하는 것이야말로 언술하는 사람의 '곡진사정'을 파악하는 열쇠라고 할 수 있다.

고대 그리스어와 라틴어 가정법

일명 가상법假想法으로도 불리는 가정법의 문법용어는 subjunctive이다. 이는 라틴어 문법용어를 그대로 차용한 것이다. 불문법 학자들은 접속사와 유사한 역할을 한다는 취지에서 가정법 대신 접속법이라는 용어를 사용하고 있다. 이에 대해 독어는 conjunctive로 표현하고 있다. 우리나라 독문법 학자들은 이를 접속법으로 번역하고 있다.

원래 라틴어 coniungo는 통합統合, subiungo는 하속下屬의 뜻이다. subjunctive는 종속설이 주절에 얽매여 있는 점에 주목한 용어이고, conjuctive는 주절과 종속절의 일치에 주목한 용어로 결국 같은 말이다.

현재 영어는 독어와 마찬가지로 언술하는 사람의 심적 태도에 따라 가정법을 크게 이른바 원망법願望法 optative과 가능법可能法 potential으로 나누고 있다. 이는 산스크리트어와 고대 그리스어 이래의 전통을 이은 것이다.

원래 산스크리트어에서는 서법에서 크게 직설법과 원망법, 명령법 등 3가지 체제를 갖추고 있었다. 현재 시제에서만 원망법과 명령법을 사용하고 나머지 시제에서는 모두 직설법을 썼다. 비록 부정과거不定過去 시제인 아오리스트 시제를 이용한 기원법祈願法 precative이 존재하기는 했으나 자주 쓰이지 않은 까닭에 결국 원망법에 통합됐다.

고대 그리스어는 특이하게도 직설법과 원망법, 명령법 이외에도 가정법과 조건법條件法 conditional을 만들어냈다. 고대 그리스어의 가정법은 이른바 권고법勸告法 hortative과 의구법疑懼法 deliberate 등을 따로 묶어 만든 것이다. 고대 그리스어의 조건법은 불어의 조건법과 유사하다. 그러나 불어처럼 동사가 어미활용을 하지 않고 주절과 종속절의 서법을 달리하는 식으로 이를 해결했다. 고대 그리스어에서는 조건법에 모든 서법이 동원됐다. 다음 도표를 보자.

e.g. 3

특성	조건문 종속절	결과문 주절
a. 실재의 확인	εi*if* + 직설법	모든 서법
b. 사실의 반대	εi + 직설법	ἄv*then* + 직설법
c. 미래 가능성	ἐάv + 가정법	모든 서법
d. 미래 가망성	εi + 기원법	ἄv + 기원법

실재의 확인은 조건의 실현이 확실한 경우이다. 전제조건문인 종속절에 직설법이 사용된 이유다. 사실의 반대는 현재 및 과거에 성취되지 않은 경우에 사용됐다. 미래 가능성은 비록 현재는 그렇지 않으나 조만간 그리 할 가능성이 있는 것을 전제로 할 때 사용됐다. 미래 가망성은 미래 가능성과 달리 실현될 가능성이 거의 희박한 까닭에 간절히 기원하는 내용을 담고자 할 때 사용됐다.

이들 여러 조건법 가운데 가장 널리 사용된 것은 세 번째 가정법이었다. 라틴어가 고대 그리스어의 원망법과 가정법, 조건법을 하나로 묶어 가정법으로 통합한 이유가 여기에 있다. 이로써 인도유럽어의 서법은 라틴어 시대에 들어와 다시 직설법과 명령법, 가정법으로 정리됐다.

그러나 라틴어의 가정법은 고대 그리스어의 원망법과 가정법, 조건법이 한데 뒤섞여 만들어진 까닭에 정확한 내용을 파악하기 위해서는 문맥을 정밀히 따져봐야만 했다. 통상 라틴어의 가정법은 언술하는 사람의 심리적 태도에 따라 크게 3가지로 나뉘었다.

첫째, 권고법勸告法 hortative이다. 이는 주로 3인칭에 사용되는 것으로 1인칭에서는 권고, 2인칭에서는 가벼운 명령을 나타냈다. 다음 예문이 그 증거이다.

e.g. 4

Servus id **faciat**. 그 노예에게 그것을 하게 합시다.
= *Let the slave do it.*

Ne nōs **laudēmus**. 우리는 자화자찬하지 맙시다.

= *Let us not praise ourselves.*

Hoc **faciās**. 너는 이것을 해야 할 것이다.

= *You should do this.*

둘째, 라틴어에서 두 번째로 사용된 가정법은 의구법疑懼法 deliberate이다. 고대 그리스어에서는 주로 수사법修辭法의 일환으로 많이 사용된 의구법은 언술하는 사람의 심적 의혹과 두려움, 의무 등을 표현할 때 주로 사용됐다. 다음 예문을 보자.

e.g. 5

Quid **faciam**? 나는 무엇을 해야 하나?

= *I wonder what I should do?*

Quid **faciat**? 그는 무엇을 해야 하나?

= *I wonder what he should do?*

Vereo nē hoc **faciās**. 나는 네가 이 일을 할까 두렵다.

= *I fear that you will do this.*

Veritus sum nē hoc **facerēs**. 나는 네가 이 일을 할까 두려워했다.

= *I feared that you would do this.*

셋째, 라틴어에서 3번째로 사용된 가정법은 원망법願望法 optative이다.

이는 산스크리트어와 고대 그리스어에 나타나는 아오리스트 시제를 이용한 기원법의 후신에 해당한다. 미래의 가능한 사실에 대한 기원을 포함해 현재와 과거의 불가능한 사실에 대한 영탄誄嘆을 표현할 때 주로 사용됐다. 다음 예문을 보자.

e.g. 6

Utinam tē mox **videam**. 당신을 속히 보고 싶구나!

= *I wish I could see you soon!*

Utinam nē hoc **faciās**. 당신이 이것을 안 했으면 하노니!

= *I wish you would not do this!*

Utinam **adessēs**. 당신이 여기 있으면 좋으련만!

= *I wish you were here!*

Utinam herī **vēnissēs**. 당신이 어제 왔으면 좋았으련만!

= *I wish you had come yesterday!*

이를 통해 영어에서 자주 접할 수 있는 'Let us-'의 권고법, 'I wonder-'의 의구법, 'I wish-'의 원망법 등이 멀리 라틴어와 고대 그리스어 및 산스크리트어에까지 연결되고 있음을 알 수 있다. 다른 인도유럽어의 경우도 동일하다.

현재 불어는 라틴어의 원망법과 권고법, 의구법을 겸양법까지 가미해 접속법으로 통합해 놓았다. 고대 그리스어에서 널리 쓰인 조건법에 대해 동사의 활용어미를 이용해 접속법과 엄연히 구분되는 새로운 서법으로 독립시킨 것이다. 불어의 조건법 현재는 현재 또는 미래에 실현될 가능성이 있거나 현재 실현되지 않은 사실을 전제로 하고, 조건법 과거는 과거에 실현되지 못한 사실이나 현재 또는 미래에 실현될 가능성이 희박할 경우에 사용한다는 식이다.

불어는 조건법과 접속법의 활용어미가 다른 까닭에 원망법과 권고법, 의구법, 겸양법을 통합한 접속법과 가능법으로 상징되는 조건법이 확연히 구별되고 있다. 불어와 같은 로망스어인 스페인어는 조건법 대신 가능법potencial이라는 표현을 쓰고 있다. 불어와 이탈리아어, 스페인어 등의 로망스어는 원망법과 가능법을 엄격히 분리한 고대 그리스어의 장점을 되살린 셈이다. 그러나 실생활에서 접속법과 조건법을 제대로 구분해 사용하는 일이 쉽지 않다.

인도유럽어 가운데 러시아어는 특이하게도 동사 뒤에 우리말의 '—이라면'에 해당하는 소사小詞 бы bui와 '—하련만', '—터인데'에 해당하는 접미어 cяsia를 덧붙이는 방법으로 원망법과 가능법을 하나로 묶은 조건법을 사용하고 있다. 러시아어가 인도유럽어 가운데 동사활용에서 가장 간명한 모습을 보이는 이유다.

독어는 영어와 마찬가지로 원망법과 가능법을 접속법으로 통합한 뒤 현재와 과거, 미래 시제를 막론하고 실현가능성이 높은 사실에 대해서는 접속법 현재 즉 접속법 1식, 실현가능성이 없거나 희박할 때는 접속법 과거 즉 접속법 2식으로 구분해 사용하고 있다. 이는 서법을 직설법과 명령법, 가정법으로 간략화한 라틴어의 전통을 이은 것으로 평가할 수 있다.

그러나 영어는 굴절어미가 사실상 사라진 만큼 가정법을 러시아어처럼 더 간략하게 만들 수 있는데도 may 등의 서법조동사를 사용함으로써 이미 간략화한 가정법을 더욱 복잡하게 만드는 모습을 보이고 있다. 이에 대한 지적이 없는 것은 아니나 이는 일상의 언술에서 우리말의 존경법과 겸양법처럼 완곡하게 표현해야 할 일이 더욱 많아지고 있음을 반증하는 것이다. 우리말에서도 정보전달의 신속성 등을 구실로 존경법과 겸양법이 사라지고 있는 점을 감안할 때 영어의 가정법이 다시 복잡한 양상을 보이는 것을 탓할 수만도 없다.

가정법 현재군現在群과 과정법 과거군過去群

현재 영어의 가정법 시제에 대한 학계 내 의견은 통일돼 있지 않다. 독어처럼 언술하는 사람의 심적 태도에 따라 크게 가정법 현재군과 가정법 과거군으로 대별하는 견해가 가장 그럴 듯하다. 사실 이것이 라틴어 시제의 전통과 맥이 닿는 것이기도 하다. 영어와 독어에서 가정법 현재군은 언술하는 사람이 현실성과 가능성을 내다보며 매우 긍정적인 태도를 지닐 때 사용된다. 이에 반해 과거군은 비현실성과 불가능성을 염두에 둔 극히 부정적인 입장에서 간절히 바라는 희구希求 내지 길게 숨을 내쉬며 한탄하는 영탄永歎을 표현할 때 주로 사용된다.

가정법 시제는 기본적으로 직설법 시제와 차원이 다르다. 직설법의 시제는 시간관계나 이에 부수되는 사항을 나타내는 데 반해 가정법 내의 시제는 기본적으로 언술하는 사람의 심적 태도를 나타내는 데 초점을 맞추고 있다. 가정법이 완곡어법의 일종인 점을 감안할 때 이는 당연한 현상이다. 가정법의 시제는 말 그대로 가상적인 시제에 해당하기 때문이다. 각 시제 별로 직설법과 가정법이 사용된 다음 예문을 비교해 보자.

e.g. 7

It / *rains* heavily today. 오늘 비가 크게 내린다.
If it *rain* today, he / will not go. 오늘 비가 오면 그는 못갈 것이다.

It / *has rained* since last night. 어젯밤부터 비가 오고 있다.
If it *have rained*, he / would not go. 비가 계속 오면 그는 못갈 거야.

It / *rained* heavily yesterday. 어제 비가 크게 내렸다.
If it *rained*, he / would be happy. 비가 오면 그가 좋아할 텐데.

I / didn't go because it *had rained* the day before.
나는 전날 비가 와서 가지 못했다.
If it *had rained*, he / would have been happy.
비가 왔으면 그가 좋아했을 텐데.

위 예문은 직설법과 가정법에 나오는 현재, 과거, 현재완료, 미래완료의 4개 시제를 비교해 놓은 것이다. 이는 라틴어 가정법이 4개의 가상적인 시제를 갖고 있었던 것과 일치한다.

첫 번째와 두 번째의 가정법 현재 및 현재완료 시제는 비록 현재 비가 오거나 계속 올 가능성이 높을지라도 과연 앞으로도 그럴 것이라고 장담할 수 없는 상황을 전제로 한 것이다. 세 번째와 네 번째 예문은 현재 및 과거의 사실과 정반대되거나 극히 가능성이 희박한 상황을 전제로 한 것이다. 이뤄지지 못한 사실에 대한 탄식 및 안타까움, 기원 등이 표출된 서법이다. 비록 가능성이 희박할지라도 조그마한 가능성에 기대를 거는 절박한 심경이 그대로 드러난 만큼 이 또한 듣는 사람을 높이고 말하는 사람을 낮춘 존경법과 겸양법의 반영으로 해석해도 잘못은 없다.

가정법 현재 시제인 첫 번째 예문에서 만일 장차 닥칠 일의 가능성이 매우 높아 단언적인 전망을 내놓고자 할 경우에는 직설법으로 표현하는 게 옳다. 다음 예문을 보자.

e.g. 8

He / will be there if she **calls** him.
그는 그녀가 부르면 거기로 갈 것이다.
He / will be there if she **call** him.
그는 그녀가 혹여 불러 줄 경우 거기로 가리라.

가정법을 사용한 두 번째 예문은 확신할 수 없는 미래의 상황에 대해 여러모로 심사숙고한 끝에 조심스런 전망을 내놓은 경우에 해당한다. 가정법이 마치 아랫사람이 윗사람에게 진언을 하거나 조심스럽게 보고하는 분위기를 띠고 있는 것은 바로 이 때문이다. 우리말에서 존경법과 겸양법이 동시에 작용한 서법을 상기하면 될 것이다.

　주의할 것은 가정법 과거 시제이다. 영어는 굴절어미가 사실상 사라져 직설법과 가정법의 동사 형태가 같기 때문이다. 가정법 과거 시제는 가정법 과거완료와 마찬가지로 기원하는 내용이 현실과 동떨어져 있어 원망법의 표현에 자주 사용된다.

　현재 영어의 가정법 형태는 현재군과 과거군을 막론하고 동사의 활용형태를 기준으로 볼 때 크게 두 가지 형태로 나눠지고 있다. 굴절형屈折形 inflectional forms과 서법조동사를 동원해 에둘러 말하는 이른바 우언형迂言形 periphrastic forms이 그것이다. 이를 시제와 결합할 경우 종속절에서는 다음과 같은 8가지 유형이 등장한다.

e.g. 9

현재군		
구분	현재	현재완료
굴절형	If he go.	If he have gone.
우언형	If he may go.	If he may have gone.

과거군		
구분	과거	과거완료
굴절형	If he went.	If he had gone.
우언형	If he might go.	If he might have gone.

위 예문을 통해 알 수 있듯이 영어의 가정법 현재군에서는 be동사를
포함한 원형동사 이외에도 will, shall, may 등의 서법조동사가 대거 등
장한다. 그러나 굴절형과 우언형은 기본적으로 뜻이 같다. 다음 예문이
그 증거이다.

e.g. 10

Korea / **rule** the world! 장차 한국이 전 세계를 지배하기를!
= **May** Korea / **rule** the world!

I / only pray that he **may be** in time.
그가 제 시간에 닿기를 진심으로 빈다.
= I / only pray that he **be** in time.

영어의 가정법을 크게 현재군과 과거군으로 나눈 것은 기본적으로 시
제 대신 언술하는 사람의 심적 태도를 기준으로 한 것이다. 당사자가 언
술하고자 하는 내용의 실현가능성에 얼마나 무게를 두고 있는가 하는 점

이 현재군과 과거군의 분류기준이 된다. 영어의 가정법을 크게 원망법과 가능법으로 나누는 이유가 여기에 있다.

언어학자 존넨샤인은 원망법을 다시 희구법desire과 완곡법excuse으로 양분하고, 가능법을 다시 전망법prospective과 추정법supposition 및 전제법 condition 등으로 3분했다. 희구법은 말하는 사람의 욕망이나 소망을 드러 낸 것이고, 완곡법은 직설법의 표현을 완화한 것이다. 전망법은 장차 일 어날 일을 관망하는 취지에서 나온 것이고, 추정법은 장래의 일에 대한 판단과 추정을 드러낸 것이고, 전제법은 일정한 조건 하에서 일어날 가 능성을 언급한 것이다. 존넨샤인이 5가지 유형으로 나눠 제시한 가정법 의 예문을 보자.

e.g. 11

희구법   O King, **live** for ever! 군왕이여, 만수무강하시길!

완곡법   I don't know whether it **be** true.
　　　　이것이 정말 사실인지 잘 모르겠습니다.

전망법   Let us wait until the clock **strike** 12.
　　　　12시를 칠 때까지 기다리도록 하자.

추정법   If it **please** God, we shall succeed.
　　　　하느님이 허락하면 우리는 성공하리라.

전제법   If he **knew**, he would tell.
　　　　그가 안다면 말할 텐데.

나름 일리가 있으나 존넨샤인의 5가지 분류는 영어의 가정법이 표현하고 있는 다양한 서법을 모두 망라한 것은 아니다. 영어에도 우리말의 겸양법 및 존경법에 해당하는 서법이 존재한다. 다음은 셰익스피어와 헤밍웨이의 작품에 나온 가정법 예문을 차례로 언급한 것이다.

e.g. 12

I / would to heaven I **had** your potency! 당신의 힘이 저에게 있다면!
I / **would** like to serve in some way. 어떻게 해서든 돕고 싶습니다.

첫 번째 예문은 비록 영탄의 표현으로 나타나 있으나 상대방에 대한 존경의 뜻을 담고 있고, 두 번째 예문은 말하는 사람의 바람을 겸양의 어법으로 표현한 것이다. 인도유럽어의 가정법이 산스크리트어 이래 고대 그리스어와 라틴어 등을 거쳐 원망법과 가능법으로 수렴한 점을 감안하면 영어의 가정법에 나타나는 원망법과 가능법의 다양한 유형을 깊이 연구하는 게 더 바람직하다. 그러기 위해서는 먼저 가정법의 내용에 해당하는 원망법 및 가능법이 가정법의 형식의 현재군 및 과거군과 어떤 관련을 맺고 있는지를 정확히 파악하는 게 매우 필요하다.

가정법 현재에 나타난 원망법과 가능법

영어의 가정법 표현에서 서법조동사를 사용하는 우언형 대신 굴절형을 사용한 가정법은 상대적으로 위엄과 격식을 갖춘 언설에 많이 나타난다. 어감이 부드럽고 친근한 서법조동사 형태가 널리 사용되고 있음을 방증한다. 다음 예문을 보자.

e.g. 13

The Lord / **have** mercy upon us!
하느님이 우리에게 자비를 베풀기를!
Be this purse an earnest of my thanks!
이 돈이 사은謝恩의 성의표시가 되길!
May he **sleep** in peace! 그가 고이 잠들기를!
Let it **be** my message to your sister!
이것이 당신 누이에게 보내는 전갈이 되길!

위 예문은 단문에 가정법이 사용된 경우이다. 우언형이든 굴절형이든 뜻에서는 아무 차이가 없음을 알 수 있다. 다만 부드러움에 관한 뉘앙스 차이가 약간 있을 뿐이다.

우언형이든 굴절형이든 가정법이 가장 많이 사용되는 곳은 중문重文의 종속절이다. 가정법이 사용되는 종속절에는 명사절과 형용사절 부사절 등 모든 종류가 포함된다. 다음 예문을 보자.

e.g. 14

I / insist that he be **allowed** his freedom.

그에게 자유가 부여되길 강력 주장한다.

What he **may do** / is the absorbing theme.

그가 무얼 할 것인가가 최대 관심사다.

He / has got mates with whom he **drink**.

그에겐 같이 술을 마실 친구들이 있다.

You / will thank all the gods there **be**.

너는 그곳의 신들에게 감사할 것이다.

Even though he **be** too old, he / can do it.

그는 늙었다 할지라도 이를 할 수 있다.

The tree / will wither before it **fall**.

나무는 넘어지기 전에 시들기 마련이다.

그러나 부사절에 가정법을 쓰는 일이 점차 줄고 있고, 특수한 경우를 빼고는 굴절형 대신 우언형을 주로 사용하고 있다. 특히 시간을 나타내는 부사절 안에서는 가정법 대신 직설법이 많이 사용되고 있는 점에 주의할 필요가 있다.

영어의 원망법 표현에서 주의할 점은 오직 원형동사와 동사과거형만

이 가정법의 중요한 징표로 나타나고 있는 점이다. 이는 영어의 동사활용에서 굴절어미가 거의 모두 탈락한 데 따른 고육책에 해당한다. 우리말은 아오리스트 시제와 유사한 '-하도다'를 활용해 '-하나니', '-하련만', '-하기를' 등의 원망법을 표시한다. 이는 영어의 가정법이 우리말의 존경법 및 겸양법과 마찬가지로 원망법과 조건법, 접속법 등을 표현하는 서법임을 방증하는 것이다.

가정법 과거에 나타난 원망법과 가능법

영어는 굴절어미를 대부분 상실한 까닭에 가정법 과거의 경우 were를 제외하고는 직설법 과거형과 하등 다를 바가 없다. 결국 문맥을 좇아 판별할 수밖에 없다. 비현실적이거나 불가능한 내용을 언급할 때는 가정법으로 간주해도 크게 틀리지 않다.

우리말의 존경법 및 겸양법과 마찬가지로 영어에서도 남에게 공손한 어조로 부탁을 하거나 할 때 가정법 과거를 쓴다. 불가능한 일이라는 것을 알고 있지만 만에 하나 해줄 수 있다면 꼭 부탁을 들어달라는 화자의 절박한 심경을 전달하고자 할 때 사용된다. 상대방을 높이고 자신을 낮추는 우리말의 존경법 및 겸양법과 기본 취지를 같이한다. 영어의 가정법에서 이런 역할을 하는 것이 바로 가정법 과거이다. 다음 예문이 그 증거이다.

e.g. 15

O **were** he only here!

아, 그가 이곳에 있기만 한다면!

Might he come in time!

그가 제때 와주기만 한다면!

One / **had rather** do too much than too little.

일을 적게 하느니 많이 하는 게 낫다.

Ah, if but **had** / Solomon's opportunities.

아, 내게 솔로몬과 같은 기회가 왔으면!

I / **would** to God all strifes were well compounded.

신의 가호로 분쟁이 잘 해결되길!

마지막 예문은 셰익스피어의 『리처드 3세-Richard III』에서 인용한 것이다. 이 예문은 분쟁의 해결이 어려울 것이라는 것을 전제로 해서 나온 것이다. 신 앞에 엎드려서 아무리 분쟁의 해결이 어려울지라도 적극 나서서 도와달라고 간원하는 화자의 애절한 심경이 절절히 표현돼 있다. 가정법 과거 시제를 동원한 원망법의 대표적인 사례로 꼽을 만하다.

가정법 과거 역시 가정법 현재와 마찬가지로 종속절에 두루 쓰인다. 명사절과 형용사절, 부사절을 가리지 않는다. 가정법 과거에서는 우리말과 마찬가지로 화자의 겸손한 태도를 드러내는 겸양법 및 청자를 높이는 존경법이 대거 등장하고 있는 점에 주의할 필요가 있다.

e.g. 16

I / wish that it **was** tomorrow! 오늘이 내일이었으면!

Would you rather / I **went** on to the house?

내가 그 집으로 가도록 할까요?

Don't you / wish you **could come**?

너도 갔으면 하겠지?

I / would to heaven I **had** your potency.

당신의 힘이 내게도 있다면!

How much he / wishes he **had** me now.

그가 나를 가지려 얼마나 혈안인지!

No, no, the bell. 'tis time that I **were gone**!

아니, 쇳소리요, 아마 내가 갈 때인가 봐!

It / is time that the omission **were supplied**.

부족한 것을 보충할 때가 왔다.

Faith, it / is high time it **came**.

이제 바야흐로 믿음이 올 때가 됐다.

'Tis time I **should inform** thee farther.

그대에게 자세히 얘기할 때가 온 듯하네.

It / is time thou **shouldst leave** us.

그대가 우리 곁을 떠날 때가 왔소.

You / wouldn't understand if I **did explain**.

내가 설명해도 당신은 모를 것이오.

Were it not for air, we / could not live.

공기 없이 우린 살아갈 수 없다.

If it **were** so, it / was a grievous fault!

만일 그렇다면 이는 슬픈 과오라오!

I / should never guess, if I **were** to try.

암만 노력해도 상상치 못할 듯하오.

〈O, I would thou didst,

〈아, 그대가 그리 해주었으면,

so(=even if) half my Egypt **were submerged**.〉

설령 이집트의 절반이 물에 잠길지라도!〉

마지막 예문은 셰익스피어의 『안토니와 클레오파트라-Antony and Cleopatra』에 나오는 대목으로 클레오파트라의 애원이 가정법 과거시제를 동원한 원망법의 표현을 통해 절절히 배어나오고 있다. 셰익스피어의 뛰어난 상상력이 바로 이런 천고의 명문을 만들어낸 것이다. 가정법 과거와 원망법이 존재하지 않는 셰익스피어의 작품은 상상할 수조차 없다.

가정법 과거완료에 나타난 원망법과 가능법

영어의 가정법 완료시제는 크게 현재완료와 과거완료가 있으나 그 내용은 사뭇 다르다. 현재완료는 현실적인 가능성을 전제로 한 현재군에 속하는 까닭에 직설법과 별반 차이가 없다. 실제로 특수한 경우를 제외하고는 가정법 현재완료를 쓰는 일은 매우 드물고 대부분 직설법 현재완료를 사용한다.

이에 반해 가정법 과거완료는 과거군에 속하는 까닭에 가능성이 희박하거나 비현실적인 사건 등에 대한 후회, 아쉬움, 탄식 등 언설자의 심경이 크게 반영돼 있다. 가정법 과거의 시점을 현재에서 과거로 옮겨 놓은 것만이 다를 뿐 모든 면에서 가정법 과거와 닮아 있다. 가정법 현재완료와 과거완료를 비교해 놓은 다음 예문을 보면 이를 쉽게 이해할 수 있을 것이다.

e.g. 17

If it **has been worrying**, it / goes on worrying!
속병을 앓으면 계속 그리되기 마련!
If he **has spoken once**, he / has spoken 10 times.
그가 말했다면 10번은 말했으리라!
If he **has designed** it himself, it / is a wonder.
그가 설계했다면 이는 놀라운 일이다.
He / looks as if he ***has not slept*** for days.
그는 며칠간 못 잔 것처럼 보인다.
I / feel as if he **has used** me as his plaything.

그에게 완전히 농락당한 느낌이다

〈I do entreat you, not a man depart, 〈한 사람도 이석離席치 말길,

save I alone, 나를 제외하고는,

till Anthony **have spoke**!〉 안토니의 말이 끝날 때까지!〉

He / **would** gladly **have done** the job.

그는 그 일을 기꺼이 했으리라!

O that she **had been married** to me!

아, 그녀가 나에게 시집왔다면!

She / wished it **had been** night instead of morning.

그녀는 아침이 아닌 밤이기를 바랐다.

You / speak as if that I **had slain** my cousin.

그대는 내가 사촌을 죽인 듯이 말한다.

〈**Would** I / **had never come** from thence!〉

〈내가 그곳에서 오지 않았던들!〉

가정법 현재완료와 과거완료 예문을 비교해 놓은 것이다. 현재완료 예문 가운데 마지막 예문은 셰익스피어의 『줄리어스 시저-Julius Caesar』에 나오는 대목이다. 여기서는 3인칭 현재완료 시제에 has 대신 have가 사용돼 가정법 현재완료라는 사실이 확연히 드러나고 있다. 'Till Anthony **have spoke**.' 구절은 현대 영어로 바꾸면 'Till Anthony will have spoken.'이다. 이 구절은 내용상 직설법 미래완료 시제로 바꿔놓을지라

도 큰 차이는 없다. 그러나 가정법 특유의 맛은 크게 떨어진다.

과거완료 예문의 마지막 예문도 셰익스피어의 『안토니와 클레오파트라』에 나오는 대목이다. 'Would I had never come from thence!' 구절은 현대 영어로 바꾸며 'I would have been happy, if I had never come.'과 같다. 셰익스피어는 이 예문에서 화법조동사 Would만 남겨둔 채 주절을 과감히 생략해 버렸다. 가정법 과거 시제에서 살펴본 절묘한 원망법이 과거완료 시제에서도 그대로 재현되고 있음을 알 수 있다.

영어를 비롯해 불어, 독어, 러시아에서 사용되고 있는 가정법은 기본적으로 완곡어법이라는 점에서는 동일하나 그 내용을 보면 상호 미묘한 차이가 있다. 인도유럽어인데도 불구하고 러시아어의 경우는 원망법과 가능법을 막론하고 бы bui로 통합해 놓았다. 놀랍게도 이는 우리말의 '-이면, -터인데!' 구절과 완전히 일치한다. 다음 예문을 보자.

e.g. 18

Если **бы** у меня **было** время, я
/ **пошёл бы** сегодня в театр!

= If I **had** time, I / **could** go to the theater today!

= 만일 내게 시간이 있다**면**, 난 / 오늘 극장에 갈 수 있을 **텐데**!

Сегодня не могу, но завтра я
/ с удовольствием **пошёл бы** в театр!

= I can't today, but tomorrow I

/ **could** go to the theater with pleasure!

= 오늘은 안 되지만, 내일이면 난 / 기꺼이 극장에 갈 수 있을 **텐데**!

러시아어는 be동사의 활용형인 бы가 주절과 종속절을 막론하고 시제와 태 등에 구애받지 않고 자유자재로 움직이며 직설법과 명령법을 제외한 가능법과 원망법, 존경법, 청원법 등 모든 법을 만들어낸다. 우리말의 '−이면, −터인데!' 구절과 하나도 다를 바가 없다.

현재 인도유럽어 가운데 가정법에서 가장 복잡한 모습을 보이고 있는 것은 불어와 독어이다. 영어의 경우는 상당 수준 간략화되어 있다고 볼 수 있다. 비교언어학의 관점에서 볼 때 위 예문은 고립어의 모습을 띠고 있는 영어의 가정법이 장차 러시아처럼 бы와 같은 소사小詞의 삽입을 통해 간략화할 가능성을 시사하고 있다.

실제로 중국어의 경우는 종속절에 要是yaoshi를 덧붙이는 것만으로도 능히 가능법과 원망법을 표시하고 있다. 비교언어학의 관점에서 볼 때 전후 맥락에 비춰 능히 가능법과 원망법을 구별할 수 있는 상황에서 굳이 독어 및 불어처럼 복잡한 서법을 구사할 필요가 없기 때문이다. 실제로 불문법의 경우 일부 문법학자는 조건법을 서법의 일종으로 간주하는 것을 반대하고 있다.

영어와 달리 불어와 독어에서는 간접화법에도 조건법 및 접속법을 사용한다. 주목할 것은 직접화법과 간접화법의 중간에 위치한 영어의 묘출화법描出話法 descriptive discourse이다. 이는 시와 소설 등에서 현장을 생생하게 전달하기 위한 화법으로 널리 사용되고 있다. 다음 예문을 보자.

e.g. 19

He / asked me *would I go to the concert*.
그는 내게 음악회에 갈 것인지 물었다.
I / wondered *could she be our new teacher*.
난 그녀가 우리의 담임이 될지 궁금했다.
He / wants to *know is the reporter here*.
그는 기자가 여기 있는지 알고자 한다.

이는 간접화접에서 접속사 if를 생략하고 종속절의 주어와 동사를 도치시킨 것으로 특별히 이상하게 볼 것은 아니다. 다만 통상적인 간접화법 대신 의문문의 모습을 취하고 있어 상대적으로 생생한 느낌을 주고 있는 게 사실이다. 영어의 가능법과 원망법 등을 기준으로 이들 각 나라에서 사용되고 있는 접속법과 조건법 등을 비교해 정리하면 다음과 같다.

e.g. 20

구분	영어	독어	불어	러시아어
a. 가능법				
실현가능 사안 청원	가능법	접속법1식	접속법	

실현가능 높은 조건	가능법	접속법1식	조건법	
실현가능 낮은 조건	가능법	접속법1식	조건법	조건법
실현가능 없는 조건	가능법	접속법2식	조건법	
b. 원망법				
실현가능 사안 기원	원망법	접속법1식	접속법	
비현실적 사안 소망	원망법	접속법2식	접속법	조건법
기존사실 후회 경탄	원망법	접속법2식	접속법	
정중표현 존경 겸양	원망법	접속법2식	접속법	
c. 간접화법(준간접화법)				
	직설법	접속법1식	조건법	직설법

이 도표에서 주목할 점은 tell, ask, beg, command, bid, advise, request, forbid 등의 이른바 전달동사傳達動詞가 등장하는 간접화법과 wish, want, desire, aspire, expect, hope 등의 원망동사願望動詞가 사용된 준간접화법에서 각 나라마다 현격한 차이를 보이고 있는 점이다.

영어와 러시아어의 경우는 이를 직설법으로 표현하고 있어 독어 및 불어에 비해 상대적으로 덜 공손하다는 느낌을 주기에 충분하다. 자신이 직접 보지 않고 남으로부터 들은 사실을 재차 다른 사람에게 전달하고자 하거나, 설령 목도한 사실일지라도 이를 다른 사람에게 전할 때에는 단정적인 어법을 피하는 게 정중한 느낌을 줄 수밖에 없다. 이는 우리말에서도 윗분이나 상관에게 보고하거나 할 때 단정적인 어법을 피해 '-이라고 사료됩니다!'는 등의 겸양어법을 사용하는 것을 생각하면 쉽게 이해할 수 있을 것이다.

Lesson 5

조동사助動詞 − 굴절형과 우언형

본동사와 조동사

한 문장 내에서는 하나의 주어가 존재하듯이 주어의 명을 받드는 술어
동사도 하나만 존재한다. 이를 본동사本動詞 full verb라고 한다. 본동사는
한 문장 내에서 주어의 명을 받들어 술부 내에 있는 보어와 목적어 등 일
체의 낱말을 통제하는 동사를 가리킨다.

조동사助動詞 auxiliary verb는 조동사의 뜻을 명확히 하기 위해 동원되는
모든 동사를 뜻한다. 통상 본동사와 결합해 동사구動詞句 verb phrase를 만
든다. 가능과 의무, 추측 등을 나타내는 can, must, may 등의 본래적인
조동사를 포함해 수동태 및 완료형을 만드는 be동사와 have동사 등이
모두 조동사에 속한다. 조동사 중에는 ought처럼 조동사로만 쓰이는 것
도 있고, need처럼 문맥에 따라 본동사와 조동사 사이를 오가는 것도 있
다.

역사언어학의 관점에서 볼 때 인도유럽어의 조어에 해당하는 산스크리트어에서는 본동사가 자체의 활용을 통해 조동사의 도움 없이도 시제와 완료상, 태, 서법 등을 나타냈다. 그러나 현재 영어를 포함한 인도유럽어는 모두 조동사의 도움이 없이는 이를 표시하는 게 불가능하다. 조동사가 가장 많이 동원되는 것 가운데 하나가 미래완료 수동형이다.

산스크리트어와 고대 그리스어는 미래완료 시제가 없었던 까닭에 미래시제 수동태 어미로 이를 처리했다. 미래완료 시제는 라틴어에 처음으로 등장한다. 미래 수동형으로 활용한 산스크리트어와 고대 그리스어의 본동사와 미래완료 수동형으로 활용한 라틴어의 본동사를 비교한 다음 예문을 보자.

e.g. 1

kiṃ / mayā **kāryam**.

무엇이 나에 의해 행해져야 하는가?

= What / *shall be done* by me.

κρούετε καὶ **ἀνοιγήσεται** ὑμῖν.

두드려라, 그러면 너희에게 열릴 것이다.

krūete kai anoigēsetai huymin.

= Knock, and it / *shall be opened* unto you.

Crās Aureum / **portātum erit**.

내일이면 황금이 가져와져 있을 것이다.

= Tomorrow the gold / *shall have been transported*.

라틴어의 경우는 미래완료를 표시하기 위해 be동사에 해당하는 sum 동사의 도움을 받았으나 최소한 완료 수동의 형태에 한해서는 본동사의 활용을 통해 이를 해결했다. 라틴어 때까지만 해도 본동사의 역할이 시제와 태, 서법에서 중요한 역할을 수행했다.

그러던 것이 점차 굴절어미가 생략되기 시작하면서 조동사의 도움이 더욱 절실하게 됐다. 라틴어의 후신인 불어의 경우 본동사가 미래시제까지만 활용을 하고 완료 및 수동태의 활용은 일어나지 않는다. 라틴어에 비해 완료상의 활용이 줄어든 것이다.

영어의 경우는 더욱 심하다. 굴절어미가 대거 생략된 까닭에 조동사의 도움이 없이는 미래시제와 완료, 수동태를 단 하나도 표현할 수 없다. 본동사가 인칭 및 수에 따라 굴절하는 독어의 경우도 별반 다르지 않다. 시제가 오직 현재와 과거밖에 없기 때문이다. 본동사의 다양한 활용 형태를 그대로 보유하고 있는 한국어 등의 교착어와 대비되는 대목이다. 조동사가 가장 많이 등장하는 미래완료 수동형의 영어와 독어 구문을 라틴어의 후신인 불어 및 교착어인 한국어와 비교해 놓은 다음 예문을 보자.

e.g. 2

This newspaper / **will have been read** by the boy.

Diese Zeitung / **wird** von dem Knaben **gelesen worden sein**.

Ce   journal / **aura été** lu par ce garçon.

이 신문은 / 그 소년에 의해 다 **읽혀버릴 것이다.**

위 예문을 통해 알 수 있듯이 우리말은 본동사 '읽다'의 활용만으로도 수동태 미래완료시제인 '읽혀버리리라!'의 표현이 가능하다. 불어의 경우는 본동사 자체가 미래시제로 활용할 수 있는 까닭에 수동태와 완료시제를 표현하기 위해 조동사가 2개만 동원됐다. 이에 반해 독어와 영어는 본동사의 미래시제 활용이 존재하지 않는 까닭에 조동사가 모두 3개씩이나 동원됐다.

이런 현상은 가정법의 경우에도 그대로 재현되고 있다. 가정법 미래완료 수동형의 영어와 독어 구문을 비교해 놓은 다음 예문이 그 증거이다.

e.g. 3

This newspaper / **would have been read** by the boy.

Diese Zeitung / **würde** von dem Knaben **gelesen worden sein**.

Que Ce journal / **ait été lu** par ce garçon.

이 신문이 / 그 소년에 의해 다 **읽혀버렸으면 한다.**

산스크리트어와 고대 그리스어, 라틴어의 경우는 우리말처럼 본동사의 활용을 통해 시제와 태, 법 등을 나타냈다. 본동사의 어간에 미래시제 수동태를 뜻하는 어미 등을 덧붙여 현재의 독어와 영어 등과 대비되는 깔끔한 문장을 만들어낸 것이다. 본동사의 미래시제 활용이 존재하는 불어 등의 로망스어가 그나마 동원되는 조동사의 숫자를 줄이기는 했으나 위 예문을 통해 알 수 있듯이 여전히 복잡한 모습을 하고 있다.

영어 및 독어에서 조동사를 극히 중시하는 것도 바로 이 때문이다. 그런 의미에서 게르만어에 뿌리를 두고 있는 영어는 세상에서 가장 복잡한 동사구를 가진 언어에 속한다. 이는 완료상의 동사원형을 갖고 있는 러시아어 등의 슬라브어가 be동사에 해당하는 계사 бытьbuity의 도움만 받고 미래완료 수동형을 만들어내는 것과 대비된다. 다음 예문을 보자.

e.g. 4

Этот журнал / **будет прочитанный** этим маличиком.
= This newspaper / **will have been read**   by the boy.

위 예문을 통해 짐작할 수 있듯이 시제와 태, 서법 등의 활용을 표시할 때 러시아어를 비롯한 슬라브어가 인도유럽어 가운데 가장 간략한 모습을 띠고 있다. 슬라브어에 통상적인 원형동사 이외에도 완료형 원형동사가 별도로 존재한 덕분에 이런 간략한 모습을 띠게 된 것이다.

조동사의 중요성

많은 사람들이 조동사는 단순히 본동사를 돕는 데 그치는 것으로 알고 있으나 이는 잘못이다. 영어는 본동사가 활용어미를 대거 상실한 까닭에 조동사의 도움이 없이는 다양한 뉘앙스의 문장을 만드는 게 불가능하다. 그런 의미에서 조동사는 오히려 본동사보다 훨씬 중요하다고 할 수 있다. 조동사는 그 역할 및 기능에 비춰 크게 두 가지로 나눌 수 있다.

첫째, 본동사와 결합해 문법범주文法範疇를 형성하는 경우이다. 이를 통상 문법조동사文法助動詞 grammatical auxiliaries라고 한다. 다음 예문을 보자.

e.g. 5

He / *is playing* the piano. 그는 피아노를 연주하고 있다.
The house / *is built* by him. 저 집은 그에 의해 지어진다.
She / *has done* well as a lawyer. 그녀는 변호사로 잘 나간다.
I / wish he *would pass* this time. 그가 이번엔 합격했으면 한다.

위 예문은 be동사와 have동사, will 등의 조동사가 각각 시제時制 tense와 태態 voice, 상相 aspect, 서법敍法 mood 등의 문법범주로 기능하고 있음을 보여주고 있다.

둘째, 조동사의 또 다른 역할 및 기능은 말 그대로 본동사의 뜻을 보완해 구체적인 뜻을 나타내는 이른바 의미조동사意味助動詞 significant auxiliaries이다. 독어문법에서는 문법조동사와 의미조동사를 묶어 화법조동사話法助動詞로 총칭한다. 직설법과 명령법, 가정법에 두루 쓰인다는 취지로 만들어진 문법용어이다.

원래 영어의 의미조동사는 크게 '—할 수 있다'는 뜻의 가능可能, '—해야 한다'의 의무義務, '—할 것이다'의 미래未來, '—한 듯하다'의 추측推測, '—하기 바라다'의 원망願望으로 대별할 수 있다. 강조強調와 의문疑問, 부정否定의 의미를 덧붙이는 것도 의미조동사의 역할이다.

본동사에 다양한 의미를 덧붙일 경우 사람의 주관적인 정서가 강하게 투사되기 마련이다. 그 정도에 따라 크게 직설법直說法 indicative과 가정법假定法 subjunctive으로 나뉜다. 다음 예문을 보자.

e.g. 6

단순미래　　He / *will* return home next week.
　　　　　　그는 다음 주 귀가할 것이다.

의지미래　　I / *shall* go there without fail.
　　　　　　나는 반드시 그곳에 갈 것이다.

원망법　　　If he *will* be rich, I / *shall* be glad.
　　　　　　그가 부자가 되면 나는 기쁘리라.

가능법　　　If I *shall* die, everything / *will* be settled.
　　　　　　내가 죽으면 만사가 정리되리라.

앞의 예문은 단순미래單純未來와 의지미래意志未來로 나타난 직설법, 뒤의 예문은 원망법願望法과 가능법可能法으로 대별되는 가정법의 용례를 보여준 것이다. 직설법 예문은 단순히 미래의 사실에 대한 추측 내지 의지의 표명에 그치고 있으나 가정법 예문은 언술하는 사람의 주관적인 심경이 문장 전면에 그대로 노출되고 있다.

똑같은 조동사인데도 앞 예문에서는 단순한 미래시제형 조동사, 뒤 예문에서는 가정법 조동사로 사용되고 있는 것이다. 본동사의 원래 뜻에 강조, 가능, 의무, 미래, 추측, 원망 등의 뜻을 덧붙여주는 의미조동사를 순차적으로 살펴보기로 하자.

강조조동사 do

통상 의문문과 부정문, 강조문 등을 만들 때 do가 조동사로 등장한다. 이는 do가 본동사를 대신하는 이른바 대동사代動詞로 기능한 결과이다. 현재 및 과거시제에서 의문문과 부정문, 강조문 등에 나타나는 do를 본동사로 간주할 경우 이를 쉽게 확인할 수 있다.

e.g. 7

Do you - go there?   너는 거기 가는 것을 하는가?
I do not - go there.   나는 거기 가는 것을 하지 않는다.
Did you - do it?   너는 그거 하는 것을 했는가?

I did not – do it.　　　나는 그거 하는 것을 하지 않았다.

go there를 가빈어假賓語 즉 '가목적어'인 it으로 바꿔 놓을 경우 위 예문들은 결국 I do it의 3형식 문장에 대한 의문, 부정, 강조임을 알 수 있다. 통상 의문과 부정, 강조에 대한 확인 및 반문反問 과정에서 대동사 do가 본동사처럼 활용되는 것은 바로 이 때문이다. 부가의문문의 문답을 보면 이를 쉽게 확인할 수 있다.

e.g. 8

You / go there, don't you (it = go there)?

너는 그곳에 가지, 안 그래?

⋯▸ Yes, I do (it).　　　그래, 나는 그곳에 가.

⋯▸ No, I don't (it).　　무슨 얘기야, 안 가.

언술하는 사람의 취지에 동감하는 뜻을 표현할 때 역시 대동사 do가 부사 so와 함께 사용된다. 이는 우리말의 '나도 그래'에 해당한다. '나도 아니야'의 부정적인 뜻의 동조에는 neither가 사용된다. 다음 예문을 보자.

e.g. 9

I / think *he has the inside track.*

그가 유리한 입장에 있다고 생각해.

⋯▸ So do I. 나도 그렇게 생각해.

I / don't think *he has the inside track.*

그가 유리한 입장에 있다고 생각하지 않아.

⋯▸ neither do I. 나도 아니라고 생각해.

그러나 대동사인 do동사가 조동사임에도 불구하고 본동사처럼 기능하는 경우는 오직 직설법의 능동태 현재 및 과거시제에 한정된다. 미래시제와 완료시제는 will과 have 등의 조동사가 이를 대신하고, 진행형과 수동태 등에서는 be동사가 대동사의 역할을 수행한다. 다음 예문이 그 증거이다.

e.g. 10

You / will go there, won't you (do it = go there)?

거기 갈 거지, 안 갈 거야?

⋯▸ Yes, I will (do it). No, I will not (do it).

You / are a student, aren't you (it = a student)?

너는 학생이지, 안 그래?

⋯→ Yes, I am (it). No, I am not (it).

be동사 및 have동사 등이 조동사로 기능하는 위 예문들은 상대방이 언술하는 사람의 취지에 동감하는 뜻을 표현할 때에도 do 대신 대동사로 기능하는 경우를 보여준다. 긍정적인 취지의 동조는 so, 부정적인 취지의 동조에는 neither를 사용한다.

e.g. 11

I / am satisfied with the test result.

나는 시험 결과에 만족한다.

⋯→ So am I.

I / have not read the book.

나는 그 책을 읽은 적이 없다.

⋯→ Neither have I.

I / should have called the police.

경찰에 전화했어야 했어.

⋯→ So should I.

명령문의 부가의문문일 때에도 do 대신 will과 shall이 쓰인다. 상대방에 대한 직접적인 명령은 will, 청유는 shall을 쓴다. 이는 do가 본동사 내지 대동사로 쓰인 결과이다. 다음 예문을 보자.

e.g. 12

　　Do it at once, will you (do it)? 그걸 즉시 해라, 할 거야?
… Yes, I will (do it). No, I will not (do it).
　　Let's go there, shall we (do it = go there)? 그리 갑시다, 갈 겁니까?
… Yes, we shall (do it). No, we shall not (do it).

　　청유형은 통상 명령문의 일종으로 간주하고 있으나 사실은 공손한 어법을 표시하는 가정법의 일종으로 보는 게 옳다.

가능조동사 can

　　본동사에 가능의 뜻을 덧붙이는 가능조동사 can과 그 과거형인 could는 직설법과 가정법에 두루 사용된다. 문맥을 살펴 직설법과 가정법 여부를 구분해야 한다. can은 언술하는 사람이 가능성을 염두에 두고 일정한 진술을 전개하거나 자신의 감정을 나타낼 때 긴요하게 사용된다. 다음 예문을 보자.

e.g. 13

He / *can not* winks at the bad people.
그는 악인을 보면 못 본체하지 못한다.

You / *can't* get happiness by pursuing it.

행복은 추구한다고 얻어지는 게 아니다.

첫 번째 예문은 언술하는 사람이 비록 타인의 심경을 묘사한 것이기는 해도 객관적인 사실을 있는 그대로 표현한 까닭에 직설법에 해당한다. 두 번째 예문은 언술하는 사람이 자신의 주관적인 판단을 마치 객관적인 사실인 양 표출하고 있는 까닭에 가정법에 해당한다. can의 과거형인 could는 가정법에 빈번히 등장한다. 그러나 모두 가정법인 것만은 아니다. 다음 예문을 보자.

e.g. 14

He / *could not* keep a lid on his anger.

그는 자신의 분노를 다스릴 수 없었다.

He / has depressions and *could* become suicidal.

그는 우울증으로 인한 자살가능성이 있다.

He / *could* identify classical music.

그는 고전음악을 척척 알아들을 수 있었다.

You / *could never* stand this place.

자네는 이곳에서 도저히 견뎌내지 못할 걸세.

I / hope you *could* lend me some bucks.

자네가 돈 좀 빌려 주셨으면 하네.

It / would be ideal if you *could stay*.

자네가 머물 수 있다면 가장 좋을 텐데.

첫 번째 예문들은 직설법, 두 번째 예문들은 가정법에 해당한다. 분류의 기준은 언술하는 사람의 주관적인 정서가 얼마나 반영되어 있는가 하는 점이다. 결국 문맥을 좇아 판단하는 수밖에 없다.

가능조동사에는 can 이외에도 be able to가 있다. 이는 can을 다른 조동사와 결합해 사용할 수 없는 데 따른 고육지책으로 볼 수 있다. 다음 예문을 보자.

e.g. 15

You / *shall have to be able to* speak French.

너는 불어를 할 수 있어야 할 것이다.

You / *must be able to* adapt to an future.

너는 미래에 적응할 수 있어야 한다.

It / *would be able to* carry 6 passengers.

거기에 6명의 탑승이 가능할 것이다.

본동사와 조동사를 자유롭게 오가는 dare는 이른바 '감행敢行조동사'로 분류되나 큰 틀에서 보면 가능조동사의 일종이다. 부정문이나 의문문에 많이 사용되고, 부정을 뜻하는 not를 동반하는 게 특징이다. 현재와 과거 시제가 똑같은 까닭에 문맥에 따라 구분해야 한다.

e.g. 16

I / *dare not* think of that. 나는 그런 일은 감히 생각할 수조차 없다.

She / *daren't* reveal herself. 그녀는 감히 자기 생각을 밝히지 못했다.

How *dare* he be so debonaire! Her anger / rose.

그가 그리 들뜰 수 있나! 그녀는 분노했다.

의무조동사 must와 should

반드시 해야 할 일이나 필연성을 나타낼 때 사용되는 조동사 must는 독어 및 불어 등과 달리 따로 과거형이 존재하지 않는다. 문맥에 따라 판별하는 수밖에 없다.

e.g. 17

The worms / *must* operate in damp soils.

지렁이는 습지에서 움직여야 한다.

There *must* be / another way to handle this.

다른 문제해결 방안이 있을 것이다.

What *must* I / do but break my leg?

운수 사납게 다리를 부러뜨려 버렸다.

All the events / *must* contribute to the policy.

모든 사건은 정책에 기여해야 한다.

The seeds / *must* fall on good ground.

씨앗은 좋은 땅에 심어야 한다.

동일한 뜻의 have to를 이용하는 이유가 여기에 있다. had to를 사용할 경우 과거의 뜻을 분명히 드러낼 수 있기 때문이다. 다음 예문을 보자.

e.g. 18

The deponent / *had to* swear an affidavit.

선서 증인은 진술서에 선서해야 했다.

He / *had to* bite his cheeks in public.

그는 대중 앞에서 웃음을 참아야 했다.

They / *had to* memorize whole texts.

그들은 원서를 통째로 외워야 했다.

He / *had to* shout into the microphone.

그는 마이크를 향해 함성을 내야 했다.

She / *had to* plank down the money.

그녀는 즉석에서 지불해야만 했다.

의무조동사 ought to의 ought은 원래 owe의 과거시제에서 나온 것으로 중세 때 aughte를 거쳐 현재의 모습으로 변한 것이다. ought to는 have to와 달리 과거형이 없다. 주로 당연히 해야 할 의무obligation를 나타내나 때로는 바람직한 소망desirability, 강한 가능성probability을 나타내기도 한다. 여러 면에서 should와 상통한다. 다음 예문을 보자.

e.g. 19

You / *ought to* act your age. 너는 네 나이에 맞게 행동해야 한다.
It / *ought to* be done at once. 그것은 당장 해야 한다.
We / *ought to* treat fun reverently.
우리는 오락을 성실하게 취급해야 한다.

본동사와 조동사를 자유롭게 오가는 need는 '필요조동사'로 분류되나 큰 틀에서 보면 의무조동사에 포함시킬 수 있다. need가 조동사로 쓰이는 경우는 주로 부정문과 의문문에서 많이 나타나고 있다. 본동사가 아닌 조동사로 사용될 경우 must와 마찬가지로 과거 및 과거완료 형이 없다. 다음 예문을 보자.

e.g. 20

A reform in political circles / is *needed*.

정계개편이 필요하다.

He / *needed* to legitimize his rule.

그는 통치의 정당화가 필요했다.

He / *need not* have done it after all.

그는 결코 그런 일을 할 필요가 없었다.

We / *need not* take such pains for water.

물에 대해 그리 걱정할 필요가 없을 것이다.

의무조동사에는 이들 이외에도 미래조동사 shall의 과거형인 should 가 있다. 이는 직설법과 가정법을 넘나들며 매우 폭넓게 사용되고 있다. 이는 고대 영어에서 비롯된 것이다. 보수적인 독어는 shall과 will의 고대 영어가 지니고 있었던 원래의 의미를 그대로 간직하고 있다. 다음 예문을 보자.

e.g. 21

Du / *sollst* Gott lieben.

너는 하나님을 사랑해야 한다.

= You / *should* love God.

Gott / *will* daß man glücklich sein.

하나님은 인간이 행복하길 바란다.

= God / *wills* that man be happy.

고대 영어에서 shall은 의무조동사, will은 희망을 나타내는 원망조동사로 사용됐다. 현대 영어에서 shall의 과거형인 should가 의무조동사로 사용되는 것은 바로 이 때문이다.

현재 영어에서는 shall과 will이 단순미래와 의지미래를 나타내는 조동사로 뒤섞여 사용되고 있어 적잖은 혼란을 야기하고 있다. 영어가 변화하는 과정에서 가장 실패한 사례를 들라면 단연 단순미래와 의지미래의 혼용을 들 수 있다.

독어는 현명하게도 미래시제 조동사로 werden*become*을 사용해 의지미래와 같이 황당한 용어가 등장하는 사태를 방지했다. 미래시제 조동사 werden, 의무조동사 sollen, 원망조동사 wollen을 명확히 구분해 사용하고 있는 독어의 경우를 보면 영어의 단순미래 및 의지미래가 얼마나 혼란스러운 것인지 쉽게 알 수 있다.

e.g. 22

미래조동사

Ich / **werde** das Buch kaufen. 나는 그 책을 살 것이다.

= I / *will* the book buy.

Es / **wird** morgen regnen. 내일 비가 내릴 것이다.

= It / *will* tomorrow rain.

의무조동사

Er / **soll** das Buch morgen haben. 그는 내일 이 책을 갖게 된다.

= He / *shall* the book tomorrow have.

Soll / ich das Fenster öffnen? 창문을 열어도 될까요?

= *Shell* / I the window open.

원망조동사

Keiner / **will** ins dunkel Zimmer treten.

아무도 암실에 들어가려 하지 않는다.

= Nobody / *will* in the dark room walk.

Wollen / Sie mir das Buch geben. 나에게 책을 주시겠습니까?

= *Will* / you me the book give.

독어에서는 미래조동사와 의무조동사, 원망조동사가 확연히 다른 까닭에 문장의 뜻이 명확하다. 영어에서 단순미래와 의지미래의 혼란이 나타나게 된 가장 근본적인 이유는 바로 의무 및 원망을 뜻하는 본동사 will과 shall을 무분별하게 미래시제 조동사로 사용한 데 있다.

도덕적인 의무와 책임을 표현하는 의무조동사 should는 언술하는 사람의 감정을 표면에 적극 드러내는 까닭에 주절과 종속절을 가리지 않고 등장한다. should가 등장하는 구문에서 shall의 과거형으로 등장하는 경우를 제외한 나머지 경우 거의 예외 없이 가정법을 형성하는 이유가 여기에 있다. 다음 예문을 보자.

e.g. 23

I / don't think I *should* remembered what.

나는 그게 무엇인지 기억할 수는 없었다.

It / *should* awaken him to the peril.

그것은 그에게 위험성을 일깨워주어야 하겠다.

He / felt that she *should* learn to swim.

그는 그녀가 수영을 배워야만 한다고 생각했다.

Why *should* anybody want to know?

어떤 사람이 이를 알 필요가 있습니까?

Envy is, I *should* say, a deep-seated passion.

질투는 뿌리 깊은 감정이라 하겠다.

Every one / *should* take its responsibilities.

사람마다 자신의 책임을 다해야 할 것이다.

I / will say that I *should* catch this fish.

난 필히 이 물고기를 잡아야 한다는 것이다.

What do you think he *should* do now?

지금 그는 무엇을 해야만 한다고 봅니까?

⟨I / *should* be sorry to leave Paris

⟨파리를 떠나면 실로 유감스런 일이 되리니,

without having some of the giant asparagus!⟩

커다란 아스파라가스를 먹어보지도 못한 채!⟩

마지막 예문은 서머셋 모옴의 『오찬–The Luncheon』에 나오는 대목으로 여기의 should는 가정법 조동사로 사용된 것이다. 현재와 반대되는 사실을 강하게 드러내기 위한 수사법의 일환이다. 다음 예문을 보면 이를 쉽게 알 수 있다.

e.g. 24

I / *should* be very sorry **to lose** her.

그녀를 잃게 되면 실로 큰 유감이리라.

= I / *should* be very sorry **if** you **lost** her.

I / *should* be sorry **to leave** Paris without having some of the giant asparagus.

= I / *should* be sorry **if** I **left** Paris without having some of the giant asparagus.

위 예문을 통해 알 수 있듯이 의무조동사 should가 단독으로 등장할 경우 거의 예외 없이 가정법을 이끌고 있는 까닭에 이를 식별하는 데 큰 어려움은 없다. 그러나 문제는 shall과 will을 마구 뒤섞어 사용하는 데 있다. 미래조동사와 의무조동사, 원망조동사의 상호 구별이 쉽기 때문이다. 언어정책을 통해서라도 독어처럼 should는 의무조동사, would는 원망조동사로 고정시켜 혼란을 최소화하는 등의 차선책을 강구할 필요가 있다.

추측조동사 may

추측조동사 may는 조동사 중에서 가능조동사 can과 더불어 활용빈도가 매우 높은 경우에 속한다. 이는 may 역시 can이 과거형인 could를 갖고 있는 것처럼 might라는 과거형을 갖고 있는 것과 무관하지 않다.

may의 가장 큰 특징은 자신의 본심을 숨긴 데 있다. 긍정문에서 어떤 사실에 대한 강한 가능성을 표시하고, not을 동반한 부정문에서는 강한 의구심을 표현하면서도 끝까지 자신의 속셈을 밝히지 않는다. 가정법에 may와 might가 자주 등장하는 이유가 바로 여기에 있다. 이는 may가 술어동사의 가능성과 의구심, 겸손, 허가, 소망 등을 절묘하게 표현한 결과이다. might를 사용할 경우 이런 경향이 더욱 짙어진다. might는 시제의 일치 원칙에 좇아 단순히 may의 직설법 과거형으로 쓰인 경우와 애초부터 가정법 조동사로 사용된 경우로 나눠보는 게 필요하다. could의 경우와 하등 다를 바가 없다. 먼저 may가 가능, 허가, 소망 등을 표현한 경우를 보자.

e.g. 25

Low scores / *may* reflect high expectation.

저득점은 대망(大望)을 반영하는 것이리라.

Lord, we / know not what we *may* be.

폐하, 장차 어찌될지는 모르는 일입니다.

O! I / pray that he *may* not come.

정말, 그가 오지 않길 바라는 바이다.

Moscow / *may* well stop short of invasion.

모스크바는 침략으로 가진 않을 것이다.

Ecology / *may* well be the most important science.

생태학이 가장 중요한 과학이라 하겠다.

Traditional assessments / *may* be outdated.

전통적인 평가는 낡은 것일지도 모른다.

However, we / *may* as well go and have a look.

하여간 가서 살펴보는 게 나을 듯하다.

Walking / *may* increase the elasticity of body.

걷기는 몸의 유연성을 증진시킬 것이다.

A false criticism / *may* do much injury to others.

거짓 비평은 타인에게 상처를 줄 것이다.

He / *may* not have the present wrapped yet.

그는 아직 선물을 포장하지 않았으리라.

We / *may* say that any theory is wrong.
어떤 이론도 틀릴 수 있는 것이다.

위 예문을 통해 알 수 있듯이 추측조동사 may는 언술하는 사람이 어떤 사물에 대해 단정적인 어법을 피하고자 할 때 항시 등장한다. 위 예문은 비록 직설법으로 표현된 것이기는 하나 우리말의 '-일 듯하다'의 취지로 해석되고 있는 데서 알 수 있듯이 내용상 가정법의 분위기를 띠고 있는 점에 주의할 필요가 있다. 가정법으로 취급할지라도 큰 잘못은 없다.

might가 시제의 일치를 좇아 may의 과거형으로 쓰인 게 아닐 경우는 거의 예외 없이 가정법 조동사로 사용된 경우이다. 언술하는 사람의 심경과 주관적인 정서가 두드러지게 나타난 결과이다. 다음 예문이 그 중 거이다.

e.g. 26

He / said there *might* be some trouble.
그는 문제가 좀 있을 수 있다고 했다.
The pills / *might* have helped him.
그 약이 그에게 도움이 됐을지 모른다.
You / *might* try calling the help desk.
지원팀에 전화를 한번 해 보세요.
I / thought we *might* go to the zoo.

나는 동물원에 가면 어떨까 생각했다.

You / *might* have told me!

자네가 말해 줄 수도 있었잖아!

I / think you *might* at least offer to help.

적어도 도움 제의는 할 수 있을 듯한데.

Might I / use your phone?

전화 좀 써도 되겠습니까?

마지막 예문은 상대방에게 정중히 허락을 구할 때 사용한 가정법이다. 영어의 가정법은 크게 가능법과 원망법으로 구성돼 있으나 상대방에 대한 존경법 및 자신에 대한 겸양법 역시 가정법의 일종에 해당한다.

가정법조동사 would

고대 영어에서 will은 현재의 독어와 마찬가지로 원망법을 나타내는 조동사였다. 그러던 것이 미래조동사와 혼용되면서 단순미래와 의지미래라는 복잡한 문법용어가 나타나게 됐다. 단순미래와 의지미래를 비교한 다음 예문을 보자.

e.g. 27

The results / *will* be clear by noon tomorrow.

그 결과는 내일 정오면 확실해진다.

I / wonder what this night *will* bring.

오늘밤 무슨 일이 있을지 모르겠다.

It / *will* give us the riches of freedom.

그게 우리에게 자유의 풍요를 줄 것이다.

This bill / *will* establish a uniform standard.

이 법안은 단일한 기준을 설정할 것이다.

I / shall be glad if you *will* help me.

나는 당신이 도와주면 고맙겠습니다.

She / says she *will* leave here.

그녀는 여길 떠나겠다고 말한다.

You / *shall* have higher wages.

나는 당신의 급료를 올려주도록 하겠다.

He / *shall* give the money to you.

나는 그가 당신에게 돈을 주도록 하겠다.

앞의 예문들은 단순히 미래에 이뤄질 사실을 객관적으로 표현한 단순 미래, 뒤의 예문들은 문장의 주어 및 화자의 의지를 드러낸 의지미래의 용례이다. will과 shall이 뒤섞여 있으나 문맥상 구별이 그리 어려운 것은 아니다.

문제는 would가 쓰였을 경우이다. would는 가정법 조동사로 쓰일 경우 might와 마찬가지로 시제의 일치를 좇은 게 아닐 경우 거의 예외 없이 가정법 조동사로 사용된 것으로 보아도 무방하다. 그런 점에서 would는 대표적인 가정법 조동사라고 할 수 있다.

would는 직설법의 미래시제 과거형으로 쓰일 경우 과거의 습관 및 반복적인 동작 등을 나타낸다. 이는 경험상經驗相을 나타내는 used to와 기능이 같은 것이다. 다음 예문을 보자.

e.g. 28

He / *would* often go swimming in the river.
그는 강으로 수영하러 가곤 했다.

= He / *used to* go swimming in the river.

= He / *was used to* go swimming in the river.

경험조동사 used to는 그 자체로 과거의 경험과 반복된 동작을 나타낸다. 그러나 때로는 경험상의 시제를 명확히 나타내기 위해 I am used to−, I was used to−, I have used to−, I had been used to− 등으로도 쓰인다. 다음 예문을 보면 이를 쉽게 확인할 수 있다.

e.g. 29

I / *am used to* be tighten my belt in my life.

난 내핍생활에 익숙해 있다.

He / *is* not as young as he *used to* be.

그는 이전처럼 젊지는 않다.

I / *was used to* being bombarded by the warships.

난 함포사격에 익숙해 있었다.

She / *used to* be rather a friend of yours, usen't it?

그녀는 네 친구가 되곤 했지?

He / began to come more often than he *had been used to*.

그는 전보다 자주 오기 시작했다.

이처럼 would는 단순미래의 과거형으로도 자주 쓰이지만 might와 should 등과 함께 가정법을 이끄는 가정법 조동사로도 널리 사용되고 있다. would가 단순미래의 과거형으로 사용된 경우와 가정법을 이끄는 경우를 비교해 놓은 다음 예문을 보자.

e.g. 30

He / *would* not allow me to do so.

그는 그리 하는 걸 허용하지 않았다.

I / heard he *would* be moving out. 난 그가 이사 간다고 들었다.

He / was taller than I thought he *would* be.

그는 내가 예상한 것보다 키가 컸다.

He / *would* think we had succeeded.

그는 우리가 성공한 것으로 볼 것이다.

She / *would* have no choice but to follow me.

그녀는 날 좇을 수밖에 없을 것이다.

⟨Arthur / *would* rather that we spoke the truth.⟩

⟨아서는 우리가 진실을 말하길 원한다.⟩

마지막 예문은 코난 도일의 『주홍색 연구—A Study in Scarlet』에 나오는 것으로 명사절의 spoke는 현재 사실에 반대되는 가정법 과거형으로 사용된 것이다. 주목할 점은 여기의 would가 가정법을 이끄는 wish처럼 본동사로 사용되고 있는 점이다. 이는 would rather(sooner)가 관용어로 결합해 양보의 뜻을 나타내는 통상적인 용법과 커다란 차이를 보이는 것으로 독어와 유사한 고대 영어의 부활에 가깝다.

e.g. 31

직설법

I / *would rather* not say about it. 난 그것에 대해 말하고 싶지 않다.

= I / don't want to say about it.

I / *would rather* die than suffer disgraces.

난 치욕을 당하느니 차라리 죽겠다.

= I / want to die rather than to suffer disgraces.

가정법

>   I / *would rather* that they **did** not do so.

>   그들이 그리 안 했으면 한다.

=   I / wish that they **did** not do so.

>   I / *would rather* that he **considered** the matter.

>   그가 사태를 고려해주길 바란다.

=   I / wish that he **considered** the matter.

would like도 would rather와 동일한 맥락에서 이해할 수 있다. would like가 의문문에 등장할 경우 이는 상대방을 높이는 존경법 내지 자신을 낮추는 겸양법으로 쓰인 것이다. 존경법과 겸양법이 가정법의 일 종인 것은 말할 것도 없다. 다음 예문을 보자.

e.g. 32

I / *would like* to be a part of your project.

나는 당신의 프로젝트에 참여하고 싶다.

He / *would like* to do work with computers.

그는 컴퓨터 관련 업무를 하고 싶어 한다.

I / *would like* to meet to discuss this.

당신과 만나 이 문제를 상의했으면 한다.

Would you *like* to order something to drink?

마실 것을 주문하시겠습니까?

How many nights *would* you *like* to stay?

몇 박 묵으실 예정이십니까?

would like가 사용될 경우 직설법의 want와 달리 상대방에게 공손한 분위기를 전하고 있다. would like는 전형적인 가정법 본동사인 wish에 비해 가정법의 느낌이 약간 덜한 게 사실이나 직설법의 want에 비해서는 가정법의 느낌이 매우 강하다. would like 용법을 가정법으로 간주해도 좋은 이유가 여기에 있다.

Lesson 6

명동사名動詞 — 명동사와 동명사

한정동사와 비한정동사

영어를 포함한 인도유럽어는 한 문장 내에서 본동사와 조동사 이외에도 여러 동사가 등장한다. 이들 동사의 상호관계를 모르면 문장을 제대로 해석할 수 없다. 본동사와 조동사가 결합된 술어동사를 한정동사限定動詞 finite verb, 나머지 동사를 비한정동사非限定動詞 infinite verb로 규정하는 것은 이들 동사 간의 상호관계를 규명하기 위해 나온 것이다.

한정동사는 이른바 문법주어文法主語 grammatical subject와 직결된 동사를 뜻한다. 한 문장 내에서 본동사와 조동사로 이뤄진 술어 동사구는 문법상의 주어의 명을 받들어 문장 내의 모든 낱말을 규제한다. 이에 대해 비한정동사는 문법상의 주어 대신 의미상의 주어를 갖는다. 동명사動名詞 gerund, 부정사不定詞 infinitive, 분사分詞 participle 등이 이에 해당한다.

이들 비한정동사가 문장 내 역할 및 기능에 초점을 맞출 경우 크게 명사의 역할을 하는 동사인 명동사名動詞 noun verb, 형용사의 역할을 하는 형동사形動詞 adjective verb, 부사의 역할을 하는 부동사副動詞 adverb verb로 구분한다. 의미상의 주어가 등장하는 부정사와 동명사 및 분사 구문을 통상 절대주격구문絕對主格構文 absolute nominative construction이라고 한다. 여기의 절대는 문법적인 것이 아닌 '편의상' 또는 '특별한'의 의미를 지닌 말이다.

명동사는 우리말의 '−하는 것'에 해당하는 것으로 영어에서는 동명사와 부정사가 그 역할을 수행한다. 형동사는 명사를 수식하는 우리말의 '−하는'에 해당하는 것으로 영어에서는 부정사와 분사가 그 역할을 맡고 있다. 부동사는 우리말의 '−한 까닭에', '−하여', '−하려고' 등에 해당하는 것으로 문장 내의 술어동사가 서술하고자 하는 내용의 원인과 결과 및 목적 등을 설명하는 역할을 한다.

명동사로서의 동명사

동명사와 부정사, 분사 등의 비한정동사에 의해 이끌리는 구문은 어디까지나 문법상의 주어 및 술어동사의 통제를 받는 종속구문에 불과하다. 이들 구문이 한 문장 내에서 명사와 형용사, 부사 등의 역할을 수행하는 것은 바로 문법상의 주어 및 술어동사의 통제로 인한 것이다. 의미상의 주어를 갖고 독립적인 구문을 이룬 듯이 보일지라도 이 구절은 편의적인 것에 지나지 않는다.

통상 영문법에서 말하는 동명사와 부정사 및 분사 등의 용어는 품사론에 입각한 것으로 구문론의 입장에서 볼 때는 약간의 문제가 있다. 동명사는 문장 내에서 명사의 역할에 그치고 있는 데 반해 분사는 형용사와 부사의 역할을 수행하고, 부정사는 명사와 형용사 및 부사 등 모든 역할에 두루 통용되기 때문이다.

영어는 동명사를 제런드Gerund로 표현한다. 이는 불어의 제롱디프 Gérondif에서 나온 문법 용어이나 그 뜻은 다르다. 불어의 제롱디프는 전치사 en이 현재분사와 결합해 우리말의 '−하면서'와 동일한 뜻을 지니게 된 구절을 가리킨다. 오히려 영어의 분사구문에 가깝다. 이는 명사를 수식하는 현재분사와 구별하기 위해 만들어진 것이다. 다음 예문이 그 증거이다.

e.g. 1

J'ai aperçu Paul **sortant** du métro.
나는 지하철에서 나오는 뽈을 보았다.
= I've seen Paul coming out from the metro.

J'ai aperçu Paul **en sortant** du métro.
나는 지하철에서 나오다가 뽈을 보았다.
= *Coming out* from the metro, I've seen Paul.

원래 라틴어에는 영어의 동명사 및 현재분사에 해당하는 것으로 이른바 제런디움gerundium과 제런디붐gerundivum이 존재했다. 양자 모두 명사 및 형용사적으로 사용되고 있는 까닭에 성, 수, 격 등의 지배를 받는다. 제런디움은 동사의 명사적 용법에 해당하는 것으로 능동의 뜻을 지닌 영어의 동명사에 가깝다. 주격은 없고 복수는 쓰이지 않는다. 주격이 필요할 경우 부정법을 써야 한다. 이에 반해 제런디붐은 동사의 형용사적 용법에 해당하는 것으로 수동의 뜻을 지닌 영어의 과거분사에 가깝다. 제런디움과 제런디붐을 구분해 놓은 다음 예문을 보자.

e.g. 2

Pārēndo   discimus imperāre.
복종하는 것으로부터 명령하는 걸 배운다.
From obeying, we learn to *command*.

Imperātōrī   **pārendum est.**
사람은 명령자에게 복종해야만 한다.
To the commander, one *must be obeyed*.

영어의 동명사는 13세기까지만 해도 -ung의 형태를 지닌 까닭에 -ende 형의 현재분사와 명확히 구분됐다. 그러나 14세기를 전후해 다같이 -ing형으로 통합되면서 외견상 이를 식별하는 게 쉽지 않게 됐다. 현재 현재분사와 동명사는 문맥을 좇아 구별하는 수밖에 없다.

동명사의 가장 큰 특징은 동사의 성질을 그대로 보유한 채 명사와 똑같은 역할을 하는 데 있다. 기본적으로 동명사는 명사인 까닭에 복수와 속격을 취하는 것은 물론 관사를 동반할 수도 있고 형용사의 수식을 받을 수도 있다. 전치사 of를 동반하는 목적어를 취할 수도 있으나 of의 도움을 받지 않은 채 직접 목적어를 취하는 경우도 있다. 다음 예문이 그 증거이다.

e.g. 3

He / committed a reckless *breaking of the law*.
그는 무모한 범법행위를 자행했다.
We / discussed the *reading of Plato*.
우린 플라톤 작품의 강독 문제를 논의했다.
She / studied the means of *seeing objects*.
그녀는 대상관찰 방법을 연구했다.
It / accelerate the *enslaving their country*.
그건 그들 국가의 예속화를 가속화한다.

동명사는 명사가 문장 내에서 주어와 자동사의 보어, 타동사의 목적어 등으로 사용되는 것과 마찬가지로 문장 내에서 이와 똑같은 기능을 수행한다. 먼저 동명사가 주어와 보어로 사용된 용례를 보자.

e.g. 4

Narrowing the gap / is not easy.

격차를 좁히기가 쉽지 않다.

It / is no use *your trying* to deny it.

네가 그것을 부인해 봐야 아무 소용없다.

There is / no use *his telling* me that.

그가 나에게 그것을 말해봐야 소용없다.

 It / is really *asking too much*.

그것은 너무 지나친 주문이다.

목적어로 쓰일 경우는 약간 주의할 대목이 있다. 명동사의 두 형태인 to부정사와 동명사가 상호 긴밀한 관계를 맺고 있기 때문이다. 동사에 따라 동명사와 to부정사가 서로 아무런 제한 없이 쓰이는가 하면, 똑같이 쓰일 경우 약간의 차이가 나기도 하고, 오직 부정사 또는 동명사만을 요하기도 한다. 먼저 동명사를 목적어로 취하는 동사로 **love, like, hate, dislike, resent, stand, enjoy, mind, evade, help, omit, finish, end up, stop, mention, delay, dread** 등을 들 수 있다. 다음 예문을 보자.

e.g. 5

Do you / *like* living like this?

당신은 이렇게 살고 싶소?

He / *began* teaching 3 classes a week.

그는 일주일에 3반씩 가르치기 시작했다.

The poet / must *avoid* being ridiculous.

시인은 웃음거리가 되지 않아야 한다.

He / *stopped* painting, looked at her.

그는 화필을 멈추고 그녀를 쳐다봤다.

Street waifs / *resumed* hawking cigarette.

방랑자들이 다시 담배를 팔았다.

He / *contemplated* setting up a assembly.

그는 의회 설립을 생각했다.

When he *finished* eating he / lit the cigarette.

그는 식사 후 담배를 피워 물었다.

Neither of us / could *help* laughing.

두 사람 모두 웃지 않을 수 없었다.

Men / would not *cease* thinking and probing.

인류는 사색과 탐색을 중단하지 않을 것이다.

다음으로 동명사를 취할 수도 있고 to부정사를 취할 수도 있는 것으로는 **stand, endure, fail, begin, commence, start, prefer, attempt, continue, cease, regret, love, like, dislike** 등을 들 수 있다. 다음 예문이 그 증거이다.

e.g. 6

They / began to *hurl* stones at the police.

그들은 경찰에 돌을 던지기 시작했다.

They / began *chatting* about the weather.

그들은 날씨 이야기를 하기 시작했다.

We / prefer *to go* there alone.

우리는 그곳에 혼자 가는 게 더 좋다.

We / prefer *walking* to *cycling*.

우리는 사이클링보다 걷기를 좋아한다.

You / never cease to *amaze* me!

너는 나를 끊임없이 놀라게 하는구나!

You / should cease *visiting* there.

너는 그곳에 들르지 않도록 해라.

We / tried *to think* of happiness.

우리는 행복을 생각해 보려고 노력했다.

We / tried *reasoning* and *coaxing*.

우리는 타일러도 보고 꾸짖어도 보았다.

그러나 **cease**, **like**, **hate**, **continue**, **intend** 등은 동명사와 to부정사를 쓸 때 그 뜻에 약간의 차이가 있다. 동명사는 일반적인 사실, to부정사는 특수한 상황을 나타내는 데 쓰인다. 다음 예문을 보자.

e.g. 7

He / failed *to remember* his luggage.

그는 짐을 두고 왔다

He / failed *making* a good impression.

그는 좋은 인상을 주는 데 실패했다.

I / cannot stand *to stay* here. 나는 이곳에 머물 수가 없다.

I / cannot stand *listening to* noise. 나는 소음을 참지 못한다.

She / doesn't like *to smoke* now. 그녀는 지금 담배 피우기가 싫다.

She / doesn't like *smoking*. 그녀는 흡연을 좋아하지 않는다.

I / hate *to be lionized* now. 나는 지금 추켜올려지는 게 싫다.

I / hate *being lionized*. 나는 추켜올려지는 게 질색이다.

He / forgot *to write* back to her.

그는 그녀에게 답장하는 것을 잊었다.

He / will never forget *going* there.

그는 그곳에 간 것을 잊지 않을 것이다.

I / regret *to inform you bad news*.

나쁜 소식을 전하게 되어 유감입니다.

I / regret *having invited him*.

나는 그를 초대한 것을 후회한다.

위 예문을 통해 알 수 있듯이 일정한 목적이나 개별적인 행동 따위를 나타날 때는 동명사보다 to부정사가 적합하다. 이는 to 자체가 목적과 방향의 뜻을 내포하고 있기 때문이다. 이밖에도 **wish, desire** 등은 대체로 부정사를 많이 쓰는 데 반해 **stop, avoid, finish** 등은 대체로 동명사를 쓰는 점에 주의할 필요가 있다.

동명사의 명사적인 성격을 나타내는 징표는 매우 많다. 형용사 worth 와 전치사의 목적어로 쓰인 경우 등이 그렇다. 복수형을 만들거나, 관사를 붙이거나, 형용사적 수식어를 동반하는 경우 등도 이에 해당한다. 다음 예문이 그 증거이다.

e.g. 8

I / passed him without *pulling off of the hat*.

나는 모자를 벗지도 않고 그를 지나쳤다.

Youth / is the one thing *worth having*.

청춘은 소유할 만한 것이다.

The need / provoked *our hasty sending*.

필요가 생겨 당신을 서둘러 보낸 것이다.

It / was based on *the asking of questions*.

그것은 질문을 하는데 기초를 두고 있었다.

He / liked managing for *managing's sake*.

그는 일처리 자체를 위해 일처리를 좋아했다.

The tale / has not lost fat in *the telling*.

그 얘기는 되풀이해도 재미있다.

It / was Mary who did *the talking*.

주로 메리가 말을 했다.

그러나 동명사는 명사적인 성격뿐만 아니라 동사적인 성격이 강하게 작용한다. 대표적인 예로 동명사의 수동형과 완료형을 들 수 있다.

e.g. 9

구분	능동형	수동형
현재형	writing	being writing
완료형	having written	having been written

현재형 동명사는 본문의 술어동사인 주동사主動詞 principal verb가 나타내는 시간관계와 동일한 시간관계를 나타내는 데 반해 완료형 동명사는 주동사가 나타내는 시간관계보다 언제나 그 이전의 시간관계를 나타낸다. 다음 예문을 보자.

e.g. 10

His horses / *looked like going.*
그의 말은 잘 달릴 것 같았다.
It / *will be the making* of you.
이는 당신을 위해 좋은 일이 될 것이다.
After *having made* love, I / felt comfortable.
사랑을 나눈 후 나는 안도감을 느꼈다.
He / went home after *having been elected.*
그는 당선된 후 귀가했다.

최근 동명사는 명사의 성격보다 동사의 성격이 더욱 두드러지는 경향을 보이고 있다. 수시로 부사의 수식을 받는 것은 물론 의미상의 주어와 목적어를 갖는 게 그렇다.

동명사의 의미상의 주어가 문장의 주어와 동일한 경우에는 문맥상 뜻이 통하는 까닭에 구태여 동명사의 의미상의 주어를 존치시킬 필요가 없다. 다음 예문이 그 증거이다.

e.g. 11

I / am all for *having* a time with the girls.

나는 여자들과 시간을 보내는 데 대찬성이다.

He / began *fighting* for time.

그는 시간을 벌기 위해 투쟁을 시작했다.

I / also began *developing* a global view.

나 또한 세계적 규모의 관점을 펴기 시작했다.

Prosperity / was *his* for the *grasping*.

번영의 열쇠를 그가 쥐고 있었다.

위의 예문에 나타난 동명사의 의미상의 주어는 모두 문장의 주어와 일치하고 있다. 이와 달리 문장의 주어와 동명사의 의미상의 주어가 다를 경우에는 뜻을 명확히 하기 위해서라도 반드시 의미상의 주어를 명시해 주어야 한다.

의미상의 주어를 나타낼 때에는 2가지 방법이 있다. 속격屬格 내지 소유격으로 나타내는 것과 대격對格으로 나타내는 게 그것이다. 영어에서는 속격을 사용하는 게 원칙이다. 보통명사의 경우는 특수한 경우를 제외하고는 속격형인 −'s를 잘 붙이지 않는다. 그러나 일반 구어에서는 몰라도 격식을 갖춘 문어에서는 속격을 사용한 용례를 얼마든지 찾아볼 수 있다. 다음 예문을 보자.

e.g. 12

I / chafed at *his marrying* her.

나는 그가 그녀와 결혼하는 게 짜증났다.

He / is of *God's making*.

그는 신이 창조한 자이다.

Who / would have thought of *its being you*?

누가 그게 당신인 줄 생각할 수 있었겠나?

The step you dread *my taking*, I shall never take.

당신이 두려워하는 조치는 취하지 않겠다.

현대 구어에서는 속격 대신 대격을 쓰는 경우가 늘고 있다. 이는 −s로 끝난 고유명사의 경우 속격에 −'만 붙이고 −'s를 붙이지 않는데다 귀로는 kings, king's, kings' 등을 구별하기가 어렵게 된 사실과 무관하지 않다. 그러나 가장 결정적인 것은 동사나 전치사 다음에 동명사의 의미상의 주어가 올 경우 동사와 전치사의 작용으로 인해 사람들이 속격보다 대격을 사용하고자 하는 충동이다. 다음 예문이 그 증거이다.

e.g. 13

He / stood *other people having* the same faults.

그는 다른 사람의 동일한 결점을 용인했다.

He / denied the idea of *women being* equal to men.

그는 남녀가 동등하다는 생각을 거부했다.

I / remember *you throwing* me into the sea.

당신이 나를 바다에 내던진 게 기억난다.

I / excused *her keeping* close.

나는 그녀가 문을 닫고 있는 걸 양해했다.

마지막 예문의 her의 경우는 속격으로 볼 수도 있고, 대격으로 간주할 수도 있다. 대격이 속격을 대신한 데에는 긴 어구가 동명사의 의미상의 주어가 될 경우 여기에 속격 -'s를 붙일 수 없는 점도 크게 작용하고 있다. this, himself, both, all 등이 의미상의 주어가 될 경우 이를 속격으로 만들 수 없는 것도 부담으로 작용했다. 다음 예문을 보자.

e.g. 14

I know the cause of *some one you love giving up*.

나는 네 애인이 단념한 이유를 안다.

He / heard of *his son and daughter quitting his house*.

그는 자녀의 출가를 허용했다.

I / took the opportunity of *both of them coming home*.

나는 두 사람이 귀가한 틈을 잡았다.

On *the permission to go being repeated* I / went out.

반복된 출발 허락에 나는 외출했다.

I / hate the thought of *any son of mine marrying her*.

나는 그녀가 며느리 되는 게 질색이다.

He / had no objection to *some of them listening*.

그는 그들 몇 명이 듣는 걸 용인했다.

구어에서는 의미상의 주어로 나오는 대격에 역점力點 stress을 두어 강조하는 용법으로 사용하기도 한다. 또 동일한 부분을 생략하는 생략법省略法 ellipsis을 구사할 때 대격을 사용하기도 한다. 다음 예문을 보자.

e.g. 15

There could be / no harm in *thém walking together*.

그들이 동행할지라도 나쁠 게 없다.

Fancy *mé being* as old as you.

내가 당신처럼 늙었다고 생각하시오.

I / am not afraid of *yóu misunderstanding* me.

나는 당신의 오해가 두렵지 않소.

That / will be better than *yóu coming* up here.

당신이 이리 오는 것보다 나을 것이오.

What on earth is the good of *mé talking* to you?

당신에게 얘기해 무슨 소용이 있겠소?

영어는 동명사와 현재분사 모두 —ing 형을 하고 있는 까닭에 동명사의 의미상의 주어에 대격을 사용할 경우 현재분사 구문과 혼동될 소지가 크다. 동명사로 간주할 경우 대격은 의미상의 주어가 되어 '—가 — 하다'의 의미가 된다. 현재분사로 간주할 경우는 현재분사가 '—하는'의 뜻을 지닌 수식어가 되어 앞의 대격을 꾸미게 된다. 내용은 대략 같으나 약간 뉘앙스의 차이가 난다. 다음 예문이 그 증거이다.

e.g. 16

동명사   I / recollect *my mother caning* me.

                 나는 어머니가 회초리를 든 일이 생각난다.

현재분사 I / recollect *my mother caning* me.

                 나는 회초리를 들었던 어머니가 생각난다.

동명사   I / remember *him greeting* me kindly.

                 나는 그가 반갑게 인사한 일이 생각난다.

현재분사 I / remember *him greeting* me kindly.

                 나는 반갑게 인사했던 그가 생각난다.

위 예문을 통해 알 수 있듯이 대격을 사용할 경우는 문맥을 좇아 동명사 또는 현재분사로 나눠 해석할 수밖에 없다. 그럼에도 구분이 매우 까다로운 경우가 있을 수 있다. 대략 행동이나 동작 자체를 말할 때는 동명사, 어떤 상태가 지속 내지 반복되는 상황을 묘사할 때는 현재분사로 보는 게 옳다.

명동사로서의 부정사

영어에서 명사, 형용사, 부사로 두루 쓰일 수 있는 것은 오직 부정사밖에 없다. 인도유럽어에서 부정사의 기원은 산스크리트어까지 거슬러 올라간다. 산스크리트어는 목적, 능력, 의욕을 나타내는 동사의 어근에 부정사 어미 –tum을 붙여 명사형의 '–하는 것', 형용사형의 '–할 수 있는', 부사형의 '–하기 위해' 등의 뜻을 나타냈다.

고대 그리스어의 부정사는 주로 현재, 아오리스트 시제, 완료상의 형태를 취했다. 현재시제의 부정사는 계속적인 행위, 아오리스트 시제의 부정사는 점적인 행위, 완료상의 부정사는 완료된 행위를 나타냈다. 고대 그리스어의 부정사 역시 산스크리트어와 마찬가지로 명사적 용법, 형용사적 용법, 부사적 용법으로 나뉘어 사용됐다. 주목할 것은 '–할 수 있다'와 '–처럼 보이다', '–책임이 있다', '–바라다', '–필요하다', '–원하다' 등의 동사가 올 경우 to부정사가 그 뒤에 오는 점이다. 이는 영어에서 possible, necessary 등의 형용사에 to부정사가 오는 것과 닮아 있다. 다음 예문을 보자.

e.g. 17

It / is *difficult* for us *to* please him.

그를 만족시키는 건 어려운 일이다.

= He / is *difficult to* please.

✗ We / are difficult to please him.

It is *easy* for us *to* master English.

영어를 정복하는 건 쉬운 일이다.

= English is *easy* for him *to* master.

✗ We / are easy to master English.

It / *is dangerous* for us *to* bathe in this river.

이 강에서 목욕하는 건 위험하다.

= This river *is dangerous* for us *to* bathe in.

✗ We are dangerous to bathe in this river.

원래 **convenient, necessary, difficult, important, impossible, possible, pleasant, easy, dangerous** 등의 형용사와 a pity와 같은 명사가 나올 경우는 사람을 주어로 삼을 수 없는 게 원칙이다. 그러나 첫 번째 예문처럼 사람이 부정사의 타동사나 전치사의 목적어로 나올 경우는 이것이 가능하다.

이와 정반대로 **unable, incapable, be sorry** 등은 It를 주어로 할 수 없다.

e.g. 18

I / am **sorry to** hear of your father's death.
춘부장 사망 소식을 들으니 면목 없다.
↪ It / is sorry for me to hear of your father's death.

I / **am unable to** walk long distances.
저는 원행遠行을 할 수 없습니다.
↪ It is unable for me to walk long distances.

라틴어에서는 부정사를 가정법 등과 마찬가지로 서법敍法의 한 종류로 다뤘다. 인칭에 따른 어미활용만 없을 뿐 태와 시제를 모두 간직하고 있었다. 현재부정사는 술어동사와 같은 시제, 완료부정사는 그보다 앞선 시제, 미래부정사는 그보다 늦은 시제를 가리켰다. 미래부정사를 빼고는 현재의 영어와 거의 동일하다.

영어의 부정사는 크게 동사원형을 그대로 사용하는 것과 전치사 to를 이용하는 것 등 2가지로 나눌 수 있다. 전자를 '원형부정사', 후자를 'to부정사'라고 한다. '원형부정사'는 주로 지각동사나 사역동사의 목적보어로 나올 때 사용된다. 'to부정사'는 현재형과 완료형 등 2가지로 나뉜다.

e.g. 19

구분	능동형	수동형
현재형	to write	to be written
완료형	to have written	to have been written

현재형과 완료형은 술어동사의 기본시제와 밀접한 관련이 있다. 현재형은 주동사의 시제와 같은 시제, 완료형은 그보다 앞선 시제를 가리킨다. 다음 예문을 보면 주동사와 to부정사 간의 시제관계가 어떻게 형성돼 있는지를 쉽게 알 수 있을 것이다.

e.g. 20

He / *seems to be* ill. 그는 아픈 듯이 보인다.
= It / seems that he is ill.

He / *seems to have been* ill. 그는 아팠던 듯이 보인다.
= It / seems that he has been ill.

He / *seemed to be* ill. 그는 아픈 듯이 보였다.
= It / seemed that he was ill.

He / *seemed to have been* ill. 그는 이전에 아팠던 듯이 보였다.

= It / seemed that he had been ill.

hope, **wish**, **want**, **intend**, **expect** 등처럼 미래의 어떤 것을 바라는 이른바 원망동사願望動詞의 경우는 to 부정사가 미래의 뜻을 지니게 된다. 이것이 고대 그리스어와 라틴어 등에 존재했던 미래부정사의 역할을 대신하고 있다. **be likely to** 등의 경우도 미래의 뜻을 지닌다.

e.g. 21

I / *hope to see* him. 나는 그가 보고 싶다.

= I / hope that I shall see him.

She / *intended to see* him. 나는 그를 보고자 했다.

= She / intended that she would see him.

He *was likely to* win. 그는 이길 듯싶었다.

= It was likely that he would win.

주의할 것은 원망동사가 과거형이면서 완료부정사를 취할 경우이다. 이때는 과거에 하지 못한 일에 대한 회한을 나타낸다. 다음 예문을 보자.

e.g. 22

I / *hoped to have seen* you so much.

당신을 너무나 보고 싶어 했는데!

= I / *had hoped to see* you so much.

= I / *had hoped* that I *would* see you so much, but I could not.

= I / hoped to see you so much, but I could not.

통상 영어의 부정사는 크게 '원형부정사'와 'to부정사'로 대별할 수 있으나 이 중에서도 to부정사가 차지하는 비중이 훨씬 크다. to부정사는 전치사 to의 뜻이 그대로 반영되어 목적 또는 방향의 뜻을 명백히 드러내고 있는 게 특징이다. to부정사 역시 명사로 사용되는 까닭에 주어와 보어, 목적어 등으로 등장할 수 있다. 먼저 주어로 사용되는 경우를 보자.

e.g. 23

It / is an art *to catch* fish.

고기를 잡는 것은 하나의 예술이다.

To *be obeyed* / was natural to her.

복종을 받는 건 그녀에게 당연지사이다.

It / must be better *to be tipped* than to tip.

팁을 주느니 받는 게 나을 것이다.

To err / is human, *to forgive*, divine.

잘못은 인간, 용서는 신이 한다.

It / always pays *to tell* the truth.

언제나 진실을 말하는 게 유리하다.

to부정사는 대개 be동사와 연결돼 보어로 등장한다. 그러나 이때 to부정사뿐만 아니라 동명사가 등장하는 수도 적지 않기 때문에 주의를 요한다. 다음 예문을 보자.

e.g. 24

One or two things / are *to be kep*t in mind.

한두 가지 일을 명심하도록 해야 한다.

Honesty / is *to be* one man picked out of 2,000.

정직은 2천 명에서 한 명 뽑히는 격이다.

First priority is *to build* up our own forces.

선결과제는 우리 군의 양성이다.

To slander / is *to expose* the faults of another.

비방은 남의 결점을 늘어놓는 것이다.

to부정사가 보어로 등장한 위 예문 가운데 일반 동사로 구성된 to부정사는 동명사로 대체할지라도 별반 차이가 없다. be동사와 연결되는 to부정사에서 특히 신경 쓸 것은 수동의 뜻을 지닌 경우이다. 때에 따라서는 be동사 뒤의 to부정사가 형용사적인 색채를 띠는 경우도 있다. 다음 예문이 그 증거이다.

e.g. 25

He / is not in the least *to blame*.

그는 절대로 비난받을 만한 게 없다.

I / fear I am something *to blame* in this.

나는 이 점에서 비난받을 만한 게 있으리라.

A reason for this failure / is not far *to seek*.

이번 실패 원인은 별로 찾기 힘들지 않다.

That thing / were *to do* again.

그 일은 다시 해야 한다.

The house / is not *to compare* with mine.

저 집은 내 집과 비교가 되지 않는다.

The roses / are indeed still *to plant*.

지금이라도 장미는 심어야 한다.

위 예문은 모두 수동태로 바꿀지라도 그 뜻에는 변함이 없다. be동사와 함께 쓰이는 to부정사 중에는 위 예문처럼 수동의 뜻을 지닌 것 외에도 명령, 예정, 필연성, 가능성 등의 뜻을 지닌 경우가 있다. be동사와 함께 쓰이는 to부정사 대부분이 여기에 속한다. 다음 예문을 보자.

e.g. 26

The true fulfillment of our land / is yet *to come*.

우리나라가 이뤄야 할 일은 이내 실현된다.

I / have the creed of what is *to be* will be.

나는 필연지사의 믿음을 갖고 있다.

You / are *to take* soldiers up in countries.

너는 병사를 시골로 데려가도록 하라.

Such an instrument I / was *to use*.

그런 도구를 나는 쓰게 되어 있었다.

He / was *to make* his fortune.

그는 돈을 벌게 되어 있었다.

How often am I *to suffer* for your folly?

너의 우행으로 내가 얼마나 고생해야 하나?

He / was nowhere *to be found*.

그는 아무 곳에서도 찾을 수 없었다.

I / know how it was *to have done* better.

나는 어찌해야 더 잘할 수 있었는지를 안다.

〈I / rather tell thee what is *to be feard*

〈말하리라, 그대가 두려워해야 할 바를,

than what I fear; for always I am Caesar!〉
나의 두려움을 말하느니, 나는 시저이기에!〉

마지막 예문은 셰익스피어의 『줄리어스 시저』에 나오는 한 대목이다. 이 예문의 what is to be feard 안에는 must의 뜻이 내포되어 있다. 이처럼 to부정사가 be동사와 함께 쓰일 경우는 수동, 명령, 예정, 필연 등 문맥을 좇아 다양한 의미로 해석해야 한다.

그러나 사실 to부정사는 보어보다 목적어로 사용될 때 더욱 복잡한 모습을 나타낸다. 구문에 따라 내포하는 의미가 매우 다양하기 때문이다. to부정사가 목적어로 등장할 때는 술어동사의 방향과 목적의 뜻을 강하게 드러내는 경우가 많다. 이때는 거의 동명사를 쓰지 않고 to부정사를 사용한다. 다음 예문이 이를 뒷받침한다.

e.g. 27

She / liked *to learn*, but hated to teach.
그녀는 학습은 좋아하나 교습은 싫어한다.
I / can't stand *to stay* here any longer.
나는 이곳에 더 이상 머물 수 없다.
The fighting / threatens *to spill* over.
전투는 확산될 위험성을 안고 있다.
I / begged *to forbear* expressing an opinion.

나는 소견발표를 삼가달라고 애원했다.

She / never liked *to sleep* two in a bed.

그녀는 한 침대서 2인이 자는 걸 싫어했다.

He / failed *to pester* us with message.

그는 편지로 우리를 괴롭히는 데 실패했다.

We / intend *to proceed* in areas of action.

우리는 실천 쪽으로 나아갈 것이다.

위 예문은 모두 술어동사가 to부정사를 거의 완벽하게 지배한 경우에 속한다. to부정사가 동사의 성격을 거의 상실한 채 명사의 역할에 충실한 결과이다.

그러나 이와 정반대로 to부정사의 비중이 높고 술어동사의 비중이 매우 약한 경우도 있다. **begin, commence, start, continue, cease** 동사가 술어동사로 사용된 경우이다. 이는 이들 술어동사가 시동상始動相 및 지속상持續相 등의 상을 나타내는데 주력한 결과이다. 술어동사가 겉으로만 to부정사를 지배하고 있을 뿐 사실은 to부정사가 술어동사의 역할을 하고 있는 것이다. 다음 예문을 보면 이를 쉽게 확인할 수 있다.

e.g. 28

He / began *to talk* about his car. 그는 자기 차 얘기를 시작했다.

She / commenced *to say* her prayers. 그녀는 기도하기 시작했다.

He / ceased *to examine* it objectively.

그는 객관적으로 시험하지 않았다.

I / started *to sharpen* my knife. 나는 칼을 갈기 시작했다.

She / continued *to shake* her head. 그녀는 계속 고개를 가로저었다.

to부정사를 목적어로 갖는 구문에서 위 예문처럼 술어동사가 시동상과 지속상을 나타내는 것과 관련해 주목할 것은 have동사와 더불어 의무 및 필요성을 나타내는 경우이다. to부정사가 조동사 ought와 단단히 결속해 의무를 나타내는 것도 같은 경우로 볼 수 있다.

e.g. 29

She / had *to be got* up to the top of coach.

그녀를 마차 위로 올려놓아야 했다.

It / ought *to be done* at once.

그것은 당장 해야 한다.

관용구를 포함한 일부 구문에서는 to부정사가 전치사의 목적어로 나타나고 있다. 대표적인 예로 for, about, but, except, instead of 등을 들 수 있다. 다음 예문을 보자.

e.g. 30

He / was about *to speak*, when the cock crew.

닭이 울 때 그가 막 말하려 했다.

Nothing / remains but *to go* home.

이제는 집에 가는 도리밖에 없다.

Forbid the sea for *to obey* the moon!

바다가 달에 순종치 못하게 하라!

I / am sorry for *to tell* you.

너에게 말하게 되어 미안하다.

There is / nothing else except *to go* forward.

오직 전진만 있을 뿐이다.

The best / is to tell the truth instead of *to lie*.

최선은 거짓 대신 진실의 토설이다.

동사 중에는 주로 부정사만을 목적어로 취하는 동사로 **want**, **wish**, **hope**, **expect**, **choose**, **decide**, **determine**, **refuse**, **offer**, **pretend**, **manage**, **agree**, **promise** 등을 들 수 있다.

정반대로 **admit**, **consider**, **give up**, **deny**, **finish**, **mind**, **stop**, **quit**, **escape**, **postpone**, **practice**, **enjoy**, **avoid**, **put off** 등은 주로 동명사만을 목적어로 취한다. 다음 예문을 보자.

e.g. 31

He / decided *to leave* school.

그는 학교를 떠나기로 결정했다.

↝ He / decided leaving school.

He / gave up *drinking* for a certain reason.

그는 느끼는 바 있어 술을 끊었다.

↝ He / gave up to drink for a certain reason.

일부 동사는 부정사와 동명사를 모두 취할 수 있으나 뉘앙스의 차이가
난다. 부정사와 동명사는 각각 미래 대 과거, 구체 대 일반의 성질을 갖
는다. 다음 예문을 보자.

e.g. 32

To swim / is better than to run for me.

내겐 수영하는 게 달리는 것보다 낫다.

Swimming / is better than climbing for old man.

노인에겐 수영이 등산보다 낫다.

I / *like* **for you to sing** a song. 네가 노래 한 곡 했으면 한다.

I / *like* **your singing**. 난 네가 노래하는 걸 좋아한다.

I / *stoped* **to smoke** a cigarette. 난 담배 한 대 피기 위해 멈춰 섰다.
I / *stoped* **smoking** cigarettes. 난 담배를 끊었다.

She / *tries* **to write** a book. 그녀는 책을 쓰기 위해 노력한다.
She / *tries* **writing** a book. 그녀는 시험 삼아 책을 쓴다.

He / *went on* **to talk** about the story. 그는 그 얘기를 이어갔다.
He / *went on* **talking** about the story. 그는 그 얘기를 계속했다.

I / *remember* **to post** the letter. 편지 부칠 걸 기억한다.
I / *remember* **posting** the letter. 편지 부친 걸 기억한다.

마지막 예문처럼 **remember, forget, regret, report, acknowledge, recall, admit, announce, anticipate, emphasize, suspect** 등의 동사는 부정사와 동명사가 미래 대 과거로 갈린다. 부정사가 오면 미래에 할 일, 동명사가 오면 과거의 기억을 의미한다.

부정사의 의미상의 주어

부정사가 명사적 용법으로 사용될 때는 동명사처럼 의미상의 주어가 존재한다. 문장의 주어와 동일할 때는 이를 생략한다. 부정사의 의미상의 주어는 동명사가 통상 속격屬格을 취하는 것과 달리 대격對格을 취한다.

주의할 것은 부정사가 의미상의 주어를 가질 경우 문형 5형식에서 O = np구조를 이루고 있는 제5형식이 되는 점이다. 다음 예문을 보자.

e.g. 33

He / *allowed me to go*. 그는 내가 가도록 허락했다.

= He / *allowed so that I might go*.

⋯▸ He / allowed me.

⋯▸ He / allowed to go.

He / *hated me to go*. 그는 내가 가는 걸 싫어했다.

= He / *hated that I went*.

↗ He / hated me.

↗ He / hated to go.

첫 번째 예문에서 him과 to go는 각각 술어동사 allow의 목적어로 기능하고 있다. O = np가 아닌 O = oi + o2의 구조를 이루고 있는 셈이다. 술어동사가 이른바 2중대격을 보유한 4형식에 해당한다.

2중대격으로 기능하는 to부정사를 통상 '보어적 부가어complementary

adjunct'라고 한다. '보어적 부가어' 구문은 2중대격을 취하는 대표적인 동사인 **teach**, **ask**, **nudge**, **charge**, **bid**, **oblige**, **challenge**, **write**, **order**, **allow** 등이 술어동사로 나올 때 나타난다. 다음 예문을 보자.

e.g. 34

I / will teach you *to insult* an honest girl!
순박한 여인을 모욕하면 혼내 주겠다!

She / asked *me to aid her by my counsel*.
그녀는 내게 협조 자문을 부탁했다.

He / nudged *me to say* something.
그는 한마디하라고 내 옆구리를 찔렀다.

I / charged *him to read* it again.
그에게 그 책의 재독을 당부했다.

Wisdom bade *us to conform* to situation.
예지가 우리를 상황에 순응케 했다.

A injury / obliged *him to give up* work.
부상으로 그는 부득이 일을 그만두었다.

I / challenged *him to call* an election.
나는 그에게 선거 실시를 요구했다.

He / wrote *me to come* back soon.
그는 나에게 속히 돌아오라고 편지를 보냈다.

He / ordered *the cripple to be carried* out.

그는 절름발이 축출을 명했다.

This / allowed *me to finalize* my business.

이로 인해 내 업무를 마무리할 수 있었다.

위 예문들과 달리 앞서 나온 두 번째 예문에서는 의미상의 주어 him 이 to go와 단단히 결합해 하나의 절을 형성한 뒤 술어동사 hate의 목적어가 되어 있다. 이는 O = np 구조를 이루고 있는 전형적인 5형식에 해당한다. to부정사가 O = np 구조에서 n의 기능을 수행한 결과이다. **permit, believe, want, prefer, expect, think, proclaim, see, show** 등이 술어동사로 등장할 때 이런 구문이 나타난다. 다음 예문을 보면 이를 쉽게 알 수 있다.

e.g. 35

She / didn't permit *me to go* out.

그녀는 내가 외출하는 걸 허락하지 않았다.

We / believe *money to be* the root of ills.

우리는 돈이 사악함의 뿌리라고 믿는다.

I / dont want *the meeting to run* on.

나는 회의가 길게 가는 걸 원치 않는다.

They / prefer *the nature to be* wild.

사람들은 자연이 원래대로 있기를 원한다.

I / expect *you to respond* right away.

나는 당신이 즉시 회답하기를 기대합니다.

He / thought *it to correspond* to facts.

그는 그게 사실과 일치한다고 생각했다.

His accent / proclaimed *him to be* a Korean.

그의 말투로 그가 한국인임이 밝혀졌다.

We / see *them to be* right in themselves.

우리는 그 자체가 옳다고 생각한다.

The survey / shows *him to be* wrong.

조사결과 그가 틀렸다는 게 드러났다.

위의 예문은 부정사의 의미상의 주어가 전치사 for 뒤의 대격으로 나타나는 구문과 별반 차이가 없다. 그러나 자세히 분석하면 약간 차이가 난다. 다음 예문을 보자.

e.g. 36

It / is bad *for our health to smoke*. 흡연은 우리의 건강에 나쁘다.

It / is easy *for a teacher to do* that. 선생이 그것을 하는 것은 쉽다.

I / waited *for him to say* something.

나는 그가 뭔가 말할 때까지 기다렸다.

There was / too much work *for him to* do.

그가 해야 할 일이 너무 많았다.

첫 번째 예문의 for−는 모습만 의미상의 주어처럼 나타나 있을 뿐 to부정사와 결합돼 있는 게 아닌 까닭에 분리가 가능하다. 두 번째 예문 역시 비록 for−가 to부정사의 의미상의 주어로 기능하고 있으나 분리가 가능하다. 중간에 부사어를 얼마든지 끼워 넣을 수 있는 이유다. 이는 두 예문 모두 for−가 to부정사 문장의 가주어假主語인 it의 진주어眞主語 역할을 수행한 결과이다.

이에 반해 세 번째와 네 번째 예문은 for−가 to부정사의 의미상의 주어가 되어 있을 뿐만 아니라 양자가 단단히 결속돼 있는 까닭에 분리가 불가능하다. 세 번째 예문의 경우는 전치사 for가 to부정사의 의미상의 주어를 이끄는 역할을 수행하는 동시에 술어동사인 wait과 결속해 숙어를 이루고 있는 점에서 네 번째 예문과 차이가 있다. 여기서 for−와 to부정사를 분리할 수 있는 경우와 그럴 수 없는 경우를 비교한 예문을 간략히 살펴보자.

e.g. 37

It / is fatal *for him to underestimate* her.

그녀의 과소평가는 그에게 치명적이다.

It / is essential *for students to read* books.

독서는 학생들에게 기본이다.

It / was a great honour *for me to go* there.

그곳에 가는 것은 나에게 큰 영예이다.

We / waited *for the asparagus to be cooked*.

우리는 아스파라가스가 조리되길 기다렸다.

The stars / are too hot *for us to exist on them*.

별들은 우리가 살기에 너무 뜨겁다.

The first of May / is too early *for me to work*.

5월 1일은 내가 일을 하기에 너무 이르다.

전치사 for에 이끌리는 의미상의 주어를 지닌 to부정사는 for-가 없는 to부정사 용법과 하등 다를 바가 없다. 일반 명사와 마찬가지로 문장 내에서 주어와 보어, 목적어로 두루 사용될 수 있다. 구문이 길 경우는 it를 앞세우기도 한다. 다음 예문을 보자.

e.g. 38

For you to stop here / is a breach of the contract.

네가 이곳에 머무는 것은 계약 위반이다.

It / is uncommon *for him to come home early*.

그가 집에 일찍 오는 것은 드문 일이다.

What is most important / is *for him to marry her*.

중대사는 그가 그녀와 결혼하는 것이다.

The best way / is *for you to resolve to stay*.

최상은 당신이 잔류를 결정하는 것이다.

They / wished *for her to have come* to them.

그들은 그녀가 곁으로 오길 바랐다.

I / fixed *for the marriage to take* place at 11.

나는 결혼식을 11시에 거행하기로 작정했다.

She / planned *for you* not *to know* about it.

그녀는 당신이 모르게 할 계획이었다.

He / esteemed *it* a insult *for her to laugh*.

그는 그녀가 웃는 걸 모욕으로 여겼다.

We / longed *for the three years to be* over.

우리는 3년이 빨리 지나가길 바랐다.

〈 And to say truth, Verona brags *of him*

〈그런데 정말 베로나는 그를 자랑했는데,

to be virtuous and well−govern'd youth!〉

그가 단정하고 점잖은 청년이라고!〉

마지막 예문은 셰익스피어의 『로미오와 줄리엣-Romeo and Juliet』에 나오는 한 대목이다. brag가 of를 취하는 동사이므로 for 대신 of를 취한 것이다. 바로 앞 예문의 술어동사 long 뒤에 나오는 for는 wait for의 for처럼 동사에 걸리는 동시에 to부정사의 의미상의 주어를 이끄는 역할을 한 것이다.

분열부정사

to부정사 용법 가운데 반드시 기억해 두어야 할 것으로 이른바 분열부정사分裂不定詞 split infinitive를 들 수 있다. 이는 to부정사의 to와 뒤따르는 동사의 어간 사이에 부사를 삽입시킨 것을 말한다. 원래 to부정사를 수식할 경우 'not to-'와 'only to-' 등과 같이 부사를 to부정사 바로 앞에 갖다 놓도록 되어 있다. 그러나 부사를 to부정사 바로 앞에 갖다 놓으면 뜻이 애매해지는 경우가 생길 수 있다. 다음 예문이 그 증거이다.

e.g. 39

He / failed **entirely** to comprehend it.
그는 그것을 이해하는 데 완전히 실패했다.   O
He / failed to comprehend it **entirely**.
그는 그것을 이해하는 데 실패했다, 완전히.   ?
He / failed **entirely** to comprehend it.
그는 그것을 완전히 이해하는 데 실패했다.   △
He / failed to **entirely** comprehend it.

그는 그것을 완전히 이해하는 데 실패했다.   O

위의 예문을 통해 분열부정사는 뜻을 명료히 하기 위한 고육책의 일환으로 나온 것임을 알 수 있다. 영어에서 분열부정사 구문은 심심치 않게 볼 수 있다. 다음 예문을 보자.

e.g. 40

I / decided *to practically cut out* smoking.
나는 실제 금연하기로 결심했다.
It / seemed cruel *to so much as think of* it.
그걸 생각하는 것조차 잔인해 보였다.
I / wish the reader *to clearly understand* it.
독자가 그걸 명확히 이해하기 바란다.
You / don't mean to *seriously suggest* that.
진심으로 그걸 제의하는 건 아니겠지.
It is important *to never lose* hope.
희망을 잃지 않는 게 중요하다.

문장을 간명하게 만들기 위해 to부정사의 일부를 생략하는 경우도 있다. and와 or 등에 의해 to부정사가 겹쳐 나올 경우 뒤에 나오는 to부정사의 to를 생략하는 경우가 그렇다. 같은 동사가 앞뒤로 두 번 나올 때에도 뜻에 혼동이 일어나지 않는 한 to만을 붙이는 경우가 있다. 다음 예문을 보자.

e.g. 41

Are you really going *to speak*. I ask you *not*.
정말 말할 작정이오? 제발 하지 마오.
You / had better do it at once; you will have *to*.
빨리 하는 게 좋겠소, 어차피 해야 하니.
I / meant to destroy it, but I was afraid *to*.
그걸 없애고자 했으나 그러기가 두려웠다.
⟨*To be, or not to be*; that is the question!⟩
⟨사느냐 죽느냐, 그게 문제로다!⟩

마지막 예문은 인구에 회자하는 셰익스피어 『햄릿-Hamlet』의 3막 1장에 나오는 햄릿의 독백으로, 통상적인 생략법을 거스른 경우이다. 결단을 내리지 못하는 햄릿의 심경이 to be와 not to be의 대비를 통해 선명히 드러나고 있다. 여기서 생략법을 써 'To be or not'로 할 경우 절묘한 대비의 맛이 사라지는 것은 말할 것도 없다.

주목할 것은 to부정사 용법 가운데 의문대명사 내지 의문부사와 결합해 절의 구실을 하는 경우이다. 이는 매우 빈번히 사용된다. 다음 예문이 그렇다.

e.g. 42

We / couldn't tell *what to make of*.

어찌 해석해야 좋을지 알 수 없었다.

They / didn't know *which way to run*.

그들은 어디로 도주해야 할지 몰랐다.

He / is at his wit's end *what to do*.

그는 어찌할 바를 몰랐다.

I / want your advice as to *whether to go or not*.

거취에 관한 당신의 고견을 기대한다.

You / have had little experience in *how to propose*.

당신은 구혼경험이 없는 듯 보인다.

I / have nowhere else to go to but father's.

부친 곁 외엔 달리 갈 곳이 없다.

〈The King knows at

〈왕이란 알기 마련이니,

what time to promise, when to pay!〉

언제 약속하고 지불할지를!〉

마지막 예문은 셰익스피어의 『헨리 4세-Henry Ⅳ』에 나오는 한 대목이다. 여기의 what은 의문형용사로 사용된 것이다. 이들 예문에 나오는 to 부정사의 의미상의 주어는 대략 문장 내에 숨어 있는 까닭에 문맥을 살펴 찾아내는 수밖에 없다.

to부정사 용법 중에는 언술하는 사람의 감정을 투사해 놀라움, 분노, 불쾌감, 슬픔, 소망, 동경 등을 나타내기도 한다. 이 경우 일종의 감탄문에 해당한다. 다음 예문을 보자.

e.g. 43

Oh, *to be* in England. Now that April's there!
아, 4월인데 지금 영국에 있다면!
O! *to see* this sunlight once before he died!
아, 그가 죽기 전 이 햇빛을 봤다면!
⟨My own flesh and blood *to rebel!*⟩
⟨나의 혈육이 날 배반하다니!⟩

마지막 예문은 셰익스피어의 『베니스의 상인-The Merchant of Venice』에 나오는 한 대목으로 to부정사 용법에 의해 화자의 어처구니없는 심경이 절묘하게 표현돼 있다.

Lesson 7

형동사形動詞 – 형동사와 부정사

형동사로서의 분사

형동사形動詞는 말 그대로 형용사의 역할을 수행하는 동사를 말한다. 영어에서 형동사의 기능을 하는 것은 크게 분사와 부정사 두 가지이다. 영어에 나타나는 형동사의 진면목은 분사에서 찾을 수 있다. 분사는 동명사가 동사와 명사의 기능을 동시에 수행하는 것과 마찬가지로 형용사와 동사의 역할을 동시에 수행하고 있다. 분사는 우리말의 '-하는', '-할', '-했던', '-해졌던' 등과 마찬가지로 시제와 태가 존재한다.

인도유럽어의 조어인 산스크리트어의 분사는 크게 현재분사와 과거수동분사, 과거능동분사, 미래능동분사, 미래수동분사, 완료분사 등으로 나눌 수 있다. 현재분사는 술어동사와 동시에 행해지는 것을 나타냈다. 과거분사는 타동사에서 만들어진 수동형과 자동사에서 만들어진 능동형으로 나뉘었다.

미래분사 역시 능동형과 수동형으로 나뉘었다. 우리말의 '-해야 할'은 능동, '-되어져야 할'은 수동형에 속한다. 타동사에서 만들어지는 수동형은 내용상 당위와 의무를 나타내는 까닭에 당위분사當爲分詞 또는 의무분사義務分詞로 불린다. 완료분사는 어떤 사실이 종료되었음을 뜻했다.

이밖에도 산스크리트어에는 절대분사絶對分詞가 존재했다. 이는 같은 행위자가 행한 두 개 이상의 행위 가운데 선행하는 행위를 지칭한 것으로 우리말의 '-한 후' 내지 '-하고 나서'에 해당한다. 영어의 분사구문은 절대분사의 유산으로 볼 수 있다. 고대 그리스어와 라틴어의 분사도 미래분사에 능동과 수동이 존재하는 등 그 성격 및 기능 면에서 산스크리트어와 같다. 현재 영어에는 크게 현재분사, 과거분사, 완료분사 등 3가지 종류만 남아 있다.

e.g. 1

구분	능동형	수동형
현재형	writing	being written
과거형		written
완료형	having written	having been written

영어에는 미래형이 없다. 그러나 뿌리를 같이 하는 독어에는 미래분사가 존재한다. 독어는 영어의 전치사 to에 해당하는 전치사 zu 뒤에 타동사의 현재분사 어미에 d를 덧붙이는 방식으로 미래분사를 적극 활용하

고 있다. 우리말의 '-될 수 있는' 내지 '-될 만한'의 의미를 지니고 있다. 다음 예문을 보자.

e.g. 2

Das / ist eine leicht **zu lösende** Frage.
그건 쉽게 풀 수 있는 문제다.
This / is a question **to be solved** easily.

Ich / habe einige **zu schreibenden** Briefe.
난 써야 할 서신이 좀 있습니다.
I / have few letters **to write**.

위 예문을 통해 영어에서는 부정사가 미래분사의 역할을 대신하고 있음을 알 수 있다. 굴절어미를 거의 상실한 영어의 입장에서 볼 때 굳이 미래분사를 두어야 할 이유가 없는 셈이다.

현재 영어에서 가장 널리 쓰이는 분사형태는 현재분사와 과거분사이다. 현재분사 및 과거분사에서 말하는 현재와 과거는 단독으로 일정한 시간관계를 나타낸 게 아니라 술어동사가 제시하는 시간관계 속의 상대적인 시간개념이라는 점을 잊어서는 안 된다. 이로 인한 혼란을 막기 위해 예스페르센은 현재분사와 과거분사를 제1분사와 제2분사로 부를 것을 제창하고 나섰으나 별다른 호응을 얻지 못하고 있다.

영어에서 분사와 동명사가 외형상 뚜렷이 구별되는 것은 과거수동형 밖에 없다. 과거수동형은 예외 없이 과거분사로 표시되는 까닭에 과거능동형은 존재하지 않는다. 동명사를 살펴볼 때 이미 검토한 바와 같이 현재분사는 외형상 동명사와 구분이 되지 않는다. 문맥의 전후관계를 살펴 분사인지, 아니면 동명사인지 여부를 식별할 수밖에 없다.

e.g. 3

I / have no objection to **a rogue being hung**.
악한을 사형하는 것에 반대하지 않는다.
I / caught a glimpse of **you looking** *on again*.
나는 몇 번이고 들여다보는 당신을 봤다.
I / saw **a man walking** like a vampire.
나는 흡혈귀처럼 걷는 한 남자를 봤다.

문장구조 상 첫 번째 예문은 동명사, 두 번째 예문은 현재분사이다. 세 번째 예문 역시 현재분사이나 그 해석은 두 가지이다. 위 예문의 해석처럼 walking 이하의 어구를 a man을 꾸며주는 수식어로 간주할 수도 있고, 5형식의 O = np 구조로 파악해 "나는 한 남자가 흡혈귀처럼 걷고 있는 것을 봤다."로 풀이할 수도 있다. 문맥을 좇아 해석하는 수밖에 없다.
형동사의 대표 격에 해당하는 분사는 형용사가 그런 것처럼 be동사와 결합해 술어로 기능한다. 분사가 형용사의 색채를 가장 두드러지게 나타내는 경우이다. 다음 예문을 보자.

e.g. 4

His face / was much *lined*.

그의 얼굴에 주름이 많았다.

It / never was *becoming* to her to look pale.

창백한 안색은 그녀에게 어울리지 않았다.

He / was positively *insulting* to her.

그는 그녀에게 매우 모욕적이었다.

I / suppose him to be worse *read* than you.

나는 그가 너보다 덜 독서했다고 생각한다.

She / must also be *interesting* to me.

그녀 또한 나에게 흥미 대상이 될 것이다.

He / is *deserving* of our best respect.

그는 우리의 절대적인 존경을 받을 만하다.

The raven / is seldom *sparing* of her voice.

까마귀는 목소리를 내는 데 인색하지 않다.

Her clothes / were very *worn*.

그녀의 옷이 크게 닳아 있었다.

I / was much *troubled* at that time.

당시 나는 매우 곤혹스런 처지였다.

He / may be more gentle *spoken* than you.

그는 당신보다 말을 부드럽게 할지 모른다.

통상 분사는 형용사의 기능을 대신하는 까닭에 수식하는 명사 뒤에 오
는 것이 원칙이나 동사의 성격이 강하게 드러날 경우 명사 뒤에 위치하
는 경우가 종종 있다. 이를 통상 현재분사의 후치後置 post-position이라고
한다. 일부 형용사가 수식하는 명사 뒤에 오는 것과 같은 이치이다. 다음
예문을 보자.

e.g. 5

He / was a gentleman, *not knowing much of the world*.

그는 세상물정에 어두운 신사였다.

Anyone *hearing it* / gets a feeling of power.

그것을 듣는 사람은 누구나 강한 힘을 느낀다.

Someone *whistling in the street* / disturbed me.

거리에서 휘파람 부는 사람 때문에 방해받았다.

분사의 형용사로서의 역할 가운데 가장 대표적인 것이 명사를 수식하
는 역할이다. 여기서 주의할 것은 현재분사는 −ing 형을 취하는 까닭에
언제나 능동의 뜻을 지니고 있으나 과거분사의 경우는 상황에 따라 능동
또는 수동의 뜻을 나타내는 것이다. 대개 자동사의 과거분사는 능동, 타

동사의 과거분사는 수동의 뜻을 나타낸다. 먼저 능동의 뜻을 갖는 자동사의 현재분사와 과거분사의 경우부터 살펴보자.

e.g. 6

현재분사형

He / is the *shining symbol* of salvation.

그는 구원의 빛나는 상징이다.

He / can't eat because of the *disturbing ideas*.

그는 불안한 생각에 식사도 못한다.

East / has a *centralizing tendency* than West.

동양이 서양보다 중앙화 경향이 강하다.

They / prepared for the *impending collapse*.

그들은 다가온 붕괴에 대비했다.

The actions of *visiting adults* / are juvenile.

찾아온 어른들은 청소년처럼 행동한다.

He / was deluded by an *ear-catching word*.

그는 귀가 솔깃한 말에 혹했다.

과거분사형

The *traveled ladies* / showed the way.

많이 여행한 부인들이 길안내를 했다.

I / followed the wishes of a *deceased person*.

나는 고인의 유지를 좇았다.

The *abdicated monarch* / is often miserable.

퇴위한 군주는 흔히 불쌍하다.

A *deserted soldier* / was abased by an officer.

탈영병은 장교에 의해 강등됐다.

He / is a *well-breakfasted journeyman*.

그는 아침식사를 든든히 한 날품팔이다.

The *risen sun* / is bound to sink down.

떠오른 태양은 이내 지기 마련이다.

He / is a *retired sea-captain*.

그는 퇴역 선장이다.

I / have a *distinguished guest* staying today.

오늘 내 집에 저명인사가 묵을 것이다.

My *returned lover* is the jewel in my crown.

나의 돌아온 연인은 눈부신 인물이다.

The *fallen leaves* / crunch under foot.

가랑잎이 발에 밟혀 바삭거린다.

The *escaped prisoner* / is still at large.

탈옥수는 아직도 붙잡히지 않았다.

위 예문을 통해 알 수 있듯이 자동사의 경우는 현재분사는 말할 것도 없고 과거분사 형태를 취할지라도 능동의 뜻을 지니고 있다.

이에 반해 다음 예문처럼 타동사의 과거분사는 거의 예외 없이 수동의
뜻을 지니고 있다.

e.g. 7

I / will show you the *paid bill*.

너에게 지불이 끝난 청구서를 보여줄게.

The *despised scoundrel* / has no place to go.

멸시받는 악당은 갈 곳이 없다.

He / tried to soothe the *frightened visitor*.

그는 놀란 방문객을 달래보려고 했다.

The *conquered town* / was shrouded in mist.

정복된 마을은 안개에 싸여 있었다.

I / looked down at a *captured enemy soldier*.

나는 붙잡힌 적병을 내려다보았다.

The *rejected article* / was returned unopened.

거부당한 기사는 미개봉인 채 반송됐다.

My uncle / raced his *acquired wealth* away.

삼촌은 쌓아놓은 재산을 경마로 날렸다.

The account of the *lost battle* / is very vivid.

패전에 대한 묘사가 매우 생생하다.

That *spoilt child* / doesn't obey his parents.

저 버릇없는 애는 부모에게 불복한다.

The *wounded soldier* / staggered and fell down.

그 부상병은 비틀거리다 넘어졌다.

She / is under observation by *a trained nurse*.

그녀는 숙련된 간호사의 간호를 받는다.

My *admired friend* / is fast off the mark.

나의 존경받는 친구는 머리가 빨리 돈다.

It / has the *collected works* of Shakespeare.

저기에 셰익스피어의 수집된 작품이 있다.

He / grew to be a *respected gentleman*.

그는 자라서 존경받는 신사가 됐다.

The *hoped-for improvement* / never came.

기대되던 진보는 결코 오지 않았다.

그러나 아주 드물게 타동사의 과거분사일지라도 능동의 뜻을 지닌 경우가 있다. 이는 문맥에 따른 것이다. 다음 예문이 그 증거이다.

e.g. 8

The *well-guarded information* / is withheld.

잘 지켜지는 정보는 공표되지 않는다.

We / stopped for a well-earned rest.

우리는 당연히 누릴 휴식을 위해 일을 멈췄다.

첫 번째 예문은 분사가 수동의 뜻을 지니고 있으나 두 번째 예문은 충분히 받을 만한 자격이 있다는 능동의 뜻을 지니고 있다. '자업자득'을 뜻하는 a well-earned punishment의 경우는 우리말에서 피동의 뜻이나 영어에서는 능동의 뜻이다. 현재분사는 동명사와 그 형태가 똑같은 까닭에 5형식에서 동명사의 의미상의 주어가 대격을 취할 경우 이를 구별하기가 쉽지 않다. 다음 예문을 보자.

e.g. 9

I / spent the whole day *drinking*.

나는 술을 마시며 하루를 소비했다.

⋯▸ I / spent the whole day.

⋯▸ I / **drank**.

I / heard the whole people *singing*.

나는 전원이 노래하는 걸 들었다.

⋯▸ I / heard the whole people.

↝▸ I / **sang**.

첫 번째 예문은 분사가 S + O를 모두 수식하는 이른바 술어부가어로 사용된 경우이다. 이에 반해 둘째 예문은 분사가 O = np의 p 역할을 하는 경우이다. 문형 5형식에 말하는 제5형식의 전형에 해당한다.

이처럼 분사가 O = np의 p 역할을 떠맡는 대표적인 술어동사로 **see**, **feel**, **perceive**, **find**, **look at**, **watch**, **hear**, **remember**, **imagine**, **understand** 등의 지각동사知覺動詞를 들 수 있다. 다음 예문을 보자.

e.g. 10

I / have seen *him looking* like that before.

나는 그가 그런 표정을 짓는 걸 본 바 있다.

We / couldn't see *the matter settled*.

우린 일이 처리되는 걸 볼 수 없었다.

I / can't understand *it printing* such rot.

나는 그런 기사를 왜 싣는지 이해할 수 없다.

He / noticed *a man mowing* a grass.

그는 한 사내가 풀을 베는 것을 보았다.

I / don't mind *him calling* me a fool.

그가 나를 바보라고 불러도 개의치 않는다.

He / found him*self noting* her.

그는 자신이 그녀를 주시하는 걸 깨달았다.

I / won't have *you saying* things like that.

나는 네가 그리 말을 하도록 방치할 수 없다.

He / found her *preferred* before him.

그는 그녀가 더 총애 받는 걸 알게 됐다.

I / felt *them pressing* me forward.

그들이 나를 앞으로 밀어내는 느낌이었다.

I / remember *him saying* that it was ticklish.

그가 낮간지러운 일이라고 말한 걸 기억한다.

He / looked at *her lurching* on her high heels.

그는 그녀가 하이힐 신고 비틀거리는 걸 봤다.

I / imagine *her coming and stabbing* me.

나는 그녀가 다가와 찌르는 걸 상상한다.

Nobody / perceived *me entering* the room.

아무도 내가 입실하는 걸 알아채지 못했다.

have의 사역동사使役動詞는 통상 원형부정사를 취하나 분사를 취하는
경우도 매우 많다. 과거분사를 취할 경우 정반대로 피동被動의 뜻이 된
다.

e.g. 11

I / won't have *you saying* things like that.

당신이 그리 말하도록 놓아두지 않겠다.

I / have had *my bag lifted* by a thief.

나는 도둑에게 가방을 들치기 당했다.

wish, hope, expect, long for 등의 원망동사願望動詞 중에서 want동사는 특이하게도 분사를 취할 수 있다. 다음 예문을 보자.

e.g. 12

    I / don't want *him making* any more enquires.

    그가 더 이상 수소문하는 걸 원히지 않는다.

= I / wish that *he* wouldn't *make* any more enquires.

    그가 더 이상 수소문하지 않길 원한다.

= I / expect that *he* will not *make* any more enquires.

= I / hope that *he* does not *make* any more enquires.

= I / long for *him* not to *make* any more enquires.

형동사로서의 부정사

to부정사는 앞서 살펴본 바와 같이 동명사와 함께 명사의 역할을 수행하는가 하면 분사와 더불어 형동사의 역할도 수행한다. to부정사가 분사와 더불어 형동사의 한 축을 맡고 있는 데 따른 당연한 결과이다. 통상 이를 'to부정사의 형용사적 용법'이라고 한다. 다음 예문을 보자.

e.g. 13

Now / is the time *to rise from the darkness*.

이제는 어둠에서 일어날 때이다.

I / saw anything *to beat it*.

그것을 당해낼 만한 것을 본 적이 없다.

I / looked on it as something *to be spent*.

그는 그것을 지출용으로 생각했다.

to부정사가 명사를 수식할 때 수동의 뜻을 지닌 경우가 있다. 영어에는 이런 구문이 매우 많다. 수식을 받는 명사가 사람이 아닌 사물일 때 이런 현상이 생긴다. 다음 예문이 그 증거이다.

e.g. 14

There is / no more *to say*? 더 할 말이 없소?

What have we *to lose*? 우리가 잃을 게 뭔가?

It / was only a thing *to feel*. 그것은 느껴져야만 할 일이다.

There is / often the devil *to pay*. 뒷일이 걱정되는 경우가 많다.

Much / has been given men *to enjoy*. 인간은 즐기라고 받은 게 많다.

She / gave him her lips *to kiss*.

그녀는 키스 받으려고 입술을 내밀었다.

He / is picking fruit *to send* to market.

그는 시장에 보내질 과일을 따고 있다.

Her opinion / is not one *to neglect*.

그녀의 의견은 무시될 만한 게 아니다.

War / isn't anything *to admire* in itself.

전쟁은 그 자체로 칭송받을 게 아니다.

He / has nothing of that sort *to endure*.

그가 그런 일을 감당할 이유가 없다.

His drinking / left her with little *to eat*.

술값지출로 그녀는 끼니걱정을 했다.

I / have time *to more than glance* at it.

대략 살펴볼 정도의 시간은 있다.

There was / no need *for father to know*.

부친이 알 필요는 없었다.

I / gave permission *for the infant to go*.

어린애가 가도 좋다는 허락을 내렸다.

⟨But with an angry waftuer of your hand,

⟨그러나 거칠게 손짓을 하여,

gave sign *for me to leave you!*⟩

내가 당신 곁을 떠나라는 신호를 보내니!⟩

마지막 예문은 셰익스피어의 『줄리어스 시저』에 나오는 대목이다. 위 예문들은 모두 to부정사가 의미상의 주어를 가진 경우와 그렇지 않은 경우를 막론하고 명사를 꾸며주는 형용사의 역할을 한 경우이다. 형동사에서 부정사가 분사 못지않게 중요한 역할을 수행하고 있음을 보여주는 사례이다. 그러나 부정사의 형동사 기능은 앞에 나오는 명사를 수식하는 한정적인 용법에 그치고 있어 명동사 역할에 비해 상대적으로 매우 협소하다고 할 수 있다.

부동사副動詞 – 부동사와 분사

동사와 부사

부사는 동사와 형용사, 부사를 수식하는 종속어從屬語 subjunct로 기능한
다. 이를 단순부사單純副詞라고 한다. 단순부사는 형용사를 수식할 때 형
용사 앞에 오나 enough 또는 within, without 등이 부사로 쓰일 때는 형
용사 뒤에 온다. 다음 예문을 보자.

e.g. 1

His artwork / is not *good* **enough** to sell.
그의 미술작품은 팔 수준은 못 된다.
Each cell / was quite *bare* **within**.
감방은 안에 아무것도 없는 상태였다.

The temple / was quite *desolate* **without**.

그 절은 밖에 인적이 끊긴 적막상태였다.

부사는 경우에 따라 문장 전체를 수식하기도 한다. 이를 문장수식부사

文章修飾副詞—sentence modifying adverb라고 한다. 다음 예문이 그 증거이다.

e.g. 2

Fortunately, a business / washes its face.

다행히 사업이 그럭저럭 되어 간다.

Obviously, diet and exercise / are important.

확실히 식습관과 운동이 중요하다.

Ultimately, a poor diet will lead to illness.

결국 악식惡食은 질병을 낳는다.

Actually, Our turnover / increased last year.

실제로 작년에 총매출이 늘었다.

Suddenly, I realized what I had to do.

문득 난 뭘 해야 할지를 깨달았다.

True enough, robots / don't rebel.

정말이지 로봇은 반란과 상관없다.

At last, he / sagged flabbily to his knees.

결국 그는 축 늘어져 무릎을 꿇었다.

현대 영어는 품사의 기능전환이 빈번한 까닭에 수식기능 이외에도 다양한 기능을 수행한다. 'He is away.' 또는 'She is well.'의 경우처럼 보어기능을 수행하기도 한다. 때로 부사는 명사, 형용사, 동사, 접속사 등으로 쓰이기도 한다.

e.g. 3

I / have had **ups** and **downs** in my life.
난 인생에서 부침을 경험했다.
The **very** sight / turns my stomach.
보기만 해도 속이 느글거린다.
We / **neared** the top of the hill.
우린 정상 가까이 다가갔다.
She smiled, **so** I / knew she was kidding.
그녀의 미소로 농담임을 알아챘다.

부사가 문장수식부사로 쓰일 경우 통상 문두에 위치한다. 문장수식부사가 아닐지라도 특별히 부사를 강조하고자 할 경우 문두에 올 수도 있다. 이 경우 통상 도치법이 이뤄진다. 다음 예문을 보자.

e.g. 4

Here *must I begin* another letter.

여기서 나는 딴 편지 한 장을 써야만 하겠다.

Then *is doomsday* near.

그래서 파멸의 날이 가까이 오고 있다.

Well *might we* be glad.

우린 응당 기뻐해야 할 것이다.

정반대로 문미에 올 때는 부가적인 생각을 표현한 것이다. 문중에 올 때 부사의 위치는 주어와 동사, 본동사와 조동사, 본동사와 목적어 사이 등 크게 3가지가 있다. 먼저 주어와 동사 사이에 오는 경우를 보자.

e.g. 5

I / **simply** *can't believe* the fact.

난 그 사실을 도저히 믿을 수 없다.

I / **simply** *longed* for the warmth of it.

나는 진정 그 따스함을 동경할 뿐이다.

I / **quite** *hoped* we should be friends.

우리가 친구가 되길 간절히 바랐다.

He / **just** *stared* up at the ceiling.

그는 그저 천정만 바라보고 있었다.

He / **rather** *shrieked* than said.

그는 말 한다기보다 고함을 질렀다.

She / **wisely** *keeps* her views to herself.

그녀는 현명해 생각을 심중에 감춘다.

He / **never** *breathed* a word to me.

그는 내게 일언반구도 하지 않았다.

His Excellency / **graciously** *spared* him.

각하는 너그럽게도 그를 구해주셨다.

본동사가 조동사와 결합해 동사구動詞句를 이룰 때 부사는 통상 본동사와 조동사 사이에 온다. 이는 문장의 핵심에 해당하는 본동사 곁에 부사를 두고자 하는 심리에서 비롯된 것이다. 그러나 본동사와 조동사를 하나의 덩어리로 보거나 조동사를 강조하는 경우는 부사를 동사구 앞에 두기도 한다. 부사는 통상 동사와 목적어 또는 동사와 서술어 사이에 오나 동사 앞에 오는 수도 있다. 다음 예문을 보자.

e.g. 6

Plan / *must* **first** *be made* in the mind.

계획은 먼저 머리 안에서 시도돼야 한다.

You / *have* **never** *been* a lodger.

당신은 결코 기숙하는 사람이 아니다.

I / *am* not a favorite child. I **never** *have been*.

난 귀염 받을 애도 아니고 그런 적도 없다.

One / can *say* **only** *that* he was lucky.

우린 그의 행운을 말할 수 있을 뿐이다.

It / *was* **always** *outrageous* and always will be.

그건 늘 맹랑했고, 향후도 그럴 것이다.

부사가 문미 또는 문중에 삽입구의 형식으로 들어가는 경우가 있다. 문득 생각이 나서 덧붙이는 이른바 가상加想 afterthought의 경우이다.

e.g. 7

This time, **astonishingly**, Father said little.

이번엔 놀랍게도 부친의 말씀이 별로 없었다.

What, **then**, can be expected from the future?

그럼 대체 미래에 뭘 기대할 수 있는가?

She / sat up in bed and looked at him, **coldly**.

그녀는 침대에 앉아 그를 차갑게 바라봤다.

Love of man / is a rare phenomenon **too**.

인간애조차 보기 드문 현상이 되고 있다.

'가상加想'은 언설하는 사람의 추가적인 생각을 나타내는 까닭에 사용되지 않을 경우와 비교할 경우 적잖은 뉘앙스의 차이를 보여주고 있다.

영어에서 통상 동사를 수식하는 부사가 잇달아 나올 때는 장소, 양태, 시간의 순서로 나열하는 것이 보통이다. 다음 예문을 보자.

e.g. 8

He / came **here** *very tired yesterday*.
그는 어제 지친 모습으로 이곳에 왔다.
She / walked **right** *thorough the barn*.
그녀는 곧바로 창고로 걸어 들어갔다.
I / understood it **only** *too well*.
난 그것을 너무 잘 알고 있었다.
My husband / came **home** *blotto again*.
남편은 또 고주망태가 돼 귀가했다.

전치사 가운데 **in**, **on**, **up**, **after** 등은 부사로도 쓰인다. 문장 내 위치에 따라 전치사 또는 부사인지 확인할 수밖에 없다.

e.g. 9

The pain / abated **after** 2 days. 이틀 후 통증이 가셨다.
She / arrived 2 days **after**. 그녀는 이틀 후 도착했다.

I / have not eaten **since** breakfast. 난 조찬 후 아무것도 안 먹었다.

I / has not seen her **since**. 난 이후 그녀를 보지 못했다.

Notwithstanding the problem, I won.

그 문제에도 불구하고 난 이겼다.

Notwithstanding, the problem is acute.

그렇더라도 그 문제는 급박하다.

부동사로서의 부정사

부동사副動詞는 말 그대로 부사의 역할을 하는 동사를 말한다. 영어에서는 부정사와 분사가 부동사의 역할을 수행한다. 부정사 가운데 부동사의 역할을 수행하는 것은 to부정사뿐이다. 일부 형용사와 결합해 부사적으로 쓰이는 게 대표적인 경우이다. 이때는 사람의 감정, 일정한 이유, 상황 등을 나타낸다. 전후 문맥에 따라 그 뜻을 파악해야만 한다. 다음예문을 보자.

e.g. 10

The girls / are *dying to see* you.

소녀들이 당신을 보려고 난리다.

They / were *desirous to erect* a republic.

그들은 공화국 창립을 열망했다.

I / was *curious to observe* it.

나는 호기심으로 그것을 관찰했다.

He / is mad *keen to go* out.

그는 외출하고 싶어 심히 안달이다.

I / was *afraid to think* of it.

나는 그것을 생각하기가 두려웠다.

He / was *proud to call* himself a gentleman.

그는 신사로 불리는 게 자랑스러웠다.

She / is not *unworthy to take* her place.

그녀는 자리를 차지할 능력이 있다.

You / are *old* enough *to be* my heir.

너는 나의 후사가 될 만큼 컸다.

He / knew *better than to struggle*.

그는 영리해 더 싸우지 않았다.

She / is *scared to go* out alone at night.

그녀는 단독의 야간외출을 무서워한다.

Loneliness / is *hard to bear*.

외로움은 버티기 힘든 법이다.

〈Alack, what heinous sin it is in me 〈아, 얼마나 흉측한 일인가,

to be *asham'd to be* my father's child!〉

아버지 자식임을 부끄러워하다니!〉

마지막 예문은 셰익스피어의 『베니스의 상인』에 나오는 한 대목이다. 이 예문에서 to부정사가 과거분사 ashamed와 결합해 화자의 심경을 가감 없이 전하는 역할을 하고 있다. to부정사의 부동사 역할이 선명히 드러나는 대목이다.

여기서 주의할 점은 이들 to부정사와 단단히 결합해 있는 형용사를 명사형으로 변환시킬지라도 그 뜻에는 별반 차이가 없다는 점이다. 다음 예문이 그 증거이다.

e.g. 11

I / was *astonished* **to see** what I had not seen before.

= What was my *astonishment to see* what I had not seen before.
나는 이전에 전혀 보지 못한 광경을 보고는 크게 놀랐다.

One / should be very *brutal* **not to feel** for the distress they are in.

= One / should be *a brute not to feel* for the distress they are in.
그들이 처해 있는 곤경에 대해 동정심을 갖지 않는 것은 잔인한 일이다.

to부정사가 술어동사와 직접 연결돼 부사적 용법으로 사용될 경우 그 내용은 크게 목적, 원인, 결과 등 3가지로 나눌 수 있다. 이는 to부정사의

부사적 용법이 화자의 심리상태를 반영한 결과이다. 목적, 원인, 결과의
경우를 차례로 예시하면 다음과 같다.

e.g. 12

목적

I / come **to bury** Caesar, not *to praise* him.

난 시저를 묻으러 왔지 기리러 온 게 아니다.

An messenger / came on purpose **to bring** it.

그것을 가져가려고 사자가 왔다.

I / did my best **to help** him stay awake.

난 그가 깨어있도록 최선을 다했다.

Women / are made **to be loved**.

여인은 사랑 받기 위해 태어나는 법이다.

원인

You / have been cruel to me **to go** away.

내 곁을 떠나다니 넌 내게 잔인했다.

I / am wrong **to let** her go.

그녀를 가도록 하다니 나의 잘못이다.

I / am very glad **to see** you here.

당신을 여기서 보다니 나는 매우 기쁘다.

She / would be a fool **to accept** it.

그걸 수용하면 그녀는 바보일 것이다.

결과

He / lived **to be** 100.

그는 100세까지 살았다.

I / opened my eyes **to find** that she left.

눈을 떠보니 그녀는 떠난 뒤였다.

He / had lost money and stood **to lose** more.

그는 돈을 잃고도 더 많이 잃을 참이었다.

I / came home **to find** him dead.

나는 집에 와서 그가 죽어 있는 걸 알았다.

to부정사의 부사적 용법으로 문두와 문중, 문미에 끼어들어가 문장의 일부 또는 전부를 수식하는 경우를 들 수 있다. 이를 이른바 분리부가어分離付加語 free adjunct라고 한다. 언술하는 사람이 문득 생각이 나서 끼워 넣은 모습을 하고 있는 까닭에 일부에서는 '화자의 삽입구speaker's parenthesis'로 부르기도 한다. 다음 예문을 보자.

e.g. 13

To bring the story short, we / agreed to go.

요약컨대 우리는 가기로 합의했다.

This, *to be sure*, / is a handy apparatus.

확신컨대 이는 편리한 기계다.

They / were shocked, *to say* the least.

줄잡아 말해도 그들은 충격을 받았다.

To *give him his due*, he / is clever fellow.

공평히 말해 그는 현명한 친구다.

There was, *to speak strictly*, no English history.

엄밀히 말해 영국역사는 없었다.

to부정사가 의미상의 주어를 동반해 부사적 기능을 수행하는 경우도 있다. 이는 분리부가어로 사용된 위의 to부정사 구문이 확장된 경우로 볼 수 있다. 이를 이른바 절대주격구문絶對主格構文-absolute nominative construction이라고 한다.

이때 주절 안에 있는 주어와 to부정사의 의미상의 주어가 다른 까닭에 to부정사 앞의 주어를 이른바 '절대주격'이라고 한다. 만일 주절의 주어와 to부정사의 의미상의 주어 즉 절대주격이 동일할 때에는 이를 생략한다. 이 경우 분리부가어로 사용된 위의 to부정사 구문과 같게 된다. 다음 예문을 보자.

e.g. 14

As I had directed in my will, one half of the produce being to himself,

내가 유서에서 지시한대로 생산품의 절반은 그가 갖고,

and **the other to be ship'd to** England.

나머지는 영국으로 수송하게 되어 있었다.

We divided it; **he to speak** to the Spaniards, and **I** to the English.

우리는 일을 분담해, 그는 스페인인에게, 나는 영국인에게 말하기로 했다.

두 예문 모두 다니엘 디포의 『로빈슨 크루소-Robinson Crusoe』에 나오는 대목이다. 첫 번째 예문에서 'one half-' 구절은 분사구문에 의한 절대주격 구문이고, 뒷부분의 'the other-' 구절은 to부정사에 의한 절대주격 구문이다. 두 번째 예문에서 'he to speak-' 구절과 'I to-' 구절은 모두 to 부정사에 의한 절대주격 구문이다. 뒤의 'I to the English' 구절은 말할 것도 없이 'I to speak to the English'를 줄인 것이다.

부동사로서의 분사

분사는 부정사와 마찬가지로 형동사로 사용될 뿐만 아니라 부동사로도 사용된다. 이를 분사의 '부사적 기능adverbial function'이라고 한다. 이 경우 분사는 부사의 성격을 띤 '술어부가어predict adjunct'가 되어 술어동사를 직접 수식하거나 술어동사와 목적어를 한꺼번에 수식하기도 한다. 다음 예문을 보자.

e.g. 15

They / went *sailing*. 그들은 배를 타러 갔다.
she / sat *smiling*. 그녀는 미소 띤 표정으로 앉아 있었다.

He / set her *drinking*. 그가 그녀에게 술을 마시게 했다.
= He / set her *to drinking*.
He / spent the whole day *drinking*.
그는 술을 마시며 하루 종일 보냈다.
= He / spent the whole day *in drinking*.

첫 번째와 두 번째 예문은 분사가 술어동사에만 걸려 있는 까닭에 특별히 문제될 게 없다. 그러나 세 번째와 네 번째 예문은 분사가 술어동사와 목적어에 동시에 걸리고 있다. 이들 분사는 전치사를 개입시켜 동명사로 전환시킬 수 있다. 분사가 동명사의 성격을 내재한 데 따른 결과다. 일부 학자는 분사가 술어동사와 목적어를 동시에 수식하고 있는 세 번째와 네 번째 예문을 두고 아예 전치사가 생략된 구문으로 간주하고 있다.

분사가 부사적인 힘을 가지는 술어부가어로 쓰일 때는 술어동사를 직접 수식하거나, 술어동사와 목적어를 다 함께 수식하거나 한다. 대략 문장형식으로 구분하면 된다.

e.g. 16

Why on earth didn't you / send him *packing*?

당신은 왜 그가 짐을 싸 나가게 하지 않소?

The cold / had not sent love *flying*.

추위도 사랑을 무산시킬 수는 없었다.

She / wore herself out *entertaining* people.

사람들을 환대하느라 그녀는 기진맥진이었다.

She / burst out *laughing*.

그녀는 홍소哄笑를 터뜨렸다.

I / am wasting my breath *talking*.

나는 말을 하느라 숨이 찰 지경이다.

They / are much better off *staying* out.

그들은 밖에 머무는 게 훨씬 나을 것이다.

He / broke his neck out *hunting*.

그는 사냥을 하다 목을 다쳤다.

분사구문分詞構文 participial construction은 분사의 부동사 역할이 가장 뚜렷하게 드러나는 대목이다. 의미상의 주어를 동반한 to부정사 역시 분사구문과 유사한 절대주격 구문을 형성한다. 분사구문의 가장 큰 특징은 분사절分詞節 particle clause을 형성해 주절의 일부 내지 전체를 수식하는 데 있다. 그 유형은 크게 3가지이다.

첫째, 분사절 안에 등장하는 분사의 의미상의 주어와 주절의 주어가 동일한 경우이다. 이 경우는 분사의 의미상의 주어가 무엇인지 알 수 있으므로 분사의 의미상의 주어를 생략한다.

둘째, 분사의 의미상의 주어와 주절의 주어가 다른 경우이다. 이때는 오해를 막기 위해 분사의 의미상의 주어를 반드시 드러내야만 한다. 이를 통상 절대주격구문絶對主格構文 absolute nominative construction이라고 한다. 여기의 절대는 문법상 주어를 가질 수 없는 분사가 의미상의 주어를 갖게 되었음을 표시한 것으로 '편의상' 내지 '특별한'의 의미를 지니고 있다.

셋째, 분사절 안에 등장하는 분사의 의미상의 주어를 구체적으로 파악하기 어려운 경우이다. 특정한 인물을 지칭하지 않고 통상 광범위한 언급을 할 때 등장한다. 분사구문을 분석할 때 이상 3가지 가운데 어디에 속하는지부터 먼저 파악할 필요가 있다.

분사구문 가운데 가장 많이 등장하는 첫 번째 경우처럼 분사절 내에 분사가 등장하는 경우가 있는가 하면, 분사 또는 분사절의 일부가 생략되는 경우도 있다. 첫 번째 경우의 분사구문이 대개 생략구문省略構文 elliptical construction으로 등장하는 이유다. 다음 예문을 보자.

e.g. 17

Being a philosopher, he / knew that it is wrong.

그는 철학자였기에 그게 잘못임을 알았다.

Looking back now, it / is hard to give her up.

회고컨대 그녀를 포기한 건 어려운 일이었다.

Standing at the window, I / watched her going.

창가에 기대어 그녀가 가는 걸 보았다.

Concealing myself, I / began to watch the hut.

은신한 채 오두막집을 살피기 시작했다.

Seeing aright, science / is more than the progress.

정확히 보면 과학은 진보 이상이다.

Hurrying there, I / found him sleeping in a bed.

그리 달려갔더니 그는 침대에서 자고 있었다.

Having decided to speak, I / will tell you all.

말하기로 한 이상 모든 걸 털어놓겠다.

Having left her at home, he / went out alone.

그는 그녀를 집에 둔 채 홀로 외출했다.

Provided with your help, he / will succeed.

당신이 도와주면 그는 성공할 것이다.

I / sent back him, not *wanting* him to go mad.

그가 발광하는 걸 원치 않아 돌려보냈다.

I / went there, *looking* and *feeling* a fool.

바보 같은 모습과 느낌으로 그곳에 갔다.

He sat on the bed, *looking* down at the child.

그는 애를 내려다보며 침대에 앉아 있었다.

His mom, *knowing* him, pleaded with him to go.

그의 엄마는 그를 알기에 가라고 타일렀다.

〈Now *alone*, and *out* of sight of land,

〈홀로 육지가 보이지 않는 해상에서,

he / was fast to the biggest fish!〉

그는 가장 큰 물고기를 붙잡고 있었지!〉

마지막 예문은 헤밍웨이의 『노인과 바다—The Old Man and the Sea』에 나오는 대목이다. 여기서 'alone'과 'out of—' 구절은 'having been'이 생략된 것이다. 헤밍웨이는 분사구문의 과감한 생략법을 통해 노인이 먼 해상에 홀로 있는 정경을 간명하면서도 실감나게 그려냈다.

분사절은 주로 시간, 이유, 조건, 결과, 주변상황 등을 묘사할 때 자주 등장한다. 의미상의 주어를 동반하는 절대주격 구문도 하등 다를 바가 없다. 다음 예문을 보자.

e.g. 18

I / sat in a chair, *his face lifted* into the sun.

난 얼굴을 햇빛에 내민 채 착석해 있었다.

He / knelt, *tears running* down their cheeks.

그는 눈물을 떨어뜨리며 무릎 꿇었다.

She gone, he / would be allowed to come in.

그녀가 간 후에야 그는 입실이 허락될 게다.

He / came up out of it, *his face blushed*.

그는 얼굴이 상기된 채 오두막에서 나왔다.

Men being what they are, Good and Evil / exist.

본성은 어쩔 수 없기에 선악이 존재한다.

They / came down the hill, their voices sharp.

그들은 쉿소리를 내며 언덕을 내려왔다.

Reconciliation failing, no further hope / is left.

화해가 실패하면 더 이상의 희망은 없다.

Athens faded, his empire / passed away.

아테네가 쇠퇴하자 그의 제국도 멸망했다.

The door closed, she / just looked at me.

문이 닫히자 그녀가 나를 빤히 쳐다봤다.

"Jesus Christ," he whispered, *his body writhing*.

그는 몸을 비꼬며 "아이고!" 하고 속삭였다.

She / sat there, *her eyes bright and shining*.

그녀는 눈을 반짝이며 그곳에 앉아 있었다.

⟨*We being* strangers here, how dar'st thou trust

⟨이곳에서 우린 나그네 신세인데, 네가 감히

so great a charge from thine own custody!⟩

그리 많은 돈을 누구에게 맡겼단 말인가!⟩

마지막 예문은 셰익스피어의 『실수연발–The Comedy of Errors』에 나오는 한 대목이다. 여기의 분사구문은 주절의 배경을 한마디로 잘 설명해주고 있다. 절대주격 구문은 일반 분사구문과 마찬가지로 시간, 이유, 조건, 결과, 주변상황 등을 묘사할 때 자주 사용된다. 분사구문은 그 내용이 매우 광범위한 까닭에 전후문맥을 살펴 정확한 뜻을 파악하도록 노력해야 한다.

분사구문에서 주의해 살펴봐야 할 것은 분사의 의미상의 주어를 구체적으로 파악하기 어려운 이른바 비관련분사구문非關聯分詞構文 unrelated participial construction의 경우이다. 이는 원칙적으로 써서는 안 되는 구문에 해당한다. 일부 학자들이 비관련분사구문을 두고 비적격분사구문非適格分詞構文 wrongly attached participial으로 부르는 것은 이 때문이다.

그럼에도 상당한 명성을 지닌 작가들도 이런 구문을 사용하고 있다. 구문을 약간 보완하면 알 수 있을 경우 이런 구문도 허용할 수 있다는 게 저간의 흐름이다. 이미 관용적으로 사용되는 비관련분사구문이 제법 많다는 사실을 반증한다. 다음 예문이 그 증거다.

e.g. 19

Thus *loaded*, our progress / was slower.
짐이 많아지자 진행이 한층 늦어졌다.
While *occupied* with reflections, a knock came.
생각에 잠겨 있을 때 노크 소리가 들렸다.

For, once *married*, what could her parents do?

왜냐면, 일단 결혼하면, 부모인들 어쩌겠소?

A month / was spent at home, *considering it*.

그걸 생각하는 사이 1달을 집에서 보냈다.

Lying in the bed, everything / seemed difficult.

침대에 누워있노라니 모든 게 힘들어 보였다.

The number / exceed, *roughly speaking*, 100.

그 숫자는 대체로 말해 100개를 넘었다.

Talking of war, there will be trouble in Iran.

전쟁얘기가 나와 말하면, 이란일 듯싶다.

Judging from reports, he / seems to be honest.

듣는 바에 의하면 그는 성실한 듯하다.

He / is a villain −*saving* your presence.

어르신 앞에서 죄송하지만 그는 악당입니다.

There were 3 or 4 of us there, *counting* me.

거기에는 나를 포함해 3−4명이 있었다.

분사에는 전치사로 간주되는 것도 있다. 이는 원래 분사구문으로 존재하던 것이 점차 동사의 기능을 상실해 전치사로 굳어진 경우이다. 다음 예문을 보자.

e.g. 20

Pending his return, I / was shown into the room.

그의 귀환 대기 중에 나는 방으로 안내됐다.

He / was plucked *notwithstanding* his diligence.

그는 공부를 열심히 했지만 낙제했다.

Barring accidents, we / should arrive on time.

사고만 없다면 시간에 맞춰 도착할 것이다.

He, *saving* for a curl of his lips, was motionless.

그는 입술을 삐죽한 걸 빼곤 정좌靜坐했다.

Considering his age, your conduct / is scandalous.

그의 나이에 비춰 네 행동이 잘못됐다.

Even *granting* some impediments, why should I go?

문제가 좀 있다 해도 내가 왜 가야 하지?

분사구문에는 이밖에도 여러 유형의 생략분사구문省略分詞構文 elliptical participial construction이 있다. being과 having been 등이 생략된 게 가장 많다. 다음 예문이 그 증거이다.

e.g. 21

Hurt by his ingratitude, she gave him the gate.

그녀는 배신으로 상처 입자 그와 절교했다.

These preliminaries *over*, they / began to talk.

서두가 끝나자 그들은 곧 이야기로 들어갔다.

Jesting apart, I heartily wish your plan's success.

농담이 아니라 실로 당신의 성공을 기원하오.

The kiss *at end*, they each / drew a deep breath.

그들은 키스 후 각자 길게 숨을 들이켰다.

She / stood silent, her head slightly *on one side*.

그녀는 고개를 기울인 채 조용히 서 있었다.

〈I / waited, every nerve *upon the stretch*.〉

〈난 모든 신경을 곤두세운 채 기다렸다.〉

마지막 구문은 스티븐슨의 『보물섬–Treasure Island』에 나오는 대목이다. 여기의 분사구문은 바싹 긴장한다는 뜻의 'stretch every nerve' 관용구를 뒤집어 표현한 것이다. 이를 통상적인 분사구문으로 만들 경우 문장의 간결미와 긴장미가 떨어지는 것은 말할 것도 없다.

위 예문을 통해 알 수 있듯이 최근 뜻을 이해하는 데 지장이 없을 경우 과감히 생략하는 경우가 늘고 있다. 사실 이는 모든 구문에서 빚어지고 있는 현상으로 비단 분사구문에 그치는 것만도 아니다.

William Shakespeare (1564~1616), 영국, 극작가, 시인

English Grammar for Cultured

PART 3

체언體言

체언은 곡용曲用이 전부다

κρούετε καὶ **ἀνοιγήσεται** ὑμῖν.

= *krūete kai anoigēsetai huymin.*

= Knock, and it / *shall be opened* unto you.

Lesson 1

형용사形容詞 – 형용사와 관사

잉글리시와 콩글리시

한때 일본 제품이 세계를 호령하던 20세기 후반까지만 해도 '저팽글리시'가 널리 유행했다. 대표적인 저팽글리시로 최초의 첨단제품 제조를 뜻하는 newing을 들 수 있다. 영어에 '─를 새롭게 하다'의 뜻이 매우 많음에도 newing이라는 신조어를 만든 것은 세계시장을 석권하고 있다는 자부심 때문이었다.

한국어와 문법 구조가 같은 일본어는 형용사가 동사처럼 활용한다. 영어의 new를 일본어 '新しいatarasii'로 간주해 과감히 newing이라는 신조어를 만든 게 대표적이다. 다음 예문을 보면 영어의 형용사에 해당하는 정태동사定態動詞가 일본어 및 한국어에서 얼마나 변화무쌍하게 활용하고 있는지 쉽게 알 수 있다.

e.g. 1

廣いhiroi	廣がるhirogaru	廣げるhirogeru
넓은, 넓다	넓어지다	넓히다
wide	widen	widen

얼핏 보면 형용사 wide에서 동사로 전용한 영어의 widen도 한국어 및 일본어처럼 활용을 하고 있는 게 아니냐는 착각을 불러일으킨다. 그러나 영어 widen은 일정한 한계가 있다. 외양에서 자동사와 타동사의 구분이 안 되는 게 대표적이다.

그 형용사가 동사로 전용한 경우도 그리 많지 않다. **widen, blacken, whiten, redden, lengthen, shorten, deepen, weaken, strengthen, sharpen** 등 소수에 그치고 있다. 저팽글리시를 상징하는 newing의 어원이 될 만한 newen과 같은 단어는 존재하지 않는다. 영어를 비롯한 인도유럽어의 경우 용언은 오직 동태동사動態動詞-Dynamic Verb밖에 존재하지 않는다.

비교언어학의 관점에서 볼 때 동사의 범주에 정태동사가 존재하지 않는 것은 커다란 약점에 해당한다. 한국어 및 일본어의 정태동사가 표현할 수 있는 미묘한 뉘앙스의 표현이 불가능하기 때문이다. 다음 예문이 그 증거이다.

e.g. 2

한국어 붉어지다, 붉히다, 빨개지다, 볼그스레해지다, 발그레하다 etc.

영어 redden, be reddening, be reddish, be reddened.

정태동사가 없을 경우 아무리 redden처럼 형용사에서 파생한 전용동사를 동원할지라도 정태동사의 무진장한 활용을 당할 길이 없다. 이는 인도유럽어가 고전 산스크리트어 시대부터 동태동사를 극도로 중시하며 형용사를 명사의 수식어 내지 술어 대용으로 한정한 결과이다.

영어는 독어와 불어, 러시아어 등 여타 인도유럽어와 달리 명사와 형용사, 관사, 수사 등에서 격변화가 일어나지 않는다. 이는 커다란 장점이다. 비록 문장의 의미가 약간 애매해지는 단점이 있기는 하나 전하고자 하는 메시지를 손쉽게 빨리 전달할 수 있기 때문이다. 학술어로서는 적잖은 문제가 있다는 지적이 있음에도 신속성을 생명으로 삼는 21세기의 정보화시대의 비즈니스 용어로는 제격이다. 영어가 세계 공용어로 널리 채택된 것도 이와 무관하지 않을 것이다.

비교언어학의 관점에서 볼 때 독어와 러시아어는 명사와 형용사 및 수사의 격변화가 너무 복잡하고, 불어는 상대적으로 격변화가 적기는 하나 대신 동사의 변화가 지나치게 복잡하다. 영어가 21세기 최고의 비즈니스 언어로 각광받게 된 것은 말할 것도 없이 명사와 대명사, 형용사, 관사, 수사 등의 격변화를 사실상 폐지한 덕분으로 볼 수 있다.

한정형용사와 서술형용사

영어의 형용사는 명사와 동일한 변화를 하는 까닭에 기능 명사와 같다. 명사가 속격 등을 취해 다른 명사를 꾸미듯이 형용사 역시 명사를 꾸미는 수식기능修飾機能 modification function을 갖고 있다. 사실 이것이 형용사의 가장 두드러진 기능이라고 할 수 있다. 이를 통상 특정형용사特定形容詞-attributive adjective라고 한다.

이와 대비되는 것이 서술기능敍述機能 predicative function이다. 이를 통상 서술형용사敍述形容詞라고 한다. 서술형용사는 주로 be동사와 결합해 우리말의 정태동사와 유사한 기능을 수행한다. 언어학자 예스페르센은 특정형용사와 서술형용사의 기능상 차이에 주목해 서술형용사가 등장하는 구문을 특별히 연계連繫 nexus, 한정형용사가 등장하는 구문을 연접連接 junction으로 구분했다.

예스페르센의 이런 분류는 나름대로 의미가 있다. 영어에 서술형용사로만 쓰이는 형용사가 존재하기에 이를 특정할 때 도움이 된다. 다음 예문을 보자.

e.g. 3

The coward / is *afraid* of his own shadow.
저 비겁자는 자기 그림자를 무서워한다.
His company / is struggling to stay *afloat*.

그의 회사는 파산하지 않으려고 애쓰고 있다.

We / don't know whether he's *alive* or dead.

우린 그의 생사를 모른다.

The police / found him *asleep* in a garage.

경찰은 그가 차고에서 자고 있는 걸 발견했다.

Mental illness / is nothing to be *ashamed* of.

정신질환은 수치스러워할 일이 아니다.

I / was *aware* that she was trembling.

나는 그녀가 떨고 있는 걸 눈치챘다.

Stagnant water / is *bound* to corrupt.

고인 물은 썩게 마련이다.

She / was *glad* when the meeting was over.

그녀는 회의가 끝나자 기뻐했다.

We / are *unable* to subsist without water.

사람은 물 없이 살 수 없다.

영어에서 서술형용사로만 사용되는 형용사는 위 예문에 나온 것이 거의 전부이다. 이와 정반대로 his **elder** brother, the **former** mayer, the **inner** security, the **outer** doors, the **latter** instance, a **mere** livelihood, a **thorough** investigation, the **very** thing, **wooden** spoons, the **upper** deck, the **lower** classes 등처럼 오직 명사를 수식하는 특정형용사로만 사용된다.

특정형용사는 어떤 모습으로 명사를 수식하느냐에 따라 크게 기술형용사記述形容詞 descriptive adjective와 제한형용사制限形容詞 limiting adjective로 나뉜다. 기술형용사는 명사의 성상性狀을 기술하고, 제한형용사는 지시형용사 등처럼 명사의 적용범위를 개별적으로 국한하는 데 사용된다.

동사의 현재분사 및 과거분사에서 유래한 형용사는 'a wounded soldier' 및 'a walking dictionary' 등의 경우처럼 거의 기술형용사에 속한다. 형용사는 기본적으로 사물의 성상을 표현하는 데 중점을 두고 있는 만큼 제한형용사의 숫자는 다음 예문에 나오는 것처럼 얼마 되지 않는다.

e.g. 4

This house / is in want of repair.

이 집은 수리가 필요하다

My mother / was widowed at the age of 30.

모친은 30에 과부가 되셨다.

There is / no *such* thing as a free lunch.

공짜 점심 같은 그런 건 없다.

I / resigned last Friday and left that *same* day.

지난 금요일 사직하고 당일로 떠났다.

He / is the *last* man to succeed in the attempt.

그는 시도해도 성공할 것 같지 않다.

I / bet you say that to *all* the girls.

넌 모든 여자에게 그 말을 하고 다닐걸.

Several letters / arrived this morning.

몇 통의 편지가 오늘 오전에 도착했다.

He / is not the *only* fish in the sea.

그는 평범한 사람이다.

Another world / thrives beneath the sea.

해저에 또 다른 세계가 무궁무진하다.

She / ditched her boyfriend for *another* man.

그녀는 남자로 인해 이전 남자와 절교했다.

He / crashed into a car coming the *other* way.

그가 맞은편에서 오던 차를 들이받았다.

Many people / are jobless in these hard times.

최근의 불황으로 다수가 실직상태이다.

Let's rest under *yonder* tree.

저기 있는 나무 아래에서 쉬자.

He / stands *five* feet six inches tall.

그는 키가 5피트 6인치이다.

형용사의 명사적 용법

형용사가 명사적으로 쓰일 경우 가장 두드러진 것은 사람을 가리키는 경우이다. 다음 예문을 보자.

e.g. 5

The weak / are to *the strong* what *the poor* are to *the rich*.

강약은 빈부의 관계와 같다.

The *deceased* / had taken no further notice of his nephew.

고인은 조카를 더 배려하지 않았다.

I / had obtained an interview with the *condemned*.

난 기결수와 면회할 기회를 얻었다.

The child / was a *dear*.

그 애는 참으로 귀여운 애였다.

In this age the devil / is taking the *hindmost*.

요새는 잽싼 자가 이기는 시대다.

Behave respectfully to the *elders*.

윗사람에게 예의 바르게 행동해라.

그러나 형용사는 사람을 가리키는 데에만 쓰이는 게 아니라 중성명사를 만드는 데도 쓰인다. 추상적인 개념을 나타내거나 일반적으로 물건, 언어 등을 가리킬 때에도 중성명사의 색채가 짙게 나타난다.

Sorrow / have done me one *good*.

슬픔이 나에게 좋은 일 하나를 해주었다.

He / speaks excellent *English*.

그는 뛰어난 영어를 구사합니다.

Why do you / bring up *bygones* like this.

왜 이처럼 과거지사를 들먹이는 겁니까?

He / turned up the *whites* of his eyes.

그의 눈 흰자위가 위로 올라갔다.

I / have seldom seen such *brown* in a man.

난 사람에게서 그런 갈색 본 적이 없다.

형용사 상당어구

형용사 역할을 하는 어구를 통상 형용사 상당어구形容詞相當語句 adjective equivalent라고 한다. '형용사 상당어구'는 전치사와 분사, 동사, 부사 등과 하나의 구를 이뤄 명사를 꾸미는 역할을 한다. 다음 예문이 그렇다.

e.g. 7

It / was considered excessively **middle class**.

그건 중산층의 근성으로 간주됐다.

He / was the **then** prime minister.

그가 바로 그 당시의 수상이었다.

I / am no **breach-of-promise** lady.

난 약속을 깨는 그런 여인이 아니다.

He / was smoking his **before-breakfast** pipe.

그는 조찬 전 흡연을 하고 있었다.

It / were too often a **break-neck** character.

그건 극히 위험한 경우가 많았다.

He / is the most **stay-at-home** person.

그는 집에 파묻혀 지내는 사람이다.

It / was as dreary and **tumble-down** as ever.

그건 여전히 황량하고 황폐해 있었다.

He / is a **very matter-of-fact** man.

그는 아주 실질적인 사람이다.

Such nursing / is going to be a **lock-jaw** business.

그런 간호는 개구開口에 장애가 된다.

He / opened the **tightly fastened down** mouth.

그는 굳게 다문 입을 열었다.

We / faced up to an **unthought-of** difficulty.

우린 뜻밖의 난관에 부딪쳤다.

He / accomplished a **undreamed-of** conquest.

그는 상상치 못한 정복을 이뤘다.

I / recalled her **never-to-be-forgotten** face.

그녀의 잊을 수 없는 얼굴을 떠올렸다.

He / burned with a **hard-to-be-governed** passion.

그는 통제하기 어려운 정열을 불태웠다.

명사가 연이어질 경우 앞에 나오는 명사도 뒤에 나오는 명사를 수식하게 된다. 우리말의 경우와 똑같다. *cannon* ball 대포알, a *stone* bridge 돌다리, *sea* water 바닷물, a *fire* escape 화재용 비상구, a *gold* chain 금으로 된 체인 등이 그것이다. 이를 '명사의 형용사적 용법'이라고 한다. 서술어에 사용된 명사도 이와 똑같은 기능을 하는 경우가 있다. 다음 예문이 그 증거이다.

e.g. 8

It / was all quite clear and **matter of fact** then.

당시 그건 매우 명쾌하고 실질적이었다.

= It / was all quite clear and *practical* then.

형용사가 연지어질 경우에는 앞에 나오는 형용사가 뒤에 나오는 형용사를 수식하게 된다. 이를 '형용사의 부사적 용법'이라고 한다. and로 연결된 경우도 같다. 다음 예문을 보자.

e.g. 9

The night / was **bitter** cold.

밤공기가 매우 차가웠다.

They / are grown up **amazing** fine girls.

그들은 훌륭한 처녀로 성장했다.

There are / some **uncommon** good things in it.

그 안에 극히 좋은 어떤 게 있다.

The coffee / is **almighty** hot.

커피가 몹시도 뜨거웠다.

Life / is a **precious** poor dream at times.

인생은 때론 공허한 꿈인 경우가 있다.

You / are **terrible** ambitious!

당신은 대단히 야심적이군요!

He / was taking it **dead** easy.

그는 그걸 매우 쉽게 생각하고 있었다.

He / will be **howling** drunk tonight.

그는 오늘밤도 만취하게 될 것이다.

She / was **good and**(= very) tired yesterday.

그녀는 어제 몹시도 피곤했다.

I / was **fine and** startled when I saw you.

난 당신을 보고 몹시도 놀랐습니다.

형용사는 명사를 수식할 때 통상 명사보다 앞서는 것이 상례이다. 이를 전치前置 pre-position라고 한다. 그러나 여러 이유로 뒤에서 수식하는 후치後置 post-position의 경우도 있다. 수식어구가 길거나 -thing으로 끝나는 명사가 올 경우는 후치하는 게 통례이다. 그러나 최근 matter, no more, no one 등을 수식하는 경우도 후치되는 수가 많다. 여기에는 라틴어와 불어의 영향이 크게 작용하고 있다. 다음은 자주 나오는 후치의 용례이다.

e.g. 10

a. 불어와 라틴어의 영향을 받은 후치

the sum *total*총액, court *martial*군법회의, the body *politic*정치통일체, 즉 국가, Poet *Laureate*계관시인, rent *overdue*미납 집세, an amba-ssador *extraordinary*특명 전권대사, the art *military*군사전술, God *Almighty*(=God *Omnipotent*)전지전능의 신, occasions *extraordinary*비상상황, the money *due*미납금, Chapter *one*제1장, William *the First*윌리암 1세, Frederick *the Great*프레더릭 대왕, signs *manual*수신호, cousin-*german* 친사촌, heir *female*여자상속인 등.

b. 호격명사 및 -thing 등의 후치

father *dear*!사랑하는 아버지여!, My lady *sweet*!아름다운 부인이여!, the best style *possible*가장 훌륭한 스타일, the toughest old man *imaginable*가장 완

고한 노인, apostles *twelve*12사도, an army a *hundred thousand strong*10만 강군, the doctrine respecting matters *political*정치 사안에 관한 이론, a thing *divine*신성한 것, things *temporal*일회성 사안들, matters *personal* 개인 사안, sufferings *unspeakable*말로 형언하기 어려운 고통, all things *American* 미국적인 모든 것 등.

c. 분사의 후치

for the time *being*당분간, for 10 days *running*연속 10일간, the prisoner *escaped*탈옥수, those *concerned*관련인사, the final conclusion *drawn* 도달한 최종결론, at daggers *drawn*서로 노려보는 자세로 내지 심한 적개심을 품고, a gentleman *born*진정한 신사, a girl *grown*성숙한 처녀, the money *requested*요구 금액, with banners *flying*깃발을 날리며, on the day *following*다음 날에, the sum *collected*모금금액, the giant *refreshed*기운을 되찾은 거인, the result *ensuing*후과, the things *done*성취된 사업, the boy *neglected*버림받은 소년, the boy *lost*실종 소년, the bread *well-earned*정상적인 방법으로 번 빵, the plan *projected*추진된 계획, the heroes *fallen*전몰 영웅들, the meals *untouched*손도 대지 않은 식사 등.

명사를 수식하는 분사는 전치와 후치가 모두 가능하다. 'a interesting book', 'the broken heart', 'a well-known author' 등처럼 분사가 이미 형용사로 굳어진 경우는 전치를 하고, 동사적인 힘이 강하게 남아 있는 분사는 후치를 한다. 이때의 후치는 사실상 관계절relative clause에 가깝다. 길게 이어져 있는 형용사구 내지 부사를 동반하는 형용사가 후치되는 것도 같은 이치이다. 여기에는 형용사적으로 쓰이는 부정사도 있다. 다음 예문을 보자.

e.g. 11

Any leader *worth his salt* / has a ego.

제값 하는 지도자는 에고가 있는 법이다.

Envy / is a sin, *partly moral*, *partly intellectual*.

시샘은 지덕知德이 뒤섞인 죄악이다.

I / seek an education *good in itself*.

난 그 자체가 훌륭한 교육을 추구한다.

He / destroyed evidence *derogatory to her*.

그는 그녀에게 불리한 증거를 인멸했다.

The information *now available* / becomes large.

지금 입수할 수 있는 정보가 방대하다.

Woman *neglected* / were woman lost.

돌보지 않는 여인은 잃어버린 여인이다.

He / is not a man *to do* anything by halves.

그는 도중에 그만 둘 사람이 아니다.

Love / is only a thing *to feel*.

사랑은 단지 느껴져야 하는 것이다.

There is / nobody to *blame* for this.

이에 대해 비난 받을 사람은 아무도 없다.

He / saw nothing more *to be tried*.

그는 더 해볼 만한 일이 없는 걸 알았다.

형용사의 비교기능

영어에서 수식 및 서술기능 이외에도 형용사의 주요 기능으로 이른바 비교기능比較機能 comparative function을 들 수 있다. 이는 인도유럽어에서 명사처럼 변화하는 형용사가 명사와 구별되는 유일한 문법기능에 해당한다.

비교를 나타내는 형용사의 굴절형은 고대 영어와 별반 차이가 없다. 현대 영어에서 명사의 격변화 어미와 동사의 활용어미가 거의 사라진 점을 감안하면 매우 특기할 만한 일이다. 이는 비교를 나타내는 형용사의 쓰임이 그만큼 긴요했음을 반증한다.

영어의 비교형용사는 크게 −er과 −est의 어미를 붙이는 게르만어 계통의 굴절비교형屈折比較形 inflectional comparative forms과 more 내지 most를 덧붙이는 불어 계통의 우언비교형迂言比較形 periphrastic comparative forms으로 양분할 수 있다. 단음절의 경우 굴절비교형, 2음절 이상의 경우는 우언비교형을 쓰는 게 통례이다. 그러나 마지막 음절에 역점이 올 경우 굴절비교형을 취하는 등 여러 예외가 존재한다. 다음 예문을 보자.

e.g. 12

원급positive degree	비교급comparative degree	최상급superlative degree
handsome 멋진	handsomer	handsomest
austere 소박한	austerer	austerest
devout 독실한	devouter	devoutest
robust 강건한	robuster	robustest
remote 외진	remoter	remotest
serene 고요한	serener(= more −)	serenest(= most −)
profound 심오한	profounder(= more −)	profoundest(=most −)

비교는 형용사뿐만 아니라 부사에서도 가능하다. 그러나 모든 게 가능한 것은 아니다. several과 other, half 등은 비교 자체가 불가능하다. full과 perfect, unique 등도 원칙적으로는 비교가 성립되지 않는 말이다. 또한 비교급을 썼다고 해시 반드시 원급보다 높은 정도를 나타내는 것도 아니다. 외형상 비교의 모습을 취했을지라도 엄밀한 의미에서 비교라고 볼 수 없는 것도 있다. 다음 예문이 대표적이다.

e.g. 13

He / is *more* intelligent *than* clever. 그는 영리하다기보다 지적이다.

= He / is intelligent rather than clever.

She / is *more than* old-fashioned. 그는 극히 구식이다.

= She / is extremely old-fashioned.

영어에는 라틴어에서 직접 들여온 **anterior, posterior, superior, inferior, interior, exterior, junior, senior, major, minor, prior, ulterior, supreme, extreme** 등의 비교급도 많이 사용된다. 이들 형용사는 비교를 나타낼 때 than 대신 to를 사용한다.

e.g. 14

It / is an event *anterior to* the murder.

그건 살인사건 이전의 일이다

Korean food / is *superior to* American.

한국음식이 미국음식보다 뛰어나다.

He / is 2 years *senior to* me.

그는 나보다 2살 위이다.

It / is a matter *exterior to* his character.

이는 그의 성격과 관련 없는 일이다.

The constitution / is *prior to* all other laws.

헌법은 모든 법률에 우선한다.

이들 라틴어에서 수입된 형용사는 현재 비교를 나타내는 힘이 약화돼 점차 명사 또는 형용사처럼 쓰이는 경우가 빈번하다. 대표적인 사례를 살펴보자.

e.g. 15

He / underwent *major* operations.

그는 대수술을 받았다.

He / overcame *extreme* difficulties with fighting spirit.

그는 역경을 극복했다.

The *exterior* of this building / is elegant.

이 건물의 외관은 빼어났다.

He / studied *interior* design at an art school.

그는 예술학교에서 실내장식을 공부했다.

The *Prime* Minister / was succinct and cogent.

수상은 간결하고 설득력 있게 말했다.

영어의 비교는 크게 5가지이다. 첫째, more than을 사용하는 '우월비교'이다. 둘째, the more-형을 취하는 '비례비교'이다. 셋째, 비교급 형용사가 and로 연결되는 '점진비교'이다. 넷째, as가 등장하는 '동등비교'이다. 다섯째, less than을 사용하는 '열등비교'이다. 먼저 우월비교의 용례를 살펴보자.

Nothing / is *more* precious *than* health. 건강만큼 소중한 게 없다.

He / is *better* fed *than* taught. 그는 교육보다 밥만 잘 먹었군.

It / is *later* than you think! 생각보다 시간이 없소!

비례비교는 한쪽이 일정한 정도로 상승하면 다른 쪽 역시 같은 정도로 상승하거나 하강하는 경우를 말한다. 역사언어학의 관점에서 볼 때 비례비교에 사용되는 the는 정관사로 파악하기보다는 우리말의 '그만큼의 −'의 뜻에 해당하는 지시형용사로 간주하는 게 타당하다. 다음 예문이 이를 뒷받침한다.

e.g. 17

The newer the country, *the more* pressing are the demands.
신생국일수록 수요도 절박하다.

The greater the internal stability, *the lighter* its buildings.
내치가 잘될수록 건물도 경쾌하다.

The farther away a galaxy, *the faster* it moves.
은하가 멀어질수록 빨리 움직인다.

The more a man has, *the more* he desires.
가질수록 더 갖고자 한다.

The more I think, *the less* I understand.

생각할수록 더 모르게 된다.

점진비교는 비례비교와 달리 서로 호응하는 이른바 '쌍대雙對 구절'이 존재하지 않는다. 이는 우월비교의 변종에 해당한다. 다음 예문을 보자.

e.g. 18

Such errors / will become *rarer and rarer*.

이런 잘못은 점차 줄어들 것이다.

His hair / were turning *greyer and more grey*.

그의 머리칼은 점점 더 희어졌다.

I / looked under the stone *less and less* often.

돌 밑을 보는 일이 점차 줄었다.

He / grew steadily *more gaunt and yellow*.

그는 점점 수척하고 노쇠해졌다.

동등비교는 비교되는 두 대상의 정도가 같다는 것을 나타내는 게 원칙이다. 그러나 때로는 사물의 성상性狀을 강조하는 용법으로 사용되기도 한다. 사물을 직접적으로 비교하는 일종의 직유법直喻法 simile에 해당한다. 이는 수사학적으로 널리 사용되는 것이기도 하다.

He / is *as poor as* a church mouse.

그는 교회 쥐처럼 몹시 가난하기 짝이 없다.

Man / is born *as naked as* a jaybird.

인간은 어치처럼 벌거벗은 몸으로 태어난다.

I / never know him *as well as* I did you.

그에 대해 당신을 아는 만큼 알지 못한다.

It / is *as prevalent* among boys *as* among girls.

이는 소녀만큼 소년들 내에 만연한 현상이다.

I / may not be *as strong as* I think!

난 생각처럼 그리 강인하지 않을지 몰라!

마지막으로 열등비교는 한쪽이 다른 쪽보다 정도가 못하다는 뜻을 지니고 있으나 잘 사용되지는 않는 비교급이다. 원급을 부정하는 방법으로 표현할 수 있는 것을 굳이 부드럽지 못한 열등비교를 사용할 필요가 없기 때문이다. 다음 예문을 보자.

e.g. 20

In every possible way he / is *less winning than* I.

여러 면에서 그는 나보다 나을 수 없다.

He / was extremely sad, only *less sad than* her.

그는 애통했으나 그녀보다는 덜 슬펐다.

A optimist / is *less noxious than* an pessimist.

낙천가가 비관론자보다 덜 해롭다.

이상 5가지 유형이 통상 사용되는 비교구문이나 영어에는 겉으로만 비교구문의 모습을 갖춘 게 적지 않다. 관용구에 이런 구문이 많다.

e.g. 21

I / prefer to stay *rather than* to go.

가느니 머무는 게 낫겠다.

I / would *sooner* die *than* do it.

그걸 하느니 차라리 죽는 게 낫다.

He / is no *better than* a ferocious beast.

그는 사나운 짐승이나 다름없다.

She / can't do *better than* this.

그녀는 그리 하는 게 좋다.

A real man / was *more than* brave.

진짜 사내는 용맹 이상이어야 한다.

He / can't fly *any more than* you can.

그는 네가 그런 것처럼 날지 못한다.

She / is *no more* mad *than* you are.

그녀는 네가 그런 것처럼 미치지 않았다

I / can't swim *any more than* I can fly.

난 날지 못하는 것처럼 헤엄칠 줄도 모른다.

The theory / matters *less than* do experience.

이론은 경험보다 덜 중요하다.

He / fought with *no less* daring *than* skill.

그는 기술 못지않게 용기로 싸웠다.

Write a story of *not less than* 5,000 words.

5천 단어 이상의 글을 쓰시오.

I / can't read French, *much less* write it.

불어를 읽지도 못하는데 하물며 작문이야.

　형용사의 비교형 역시 원급 형용사와 마찬가지로 명사, 형용사, 부사의 용법으로 사용된다. 정관사와 함께 쓰여 사물을 지칭하는 게 그 실례이다. 다음 예문을 보자.

e.g. 22

Of the two, the *former* / is better than the *latter*.

양자 중 전자가 후자보다 낫다.

The *superior* gains and the *inferior* loses.

우승열패優勝劣敗.

The museum / is closed until *further* notice.

박물관은 추후 안내까지 폐관이다.

The match / has been postponed to a *later* date.

시합은 후일로 연기됐다.

He / had *better* get on to where he's going.

그는 그가 갈 곳으로 가는 게 낫다.

The economy will turn around *sooner or later*.

경기가 조만간 회복될 것이다.

지시형용사와 관사

관사는 영어를 포함한 인도유럽어에서 매우 중요한 역할을 하고 있다. 독어의 관사는 명사의 성, 수, 격에 따라 어형이 변한다. 네덜란드어의 관사는 문어에서는 현대 독어, 구어에서는 현대 영어에 가까운 형태를 취한다. 현대 독어 역시 네덜란드어처럼 명사의 격변화가 점차 사라지고 있다.

불어의 관사는 성, 수의 변화만 있으나 셀 수 없는 물건을 표시하는 명사에 붙는 이른바 부분관사部分冠詞가 존재한다. 성에서 남성과 여성을 통합한 이른바 통성通性과 중성中性만 존재하는 스웨덴어는 통성명사 뒤에 정관사를 어미처럼 붙여서 사용한다.

관사의 용법은 각 언어마다 관용적으로 정해진 부분이 많아서 한국어처럼 관사가 없는 언어를 쓰는 사람들이 처음으로 관사를 접하면 적잖이 곤혹스러울 수밖에 없다. 그러나 원래 인도유럽어도 처음부터 관사가 존재했던 게 아니다. 산스크리트어에서는 우리말처럼 관사 대신 지시형용사를 사용했고, 고대 그리스어에서는 격변화를 하는 정관사만 유지시켰고, 라틴어는 다시 지시형용사로 관사를 대신했다. 고대 그리스에서만 정관사를 운영한 셈이나 이 또한 매우 특이한 경우에 속했다. 같은 인도유럽어에 속하는 러시아어 등의 슬라브어와 페르시아어 등에는 지금도 관사가 존재하지 않는 게 그렇다.

역사언어학의 관점에서 볼 때 인도유럽어족에 속하는 모든 언어의 정관사는 지시대명사, 부정관사는 하나를 뜻하는 수사가 변한 것이다. 영어도 예외가 될 수 없다. 부정관사는 고대 영어에서 수사로 쓰이던 an(=one)에서 유래했다. 한 부류에 속해 있는 여러 물건 가운데 하나를 뜻한다. 우리말에서 '−라는 것은'처럼 특정된 것이 아닌 어떤 사물을 지칭한다. 부정관사는 또 이야기를 시작할 때 일종의 유도어誘導語 introductory word의 역할을 수행한다. 우리말에서 어떤 얘기를 전개코자 할 때 '옛날 한 어떤 사람이'라고 운을 떼는 것과 같다. 이때는 any의 뜻에 가깝게 된다. 다음 예문을 보자.

e.g. 23

A fool / can do any quantity of mischief.

바보도 해를 끼칠 수 있는 법이다.

Science / is **an** organized body of knowledge.

과학은 일종의 지식 조직체이다.

Once upon a time there lived **an** old man.

옛날 한 어떤 노인이 살고 있었다.

정관사 the는 부정관사와 달리 특정한 사물을 지칭한다. 문맥이나 주위상황에 비춰 그 정체를 분명히 파악할 수 있는 경우 정관사를 붙인다. 사물의 대표적인 특성을 나타날 때도 정관사를 사용한다. 다음 예문이 그 증거이다.

e.g. 24

There was always something of **the** child in her.

그녀에겐 유아적인 게 있었다.

His attire / was that of **the** rich man.

차림새를 보니 부호의 면모가 있다.

You / should tell him to keep off **the** drink.

그대는 그에게 금주를 타일러야 한다.

The life / is more than meat.

인생은 빵 이상의 것이다.

The woman, qua woman hates abstract thought.

여인이란 추상을 싫어하기 마련이다.

He / abandoned **the** sword and **the** sex together.

그는 무력과 여인을 동시에 포기했다.

역사언어학의 관점에서 볼 때 영어의 정관사 the 역시 지시형용사 that 에서 유래한 것이다. 고대 영어의 인칭대명사인 that의 조격造格으로 '그 것으로'의 뜻을 지닌 thy가 the의 원조에 해당한다. 그 흔적은 지금도 남 아 있다. 이른바 비례비교급比例比較級 comparative of proportion으로 불리는 다음 예문을 보자.

e.g. 25

The more one thinks of it *the more* mysterious it grows.

그걸 생각할수록 더 이상해진다.

The less active you are, *the faster* aging process accelerate.

활동을 덜할수록 더 빨리 늙는다.

정관사가 최상급을 지칭할 때 등장하는 것도 같은 맥락에서 이해할 수 있다. 우리말의 '그토록' 내지 '그처럼'의 뜻을 함유하고 있는 것이다. 다음 예문이 그 증거이다.

e.g. 26

He / is *the most* dexterous of all our artists.

그는 모든 예술가 중 솜씨가 가장 좋다.

So *the last* / shall be first, and *the first* last.

처음이 나중 되고, 나중이 처음 되리.

The best / was a telegram, *the second best* a letter.

최상은 전보, 차선은 편지였다.

They / were rough fellows, *for the most part*.

그들은 대부분 난폭한 친구들이었다.

No one / was in *the least to* blame.

조금이라도 비난 받을 사람은 없었다.

What ripens *the soonest* / is seldom the best.

가장 빨리 익는 것치고 최상품은 드물다.

He / had not collapsed *the first*.

맨 처음 넘어진 건 그가 아니었다.

영어도 어떤 사물이 지정되어 있는 경우는 우리말처럼 관사를 붙이지 않는다. 이런 상태를 숙친熟親 complete familiarity라고 한다. 문맥이나 주위 상황에 비춰 '숙친'이라고 판단될 경우 군이 정관사나 부정관사를 붙이지 않는 것이다. 이처럼 생략된 정관사와 부정관사를 영관사零冠詞 zero article 라고 한다. 영관사는 우리말 어법과 완전히 동일하게 된다. 다음 예문을 보자.

e.g. 27

"Well, young township," said Sam, "how's *mother*?"
그래, 젊은 친구, 어머니는 어떠신가?
After *dinner* she / sat in her room smoking.
저녁식사 후 그녀는 방에서 흡연한다.

첫 번째 예문을 통해 알 수 있듯이 서로 숙친의 상태에 있을 때는 굳이 정관사를 붙일 필요가 없다. 두 번째 예문 역시 늘 하는 숙친의 행동인 까닭에 관사를 생략한 것이다. 그러나 관사를 붙여 뉘앙스의 차이를 나타날 수도 있다. 다음 예문이 그 증거이다.

e.g. 28

There was a doctor present at the *dinner*.
만찬 때 의사 한 분이 와 있었다.
The *dinner* / is on the table.
저녁식단이 식탁 위에 마련됐다.

첫 번째 예문은 추리소설로 유명한 아가서 크리스티의 『3막의 비극-Three Act Tragedy』에 나오는 대목이다. 여기의 dinner는 특별히 예정된 저녁식사인 까닭에 정관사를 붙인 것이다. 두 번째 예문은 셰익스피어의 『윈저의 즐거운 아낙네들-The Merry Wives of Windsor』에 나오는 대목이다. 통상적인 저녁식사가 아닌 저녁식사로 먹을 식단 자체를 강조하기 위해 정관사를 붙인 것이다.

원래 식사행위 등의 숙친의 상태 및 행위에 영관사가 올 때는 뉘앙스가 달라진다. 추상적인 의미가 표면화한 결과이다. 다음 예문을 보자.

e.g. 29

Sunday morning he / walks to *the church*.

일요일 아침 그는 교회건물까지 걸어간다.

She / walked to *the school* yesterday.

그녀는 어제 학교건물까지 걸어갔다.

He / arrived just in *the morning*.

그는 그날 아침 도착했다.

In *the winter*, there were jobs to be had too.

그 겨울철에 일자리를 구하면 가능했다.

Sunday morning he / have to go to *church*.

일요일 아침 그는 예배 보러 가야 한다.

She / went to *school* today.

그녀는 어제 수업을 받으러 학교에 갔다.

He / will see you before *morning*.

그는 아침이 되기 전에 당신을 만날 거요.

⟨If *Winter* comes, can Spring be far back?⟩

⟨겨울이 오면, 봄이 멀리 있겠는가?⟩

마지막 예문은 바이런과 함께 영국 낭만파 시인의 상징으로 칭송받고 있는 셸리의 『시 작품—Poetical Works』에 나온 구절이다. 여기의 겨울과 봄은 의인화되어 나타난 것이다. 영관사는 통상적인 추상명사를 표시할 때 자주 사용된다. 이는 충분히 알려져 있거나 고유명사화 되었다고 간주한 결과이다. 대표적인 영관사의 용례를 살펴보자.

e.g. 30

Life / never seemed so simple and clear as then.

인생이 그처럼 간명하게 보인 적이 없다.

There was *rain* in the wind.

바람이 우기雨氣를 품고 있었다.

Marriage / suits a good man people.

결혼은 많은 사람에게 적절한 것이다.

Men of letters / are a perpetual Priesthood.

문필가는 영원한 성직자와 같다.

Rich *gifts* / wax poor when givers prove unkind.

다정하지 못해 훌륭한 선물도 빛을 잃다.

I / am not *philosopher* enough to determine it.

철학소양이 없어 그걸 규명할 수 없다.

Madame / appeared goodness itself.

마님은 문자 그대로 선의 화신이었다.

She / had acted *hostess* bravely.

그녀는 용감하게 마님노릇을 했다.

You / are *head* of the family.

당신은 이 집안의 가장이다.

He / had been *godfather* to their children.

그는 그들 애들의 대부였다.

There is no faith in *woman*.

여인이란 믿음이 없다.

Time / was when nobody saw the corruptions.

그런 부패를 묵과하던 시절이 있었다.

영관사가 가장 두드러지게 나타나는 것은 전치사와 명사가 결합할 때이다. 특정한 사물을 굳이 지적할 때가 아니면 거의 예외 없이 영관사를 쓴다. 관용구에 영관사가 빈번하게 등장하는 이유다. 다음 예를 보자.

I / am sick *at heart*.

나는 실로 가슴이 무겁다.

They / know I always sleep *after tiffin*.

점심 후 늘 낮잠 자는 걸 그들도 안다.

I / must request you to walk *on tiptoe*.

발끝으로 걸을 것을 권해야겠습니다.

She / was good deal *out of sorts*.

그녀는 상당히 괴짜였다.

I / extolled her prudence *till death*.

죽을 때까지 그녀의 절제를 존경했다.

Let me tell you, as *man* to *man*.

남자 대 남자로서 말을 하겠다.

I / can't be *buyer* and *seller* too.

난 살 사람도 팔 사람도 못된다.

How mysterious are the ways of *God*!

신의 섭리란 실로 신비한 법이다!

비교언어학의 관점에서 볼 때 관사는 성, 수, 격의 통합과정을 거쳐 언젠가 사라질 확률이 크다. 아직도 독어와 불어에서 격변화를 하고 있는 관사가 영어에서는 정관사 the와 부정관사 a로 통합된 게 그렇다. 현재 러시아어에는 관사가 아예 사라지고 없다.

Lesson 2

격변화格變化 - 전치사와 관계사

격변화의 의미

인도유럽어의 조어에 해당하는 산스크리트어는 동태동사를 극도로 중시하며 형용사를 명사의 수식어 내지 술어 대용으로 사용했다. 인도유럽어에서 형용사가 모두 명사처럼 복잡한 곡용曲用 declension을 하는 배경이 여기에 있다. 격변화를 뜻하는 곡용의 요체는 다양한 굴절어미를 갖는 이른바 사격斜格에 있다. 아무런 격변화도 하지 않는 주격과 극명하게 대비된다. 사격은 모든 명사 및 형용사가 주격이 될 수 있는 자질을 갖고 있음에도 문장 내에서 술어동사의 명에 의해 주격을 버리고 소유격, 여격, 목적격 등 다양한 격으로 그 품격을 낮추는 것을 의미한다.

원래 곡용 자체가 하향下向을 뜻한다. 이는 한 문장 내에서 여러 체언이 등장할 때 문장의 뜻을 명확히 하기 위해 체언의 위계를 질서정연하게 정리한 결과이다. 하늘 아래 두 개의 태양이 있을 수 없듯이 한 문장 안에서도 주어가 될 수 있는 자격인 주격은 오직 하나의 체언에만 부여된다.

주격의 자격을 부여받은 체언은 나머지 체언이 사격을 취하는 것과 달리 아무런 격변화도 하지 않은 채 술어동사의 도움을 받아 보좌에 앉을 수 있다. 이를 이른바 직용直用이라고 한다. 원래의 모습 그대로 주어의 자리를 차지하는 것을 말한다. 현대 힌디어에서 주격을 통상 직격直格으로 표현하는 이유다.

그러나 산스크리트어는 곡용이 복잡하기 짝이 없다. 고대 그리스어가 통용되던 시절까지만 해도 명사와 형용사에 주격을 포함해 모두 8개의 격이 존재했다. 라틴어는 6개의 격이 존재했다. 현재 영어는 주격과 소유격, 여격, 목적격 등 4개의 격만 남아 있다.

그러나 역사언어학의 관점에서 자세히 살펴보면 이미 사라진 영어의 나머지 4개의 격도 소유격과 여격, 목적격에 흡수된 형태로 잔존하고 있다. 인도유럽어의 가장 큰 특징 가운데 하나인 격변화를 모르면 영어 문장을 제대로 해석할 수 없다고 말하는 것도 이런 맥락에서 이해할 수 있다. 산스크리트어에서 시작해 21세기 현대 힌디어에 이르기까지 면면히 이어지고 있는 8개의 격을 일별하면 다음과 같다.

1) **주격**主格 Nominative: 우리말의 '-은/는', '-이/가'에 해당하는 격이다. 주인격主人格을 표현하기도 한다. 초기의 산스크리트어에는 주격 곡용이 존재했으나 이내 사라졌다. 현재 힌디어를 제외하고는 대부분의 인도유럽어에서 주격의 곡용은 일어나지 않는다. 인도유럽어에서 유일하게 8

개의 격을 모두 갖고 있는 21세기의 힌디어에서는 주격을 직격直格, 나머지 7개의 격은 사격斜格으로 통칭하고 있다. 격변화를 극소화하고자 한 노력의 결과로 볼 수 있다. 영어의 주격은 다음 예문처럼 주로 대명사로 나타난다.

e.g. 1

It / is **I** who am guilty. 잘못한 것은 나다.

He / will look like a fool. 그는 바보같이 보일 거야.

2) **속격**屬格 Genitive: 우리말의 '−의'에 해당하는 격이다. 영어에서는 −'s와 of− 등으로 표현된다. 학교문법에서는 주로 소유격所有格으로 부르고 있다. 특이하게도 불교의 업보業報 개념을 중시하는 티베트어에서는 이를 업격業格으로 표현한다. 현재 독어에서는 '−의' 뜻 이외에도 '−에도 불구하고', '− 때문에', '−대신에' 등의 뜻을 지닌 전치사가 나오면 그 뒤의 명사는 모두 속격을 취한다. 탈격을 흡수한 러시아어는 더욱 광범위한 범위에서 속격을 사용하고 있다. 전치사 뒤에 나오는 명사의 격을 모두 목적격으로 통일한 영어에서는 속격 전치사를 따로 암기할 필요가 없다.

e.g. 2

That girl / is **my** pretty offspring.

저 소녀는 나의 사랑스런 자식이다.

The lion / is the king **of beasts**.

사자는 백수의 왕이다.

3) **대격**對格 accusative: 우리말의 '-을/를'에 해당하는 격이다. 통상 학교
문법에서는 목적격目的格으로 부른다. 영어는 전치사 뒤에 오는 명사의
격을 모두 목적격으로 통합해 놓았다. 이는 대다수의 인도유럽어가 목적
격을 주격과 동일한 형태로 취하는 사실과 무관하지 않다. 러시아어는
특이하게도 살아 움직이는 생물체의 경우는 속격을 취한다. 러시아어에
서 속격을 생격生格으로 부르는 이유다. 인도유럽어는 움직임을 나타내
는 술어동사가 등장할 경우 술어동사에 뒤따르는 전치사 모두 처격處格
이 아닌 대격을 취한다. 이는 우리말의 방향격方向格 조사인 '-으로'가 뜻
하는 것처럼 동사의 움직이는 방향을 명확히 드러내기 위한 것이다.

e.g. 3

The bus / hit **the bridge**. 그 버스가 다리를 들이받았다.

He / went **to school**. 그는 학교로 갔다.

4) **여격**與格 dative: - 우리말의 '-에게'와 '-를 위해'에 해당하는 격이다.
학교문법에서는 대격인 직접목적격과 구분해 통상 간접목적격間接目的格
으로 부른다. 일각에서는 수여동사의 수혜 대상이 통상 여격으로 나타나

고 있는 점에 주목해 이른바 위격寫格으로 칭하기도 한다. 그러나 2중대격을 취하는 teach동사를 검토할 때 살펴보았듯이 러시아어처럼 가르침을 받는 수혜대상을 목적격, 그 내용을 여격으로 취하는 경우도 있는 까닭에 위격 용어는 보편성이 떨어진다.

e.g. 4

She / teach **us** English. 그녀는 우리에게 영어를 가르쳐 준다.
He / gave the book **to me**. 그는 나에게 그 책을 주었다.

5) **탈격**奪格 ablative: 우리말의 '―로부터/에서'를 뜻하는 전치사 from, of 등의 종격從格과 '― 때문에'와 '―로 인해'처럼 술어동사의 동작이 나타나게 된 배경을 설명하는 전치사 because of와 from 등의 원인격原因格, '―보다'처럼 견주는 대상과의 비교를 나타내는 전치사 than 등의 비교격比較格에 사용되는 격을 통칭한 격이다. 고대 그리스어에서는 탈격이 거의 속격과 동일한 격변화를 했다. 고대 그리스어의 영향을 크게 받은 러시아어에 탈격이 없는 대신 속격이 탈격의 역할까지 대행하는 것도 이런 역사언어학적 배경과 무관하지 않을 것이다.

e.g. 5

He / saved his country **from danger**.

그는 나라를 위기로부터 구해냈다.

Leave me **out of this quarrel**, please!

제발 이 다툼에서 나를 빼 줘!

She / was glassy-eyed **from shock**.

그녀는 충격 때문에 멍해졌다.

I / am older **than her**.

나는 그녀보다 나이가 더 많다.

6) 조격造格 instrumental: 어떤 행위의 수단 및 도구를 뜻하는 격이다. 우리말의 '-으로' 내지 '-에 의해'에 해당하는 전치사 of, from, by, with 등의 도구격道具格이 대표적이다. '-와/과'와 '-끼리'에 해당하는 전치사 with, between, among 등의 공동격共同格도 여기에 속한다. 도구격과 공동격은 동사의 움직임에 사용된 수단이 사물 내지 사람의 차이밖에 없다. 사람과 사물을 모두 하나의 도구로 간주해 도구격과 공동격을 합쳐 구격具格으로 부르기도 한다. '구격'은 '조격'의 또 다른 문법 용어에 해당한다.

e.g. 6

The house / is made **of marble**.

저 집은 대리석으로 만들어졌다.

Tires / were made **from natural rubber**.

타이어는 천연고무로 만들어졌다.

Honey / is made **by worker bees**.

꿀은 일벌들에 의해 만들어진다.

She / rinse the peas **with cold water**.

그녀는 찬물로 콩을 헹군다.

He / lives **with his parents**.

그는 부모와 함께 산다.

We / ate a pizza **between us**.

우리끼리 피자 한 판을 먹었다.

He / is the wisest **among them**.

그는 그들 가운데 가장 총명하다.

7) **처격**處格 locative: 우리말의 '–에' 내지 '– 사이에'에 해당하는 전치사 in, at 등의 위치격位置格과 '–에 있어', '–로서는', '–로 말하면' 등의 뜻을 지닌 전치사 for, as for 등의 주소격住所格이 이에 해당한다. 일각에서는 한문에서 '나에게 있어'를 어아於我로 표시하고 있는 점에 주목해 이른바 어격於格으로 부르기도 한다. 독어와 러시아어 등에서는 술어동사 움직임이 일정한 방향으로 진행할 경우에는 대격, 움직임이 특정한 위치에 머물 때는 처격을 사용한다. 술어동사의 뜻을 보다 명확히 하고자 한 것이다. of로 표시되는 속격을 제외한 모든 전치사의 격을 목적격으로 통일한 영어에서는 이를 구별할 필요가 전혀 없다.

e.g. 7

The criminal / was caught **in the act**. 그 범인은 현장에서 체포됐다.
The ship / is docking **at the wharf**. 그 배는 부두에 정박해 있다.
It / is a political suicide **for him**. 그건 그에게 정치적 자살행위다.
As for me, I / am not satisfied. 저로서는 불만입니다

8) 호격呼格 vocative: 우리말의 '-야, -여!'처럼 인간을 포함한 사물을 특별히 지칭할 때 사용하는 이른바 칭격稱格이다. 현재 대다수의 인도유럽어에서는 주격에 통합되어 존재하지 않는다. 영어에서 Hi 또는 Oh 등의 감탄사 뒤에 나오는 명사는 호격으로 볼 수 있다.

e.g. 8

Oh God, help me. 신이여, 저를 구해주소서.
Oh Mom! I really missed you. 엄마야! 너무 보고 싶었어.

인도유럽어는 당초 모두 8개의 격이 있었으나 시간이 지나면서 호격이 주격, 탈격이 속격에 흡수되면서 현대 힌디어를 제외하고는 대부분 4~6개의 격만 남아 있는 상황이다. 그러나 비교언어학의 관점에서 볼 때 현대 힌디어의 경우도 주격을 제외한 나머지 사격이 사실상 하나로 통합된 것이나 다름없다. 현재 인도유럽어에서 가장 많은 격을 지니고 있는 언

어로 6개의 격이 격변화를 하는 러시아어를 꼽는 이유다. 속격이 탈격의 역할까지 겸하고 있는 점을 감안하면 사실상 7개의 격이 살아 있는 셈이다.

그런 의미에서 영어는 인도유럽어 가운데 가장 간략한 격어미를 갖고 있다고 해도 과언이 아니다. 속격은 -'s 내지 of-의 형태로 요약하고, 여격은 전치사의 대격으로 통일하고, 대격은 주격과 같은 형태를 취함으로써 사실상 격변화를 하지 않는 것이나 다름없게 됐다. 결국 영어에서 격변화를 하는 것은 오직 극히 간략한 형태인 -'s와 of-의 형태로만 존재하는 속격밖에 없는 셈이다.

대다수 인도유럽어가 격변화를 하는 것은 나름 몇 가지 이점이 존재하기 때문이다. 첫째, 격이 뚜렷한 덕분에 해당 낱말의 문장 내 위치가 자유로워져 강조하고픈 내용을 문두로 끌어내는 등 다양한 표현이 가능해진다. 둘째, 문장 전체의 뜻이 보다 명료해지는 이점이 있다. 셋째. 격이 많이 존재할수록 전치사의 도움이 필요 없게 돼 문장이 간명해진다.

만일 영어에 처격이 사라지지 않았으면 문장 내 위치를 자유롭게 이동시켜 우리말처럼 '그는 간다, 집으로!'라고 표현해도 비문이 되지 않을 것이다. 처격이 있는 라틴어와 그렇지 못한 21세기 영어를 비교하면 이를 쉽게 확인할 수 있다.

e.g. 9

It domum(=Domum it).

···▸ He goes to house.   O

···▸ Goes he to house.   X

···▸ To house he goes.   X

···▸ To house goes he.   X

go에 해당하는 라틴어 ire는 직설법 현재에서 주어의 인칭과 수에 따라 변하는 까닭에 라틴어에서는 굳이 주어를 사용할 필요가 없다. 문장이 간명해질 수밖에 없는 이유다. to house에 해당하는 domum 역시 격에 따라 변화하는 까닭에 영어의 일반 부사어처럼 문장의 위치에 구애받을 필요가 없다. 나아가 강조하고픈 내용을 문두에 내세우는 'Domum it'으로 표현할 수도 있다. 표현방식이 간명하면서도 다양해지는 것이다.

원래 house에 해당하는 domus는 ire동사가 일정한 방향으로 움직이는 의미를 지니고 있는 까닭에 우리말의 방향격에 해당하는 대격으로 격변화를 해야만 한다. 그래야 ire동사의 허락을 받아 문장 내의 한 요소로 참여할 수 있기 때문이다. 영어의 전치사를 정복하기 위해서는 고대 그리스어 및 라틴어에서 명사의 격변화가 어떻게 진행되었는지 기본 이치를 파악할 필요가 있다. 여기서 호격을 제외한 라틴어 명사 domus의 격변화를 간략히 살펴보자.

e.g. 10

domus(house) 여성명사			
	단수		복수
주격主格	domus	집(들)은	domūs
속격屬格	domūs	집(들)의	domorum
여격與格	domui	집(들)에, 집(들)을 위해	domibus
대격對格	domum	집(들)을, 집(들) 쪽으로	domūs
탈격奪格	domo	집(들)에 의해, 집(들)으로부터	domibus

　영어는 성性 및 수數에 따른 격변화를 거의 하지 않는 까닭에 불어와 독어 및 러시아어를 배울 때처럼 모든 명사의 성을 일일이 외우는 수고를 하지 않아도 된다. 그러나 해당 명사가 문장 내에서 과연 무슨 역할을 맡고 있는지를 파악하기가 쉽지 않게 됐다. 영어가 중국어처럼 문장 내 위치를 극도로 중시하게 된 근본 배경이 여기에 있다.

　영어에서 우리말의 집을 뜻하는 house와 home이 go동사와 함께 쓰일 때 house는 반드시 전치사 to가 나와야 하는 데 반해 home은 그렇지 않다. 이는 바로 '집으로'를 뜻하는 라틴어 대격 domum의 흔적으로 볼 수 있다. home이 들어간 문장에서 전치사를 사용하는지 여부에 따라 그 의미가 달라지는 것 역시 같은 맥락에서 이해할 수 있다. 다음의 예문을 보면 이를 쉽게 확인할 수 있다.

e.g. 11

He / is *home*. 그는 집으로 돌아온다.

He / is *at home*. 그는 집에 있다.

He / stays *home*. 그는 집에 머물러 있다.

He / stays *at home*. 그는 집안에 틀어박혀 있다.

고대 그리스어는 격변화가 6개밖에 없는 라틴어와 달리 산스크리트어처럼 모두 8개의 격이 존재한다. 고대 그리스어 문장에 원인과 비교를 나타내는 탈격을 비롯해 조격의 특성이 뚜렷하게 나타나는 이유다. 격어미의 변화로 명사 및 형용사의 격을 표시하는 인도유럽어에서는 격변화가 많을수록 문장의 의미가 더욱 선명히 드러날 수밖에 없다.

명사의 격변화가 가장 복잡하게 나타나는 것은 말할 것도 없이 산스크리트어이다. 산스크리트어는 특이하게도 단수와 복수 사이에 이른바 쌍수雙數가 존재한다. 현재 인도유럽어에서 쌍수가 존재하는 언어는 아랍어와 히브리어 등의 셈어밖에 없다. 그러나 아랍어와 히브리어는 독어와 러시아어에 있는 중성이 없고 격변화 또한 주격과 속격 및 대격 등 단 3가지밖에 없는 까닭에 산스크리트어의 격변화에 비유할 바가 못 된다.

독어는 성에서 남성·여성·중성, 수에서 단수·복수가 존재하고 격변화에서 4격으로 변화하는 까닭에 산술적으로는 하나의 명사에 모두 24개의 격변화가 있는 셈이다. 러시아어는 더 심하다. 성에서 남성·여성·중성, 수에서 단수·복수가 존재하고 격변화에서 6격으로 변화하는 까닭에 모두 36개의 격변화가 이뤄지는 셈이다.

반면에 러시아어는 상대적으로 동사의 활용이 간단하다. 인도유럽어의 비교문법학자들이 러시아어는 어미의 변화가 심한 명사 및 형용사의 격변화를 마스터하면 사실상 어학 습득이 끝난 것이라고 말하는 이유다. 영어와 독어와 불어 등의 경우는 동사가 복잡하게 활용하는 까닭에 동사를 마스터하면 사실상 정복한 것이나 다름없다고 말하는 것과 대비된다.

역사언어학의 관점에서 볼 때 인도유럽어 가운데 성과 수 및 격에 따라 명사와 형용사, 관사, 대명사, 수사 등이 변화무쌍하게 굴절하는 것은 말할 것도 없이 산스크리트어이다. 남성·여성·중성은 물론 단수·쌍수·복수에다가 8가지 격변화가 모두 일어나는 까닭에 산술적으로 모두 72가지의 격변화가 일어나는 셈이다. 언어학자들이 산스크리트어를 가장 어려운 언어로 간주하는 이유가 여기에 있다. 사실 산스크리트의 원어인 상스끄리따saṃskṛta라는 말 자체가 '완성된 언어'라는 의미이다.

여기서 주목할 것은 산스크리트어의 직계 후예라고 할 수 있는 현대 힌디어가 우리말처럼 교착어의 모습을 띠고 있는 점이다. 힌디어는 영어를 공용어로 사용하는 11억 인도인의 국어이다. 현대의 그리스인들은 소크라테스 시대의 고대 그리스어를 해독하는 데 별다른 어려움을 겪지 않고 있다. 그러나 현대 인도인들은 석가모니가 생존했던 시절의 산스크리트어를 해독하는 데 적잖은 노력을 기울여야만 한다. 문자의 모양만 같을 뿐 명사 및 형용사의 격변화를 비롯해 동사의 활용에서 엄청난 변화가 일어난 결과다.

역사언어학의 관점에서 볼 때 현대 힌디어가 격변화를 특징으로 하는 굴절어에서 한국어처럼 격조사를 이용하는 교착어의 모습을 띠게 된 것은 언어학적으로 격조사의 우수성을 뒷받침하는 증거에 해당한다. 실제로 21세기 현대 힌디어의 명사 격변화를 살펴보면 이를 쉽게 확인할 수 있다. 집을 뜻하는 산스크리트어 gṛha*griha*와 21세기 힌디어 ghar의 격변화를 대비해 놓은 다음 도표를 보자.

e.g. 12

	산스크리트어 gṛha(중성)			힌디어 ghar(남성)	
	단수	쌍수	복수	단수	복수
주격	gṛhas	gṛhau	gṛhās	ghar ne	gharon ne
속격	gṛhasya	gṛhayos	gṛhānām	ghar kā–ke, –kī	gharon kā–ke, –kī
여격	gṛhāya	gṛhaābhyām	gṛhebhyas	ghar ko–ke lie	gharon ko–ke lie
대격	gṛham	gṛhau	gṛhān	ghar ko	gharon ko
탈격	gṛhāt	gṛhaābhyām	gṛhebhyas	ghar se	gharon se
처격	gṛhe	gṛhayos	gṛheṣu	ghar men–par	gharon men–par
조격	gṛhena	gṛhaābhyām	gṛhais	ghar se	gharon se
호격	gṛha	gṛhau	gṛhās	ghar e	gharon o

도표를 통해 알 수 있듯이 산스크리트어는 격어미가 어근인 gṛha*griha*

의 뒤에서 복잡하게 변화하고 있는 데 반해, 현대 힌디어는 마치 한국어의 격조사처럼 명사와 뚜렷이 구별된 모습으로 격변화를 하고 있다. 8개의 격이 모두 그대로 살아 있는 현대 힌디어는 조사와 유사한 어미를 활용함으로써 사실상 격변화를 하지 않는 셈이나 다름없다. 나아가 중성과 쌍수가 사라졌다. 형태만 굴절어일 뿐 사실상 교착어인 한국어와 별반 차이가 없게 되었음을 보여준다. 다음 예문을 보면 21세기의 현대 힌디어가 한국어와 얼마나 닮아 있는지를 실감할 수 있다.

e.g. 13

mēng-ne / rāste men bacce ko   deka.
나 는 / 길 에서   아이 를   보았다.

21세기 현대 힌디어는 어순은 물론 격변화 역시 우리말의 격조사처럼 변했다. 명사 및 형용사의 격변화 및 어순 등에서 교착어인 한국어 및 일본어와 유사한 모습을 띠고 있는 까닭에 이를 여타 서구의 언어처럼 계속 굴절어로 간주하는 게 타당한지 헷갈릴 수밖에 없다.

영어도 불어와 독어 및 러시아어 등 여타 인도유럽어와 달리 격변화를 대폭 생략한 까닭에 어순만 다를 뿐 현대 힌디어와 크게 닮아 있다. 다만 영어는 현대 힌디어처럼 격조사 형의 어미를 활용하지 않고 대신 중국어처럼 문장 내 위치 및 전치사의 도움으로 격을 대치하는 방식을 좇고 있다. 영어가 인도유럽어 가운데 유일하게 중국어처럼 고립어의 특징을 보이는 근본 이유가 여기에 있다. 인도유럽어 가운데 유독 현대 힌디어는 한국어로 대표되는 교착어, 이어 현대 영어는 중국어로 상징되는 고립어로 진화하고 있다고 평가하더라도 크게 틀린 말은 아니다.

먼저 21세기 현대 영어에 나타나고 있는 격변화의 생략이 어느 수준에 달해 있는지 여부부터 간략히 살펴볼 필요가 있다.

e.g. 14

영어

1 2   3   4   5 6 7   8 9 10 11

A poor beggar / wrote a long letter on the new bench.

불어

1   2   3   4   5   6   7   8 9 10 11

Un pauvre mendiant / a écrit une *longue* lettre sur *le nouveau* banc.

독어

1   2   3   4   5   6   7 8 9 10   11

Ein armer Bettler / schrieb *einen langen Brief* auf *der neuen Bank*.

독어의 경우는 총 11개의 낱말에서 동사와 전치사를 뺀 9개의 낱말 가운데 주어를 제외한 관사와 형용사, 명사가 일제히 격변화를 하고 있음을 알 수 있다. 불어는 술어동사의 목적격 내지 전치사의 목적격으로 사용된 7번과 11번의 명사가 격변화를 면하기는 했으나 이는 앞에 나온 관사 및 형용사 덕분에 격변화를 면한 것으로 사실상 격변화를 한 것이나 다름없다.

이에 반해 영어는 주어와 술어에 등장한 모든 명사와 형용사가 아무런 격변화를 하지 않고 있다. 골치 아픈 격변화를 하지 않은 까닭에 깔끔한 느낌을 주는 반면 해당 낱말의 격을 짐작하기가 쉽지 않다. 술어동사와 전치사의 위치를 기준으로 해당 명사가 주어, 목적어, 전치사의 목적어로 사용되고 있다는 사실을 짐작할 뿐이다.

영어가 현대 힌디어처럼 관사와 형용사, 명사의 격변화를 거의 모두 생략하는 놀라운 변화를 시도했음에도 불구하고 격변화를 대체할 수 있는 격조사를 보유하는 쪽으로 발전하지 못한 결과로 해석할 수 있다. 영어가 고립어인 중국어와 흡사한 문장구조를 지니게 된 근본 배경이 바로 여기에 있다.

나아가 영어는 아직 대명사 등에서 격변화의 흔적을 갖고 있다. 그럼에도 가장 극심한 격변화를 하는 소유대명사所有代名詞와 물주대명사物主代名詞를 'my' 등으로 간략화해 놓은 것은 혁명적인 변신에 해당한다. 다음 예문을 보면 인도유럽어에서 복잡하기 짝이 없는 소유대명사의 격변화가 영어에서 얼마나 혁명적으로 변화했는지 한 눈에 알 수 있다.

e.g. 15

	독어(mein)				불어(mon)			영어(my)		
	남성	여성	중성	복수	남성	여성	복수	남성	여성	복수

1격	mein	meine	mein	meine					
2격	meines	meiner	meines	meiner	mon	ma	mes	my	
3격	meinem	meiner	meinem	meinen					
4격	meinen	meine	mein	meine					

　예문에 포함시키지는 않았으나 러시아어는 6격으로 변하는 까닭에 소유대명사의 격변화가 독어보다 더 복잡하다. 불어는 격변화를 생략하고 성에 따른 구분만 하고 있으나 이 또한 영어와 비교하면 상대적으로 복잡하다.

　영어는 –'s의 형태를 띤 극히 간략한 속격을 제외하고는 모든 사격斜格의 격변화를 사실상 폐지한 것이나 다름없다. 인도유럽어로 상징되는 굴절어 계통에서 이런 변화가 나타난 것은 오직 영어밖에 없다. 이는 일종의 혁명에 해당한다. 21세기에 들어와 영어가 급속도로 세상에 널리 확산된 데에는 여러 이유를 들 수 있지만 이런 혁명적 변신이 결정적인 배경이 됐다고 평할 수 있다.

명사와 전치사

　영어는 격변화를 거의 하지 않는 까닭에 전치사의 비중이 매우 크다. 전치사의 역할과 기능을 제대로 알지 못할 경우 구문을 제대로 이해하기가 어려운 이유다. 전치사의 가장 중요한 역할은 명사와 형용사 등 체언의 격을 정해주는 일이다. 전치사에 의해 이끌리는 이른바 전치사구前置

詞句prepositional phrase는 문장 내에서 명사구, 형용사구, 부사구 등의 역할을 수행한다. to부정사도 전치사구의 일종으로 볼 수 있다. 다음 예문을 보자.

e.g. 16

The secret / is **to do** something that you love.
비결은 하고픈 일을 하는 거다.
To speak of it may easily lead to a misunderstanding.
그것의 언급은 오해를 낳기 쉽다.

The critical power / is **of lower rank** than the creative.
비판력은 창조력보다 하위이다.
Changes **in institutions** / produce change **in technology**.
제도변화는 기술변화를 초래한다.

She / moves her wrist **with difficulty**.
그녀는 손목을 힘들게 움직인다.
On several occasions I / have said publicly the truth.
난 누차 그걸 공언한 바 있다.

영어의 전치사는 그 형태에 따라 크게 3가지로 나뉜다. 첫째, 하나의 낱말로 구성된 in과 on 등의 단일전치사單一前置詞이다. 둘째, 다른 낱말과 합쳐져 형성된 before와 beside 등의 복합전치사複合前置詞이다. 셋째, 여러 개의 낱말이 합쳐 이뤄진 as for와 in behalf of 등의 어군전치사語群前置詞이다.

이밖에도 현재분사형태인 -ing 형으로 된 소수의 전치사가 있다. 이를 '분사형 전치사'라고 한다. 다음 예문은 '분사형 전치사' 구문을 모아 놓은 것이다.

e.g. 17

Barring accidents, we / should arrive on time.

사고만 없으면 제때 도착할 것이다.

We / must all obey the law, not **excepting** the king.

준법에는 국왕도 예외일 수 없다.

He / is very active, **considering** his age.

나이를 감안하면 그는 활동적이다.

6 people / were killed in the riot, **including** him.

폭동에서 그를 포함해 6명이 죽었다.

She / has said nothing **regarding** your request.

그녀는 당신의 청원에 묵묵부답이다.

Please remain seated **during** the performance.

공연 중 이석하지 마세요.

I / want the information **respecting** his whereabouts.

난 그의 행방에 관한 정보를 원한다.

The bad weather **notwithstanding**, it was a success.

악천후에도 그 행사는 성공이었다.

He / was released on bail **pending** further inquiries.

추후 조사 때까지 보석 석방됐다.

She / is an expert as **touching** chemistry.

화학에 관해선 그녀가 전문가다.

통상 한 개의 전치사가 한 개의 낱말을 지배하는 게 원칙이다. 그러나 때로는 2개의 전치사가 나란히 나와 한 개의 명사를 지배하는 경우도 있다. 이를 '2중전치사'라고 한다. 이는 한 개의 전치사만으로는 일정한 뜻을 충분히 드러내기 어렵다고 판단한 결과이다. 다음 예문을 보자.

e.g. 18

I / put my feet out **from under** the clothes.

난 의복 아래서 발을 뺐다.

He / postponed the ceremony **until after** elections.

선거 종료까지 의식을 연기했다.

I / felt him move **from beside** me without a sound.

난 그가 몰래 물러나는 걸 감지했다.

She / looked at him **from beneath** the sun−bonnet.

그녀는 모자 아래로 그를 바라봤다.

전치사의 위치는 원래 지배하는 명사 앞에 위치한다. 그러나 전치사가 후치後置되는 경우도 있다. 관계대명사 및 의문대명사의 등장에서 그 원인을 찾고 있다. 다음 예문을 보자.

e.g. 19

    For whom are you speaking?

    당신은 누구를 대표해서 말하는 것인가?

=   Whom are you speaking **for**?

=   Who are you speaking **for**?

전치사의 후치는 주격 이외의 단어가 문두에 나서는 것을 크게 꺼린 결과다. 현대 영어는 굴절어미를 거의 모두 상실한 까닭에 중국어처럼 전치사의 비중이 매우 크다. 영어가 전치사와 연계되는 명사의 격을 모두 대격으로 일원화해 놓은 것은 탁월한 선택으로 볼 수 있다.

명사와 관계대명사

관계절을 문법적으로 선행사先行詞 antecedent에 연결시킴으로써 접속사와 대명사의 역할을 겸하는 관계대명사는 멀리 고대 영어까지 소급한다. 고대 영어는 지시대명사인 남성형의 se, 여성형의 seo, 중성형의 that 등이 관계대명사로 사용된 경우가 흔했다. 관계사關係詞의 일종인 the가 관계대명사로 사용된 경우도 많았다.

중세 영어의 시기에는 관계사 the가 사라지고, 지시대명사의 중성형인 that가 널리 사용됐다. 이와 동시에 의문대명사 who, what, which 등이 새로이 관계대명사로 등장했다. 이는 불어에서 qui*who* quoi*what* 등이 관계대명사의 역할을 하는 것에 자극을 받은 결과였다. 사실 고대 영어에서도 whoever의 고어형인 'swa, hwa, swa' 및 whatever의 고어형인 'swa, hwaet, swa'가 사용된 용례가 있기는 하다. 그러나 who, whose, whom, what 등이 정식으로 관계대명사의 역할을 하게 된 것은 전적으로 불어의 사용법에 자극을 받은 결과로 보는 게 학자들의 통설이다.

관계대명사에 이끌리는 관계절은 우리말의 '−것'과 같이 그 자체로 명사가 되어 주어와 보어, 목적어 등이 될 수 있다. 이는 한국어 및 중국어와 별반 차이가 없다. 영어의 관계절은 또 우리말의 '−하는'처럼 피수식어의 뒤에 위치해 앞에 나온 선행사先行詞 antecedent를 수식하는 형용사 역할을 수행하기도 한다. 이는 한국어에서 명사를 수식하는 구절이 피수식어의 앞에 위치해 뒤에 나오는 후행사後行詞를 꾸미는 것과 대비된다. 중국어의 경우는 선행사를 가질 수도 있고, 후행사를 가질 수도 있다. 굴절어인 영어, 고립어인 중국어, 교착어인 한국어를 비교한 다음 예문을 보면 쉽게 이해할 수 있을 것이다.

e.g. 20

| He | / has | / a sister **who likes to see the movies**! | (선행사) |

→ 他 / 有 / 一個妹妹**喜歡看電影**! （선행사）

→ 他 / 有 / 一個**喜歡看電影的**妹妹! （후행사）

그에겐 / 있다 / **영화 보는 걸 좋아하는** 누나가! （후행사）

| She | / made | / a dish **which I wanted to eat**! | (선행사) |

→ 她 / 炒了 / 一個菜**我想吃**! （선행사）

→ 她 / 炒了 / 一個**我想吃的**菜! （후행사）

그녀는/ 만들었다 / **내가 먹고 싶어 했던** 요리를! （후행사）

영어의 관계절 중에는 관계사가 없는 게 의외로 많다. 이를 접촉절接觸節 contact clause 또는 비결속관계절非結束關係節 asyndetic relative clause라고 한다. 이는 선행사와 관계절의 관계가 긴밀한 까닭에 문맥상 혼동이 일어날 가능성이 낮기 때문이다.

관계절이 목적어로 사용될 경우, 'it is–' 구문에 연결된 서술어가 선행사가 되는 경우, the time과 the place 및 the way 등처럼 시간과 장소 및 방법 등을 나타내는 어구가 선행사가 될 경우, 최상급과 all 및 that처럼 한정된 뜻이 부각돼 있는 경우 등이 이에 해당한다. 관계절이 주어로 나올 경우에도 접촉절이 등장할 수 있다. 다음 예문을 보자.

e.g. 21

It / was exactly the present **I needed**.

그건 내가 바라던 선물이었다.

He / thought of the fun **he had planned**.

그는 자신이 계획했던 일을 생각했다.

Know all **there is to** know about leadership.

리더십 분야에 대해 깊이 파도록 해라.

He / called her by the highest name **he knew**.

그는 그녀를 가장 높은 호칭으로 불렀다.

How much was it **he stole**?

그가 훔친 게 얼마나 되나?

Who / is that **you stare at**?

네가 눈여겨보고 있는 사람이 누군가?

I / grudge the time **I spend** travelling to work.

난 출퇴근에 보내는 시간이 아깝다.

There is / nowhere **she can go**.

그녀가 갈 곳이라곤 아무데도 없다.

I / hate the way **you talk** about your future!

자네 앞날에 대해 말하는 투가 불만이네!

There was / Johnson **died the other day**.

요전에 작고한 존슨이란 사람이 있었다.

That / is all **is the matter** with me.

나와 상관있는 건 이것뿐이다.

There / is a man below **wants to speak to me**.

내게 얘기하려고 한 사람이 아래에 와 있다.

He / had a daughter **loved a man**.

그에겐 한 남자를 사랑한 딸이 있었다.

관계절은 'it is-' 구문형식을 통해 강조하고자 하는 낱말을 수식하는 용법으로도 많이 쓰인다. it 대신에 this나 that을 쓸 수도 있다. 다음 예문을 보자.

e.g. 22

It / **was** Washington **who** laid the cornerstone.

초석礎石을 놓은 사람은 바로 워싱턴이었다.

It / **is** I **that** run the country for the people.

국민을 위해 재정운용을 하는 사람은 나다.

It / **is** not God **who** makes wars, but bad people.

전쟁을 일으키는 사람은 신이 아닌 악인이다.

It / **was** his bare feet **which** they had heard.

그들이 들은 소리는 그의 맨발소리였다.

This / **is** the faith with **which** I return home.

나는 이런 신념을 갖고 귀국할 것이다.

현대 영어에서 가장 많이 눈에 띄는 관계사는 who이다. 원칙적으로 사람을 선행사로 하나 동물과 사물도 가능하다. which는 사물 또는 문장 전체 등을 받기도 하고, 관계형용사로도 사용된다. 다음 예문이 그 증거이다.

e.g. 23

He smoked, **which** gave him a pleasant smell.

담배를 피우자 그에게서 구수한 냄새가 났다.

I feel chilly, **which** is bad for my sciatica.

으스스 추웠는데 이는 좌골신경통에 안 좋다.

Blessed are they **which** do hunger after goodness!

선善에 굶주린 자에게 복이 있으리라!

I / am not the man **which** she wanted me to be.

난 그녀가 그리 되길 바라던 인물이 아니다.

He / was a good man, **which** my brother was.

그는 훌륭했다. 내 오빠도 그런 사람이었다.

Should he go, in **which** case he would join me?

그가 갈지 모르는데, 그 경우 나와 합류할까?

관계대명사 what는 선행사와 which 등의 관계사가 하나로 통합된 것이다. what에 이끌리는 절은 명사적 용법에 그치지 않는다. 문중에 들어가 삽입구의 역할을 하기도 하고, 때로는 which처럼 관계형용사로 쓰이기도 한다. 다음 예문을 보자.

e.g. 24

In space, speed, not distance, is / **what** costs money.
우주에서 돈 드는 건 거리가 아닌 속력이다.
I / never saw him, and **what** I saw didn't worry me.
본 적도 없는데다 봤어도 나와 무관했다.
He / lost **what** little self-possession he ever had.
그는 그간의 자제력마저 모두 잃어버렸다.
I / have taught you **what** little you know about it.
그것을 네게 약간 가르쳤다고 본다.
And, **what** is worse, he lost his health.
더구나 그는 건강마저 잃었다.

관계대명사 what에 이끌리는 절은 의문대명사로 사용될 때와 혼동되기 쉽다. 어순까지 똑같기 때문이다. 다음 예문은 의문대명사와 관계대명사로 사용된 경우를 비교해 놓은 것이다.

e.g. 25

I / insist on knowing **whát** *it has cost*.

나는 그게 얼마나 들었는지 알고자 한다.

I / insist on paying **what** *it has cost*.

나는 들어간 비용의 대가를 치르고자 한다.

I / don't mind **whát** *I print*.

나는 무엇을 기사로 쓰든 개의치 않는다.

I / don't mind **what** *they print*.

나는 그들이 쓰는 기사에 개의치 않는다.

문장구조와 어순이 똑같은 까닭에 강세 역점으로 구별하는 수밖에 없다. 의문대명사는 대개 강세 역점 이외에도 exactly와 just, precisely 등의 부사를 곁들여 차별성을 강화한다. 다음 예문을 보자.

e.g. 26

What exactly *Paganism was* we / didn't know.

이교異敎가 뭔지 우린 잘 알지 못했다.

Just who *made the first move*, he / didn't explain.

누가 먼저 손을 썼는지 그는 설명하지 못했다.

-ever로 끝나는 이른바 복합관계대명사複合關係代名詞도 단순관계대명사의 용법과 별반 차이가 없다. 주로 명사적 용법으로 쓰이지만 형용사적 용법과 있다. -ever 대신 -soever를 덧붙이는 경우도 있다.

e.g. 27

Whatever she says / goes.
그녀의 말은 언제나 일리가 있다.
I / had to inform **whomsoever** should go the truth.
가려는 사람에게 진실을 알려야 했다.
The poem, **whosesoever** it was, has much virulence.
그 시는 누구 건지 모르나 악의에 차 있다.
They, of **whichever** sex they may be, will do it.
그들은 남녀불문하고 그 일을 할 것이다.

관계대명사에는 이밖에도 as, but, than 등의 의사관계대명사擬似關係代名詞가 있다. as의 경우는 such와 same 등을 동반하는 선행사를 받는다. such와 same을 대신해 as와 like 및 so가 오는 경우도 있다. 다음 예문을 보자.

e.g. 28

He / is not half *such* a man **as** you took him for.

그는 네가 생각한 그런 자가 결코 아니다.

It / should be *such* **as** could be discussed at dinner.

그건 저녁식사 때 토론할 그런 것이다.

As poor a wretch **as** I am, I / am honest.

난 비록 하찮은 인간이긴 하나 정직하다.

He / talked too freely *like* a ignoramus **as** he is.

그는 무지렁이처럼 마구 지껄였다.

Little **as** he said to me, he / was a goof friend.

별 말은 없었으나 그는 좋은 친구였다.

It / was *as* near perfection **as** could be.

그건 거의 완벽에 가까운 것이었다.

but는 부정적인 뜻을 내포하고 있어 'who-not' 구절로 풀이할 수 있다. 때로는 but what나 but he 등으로 쓰이는 경우도 있다. than에 이끌리는 관계절에서는 앞에 나오는 more가 선행사로 작용하고 있다. 다음 예문을 보자.

e.g. 29

There is / *no* one **but** has some faults.

결점 없는 사람은 없다.

There is / *not* one **but what** will give him a good name.

그를 칭송치 않을 사람이 없다.

There's / *not* a man **but he** will puzzle you to know him.

사람을 모두 이해하는 건 없다.

He / offered *more* **than** could be expected.

그는 기대 이상으로 제공했다.

She / is *tireder* **than** she has ever been.

그녀는 전보다 더 피곤하다.

It / will be *better* **than** can be imagined.

상상 이상으로 더 나아지리라.

시간과 장소, 방법 등과 관련한 when, where, why 등의 의문부사
는 the time, the place, the reason 등이 선행사로 나올 때 the time in
which, the place at which, the reason for which로 풀이할 수 있다. 이
를 통상 관계부사關係副詞라고 한다.

그러나 관계부사는 문법적 기능에 따라 명사, 형용사, 부사적 용법으
로 사용되고 있는 점에 주의할 필요가 있다. 이는 선행사가 생략한 효과
이다. 다음 예문을 보자.

e.g. 30

That / is **why** *he cannot succeed.*

그것이 바로 그가 실패한 이유다.

I / turned my face to **where** *the sound came.*

난 소리 나는 곳으로 얼굴을 돌렸다.

This / is *the place* **where** the gentleman lives.

이곳이 바로 그 신사가 살던 곳이다.

I / remember *the day* **when** I met you.

당신을 만난 날을 기억하고 있다

Where *there's a will*, there is / a way.

뜻이 있는 곳에 길이 있다.

You / may sit **where** *you like.*

편할 대로 앉으시오.

관계절은 관계대명사와 관계형용사, 관계부사를 막론하고 선행사와 성, 수, 격 등이 일치하는 게 원칙이다. 그러나 문맥 전체의 관점에서 일 치하는 것을 꺼리는 경우가 있다. 다음 예문이 그 실례이다.

e.g. 31

They / are a people **whom** it wasn't safe to attack.   O

그들은 공격하기가 쉽지 않다.

They / are a people **who** it wasn't safe to attack. X

He / is one of them who **have** passed the exam. O

그는 합격자 중 한 사람이다.

He / is one of them who **has** passed the exam. X

구어에서는 아무 이유 없이 관계사를 생략하는 경우가 많다. 이는 번거로운 느낌을 주지 않기 위한 것으로 나름대로 일리가 있다. 문어의 경우도 매우 드물기는 하나 유사한 사례를 살펴볼 수 있다. 다음 예문을 보자.

e.g. 32

There is / somebody at the door *wants to see you*.

누가 당신을 만나러 문 쪽에 와 있다.

To help *who want*, to forward *who excel*.

필요한 자는 돕고, 탁월한 자는 밀어준다.

He / helped to bury *whom he helped to starve*.

그는 자신이 굶긴 자를 매장했다.

관계사는 영어를 포함한 모든 인도유럽어가 지니고 있는 기본 특징 가운데 하나이다. 고립어의 경우도 관계대명사가 존재한다. 말레이-인도네시아어에서 관계대명사의 존재로 인해 영어처럼 뒤에서 수식하는 게 그렇다. 이는 형용사가 명사를 수식할 때 뒤에 위치하는 데서 비롯된 것이다. 그러나 같은 고립어일지라도 형용사가 명사 앞에서 수식하는 중국어의 경우는 관계대명사가 존재하지 않는 까닭에 2가지 방법을 사용한다. 첫째, 수식을 받는 명사를 관계대명사를 포함한 선행사로 간주해 수식하는 구절을 뒤에 배치하는 경우이다. 둘째, 교착어인 한국어처럼 수식하는 구절을 일단 명사구로 만든 뒤 피수식어의 앞에 두어 형용사적으로 사용하는 경우이다.

Epilogue

제4차 산업혁명시대와 콩글리시

언어학과 정치언어학

지난 2008년 7월 제18차 세계 언어학자 대회가 한국에서 개최된 바 있다. 70여 개국에서 온 1,500여 명의 언어학자들이 850편에 이르는 논문을 발표했다. 전통적인 통사론, 음운론, 의미론 이외에도 '언어의 기원과 진화' 등 일반인들이 흥미를 가질만한 내용이 많이 발표됐다. 가장 눈길을 끈 것은 수전 로메인 옥스퍼드대 석좌교수가 발표한 '언어권리'에 관한 논문이었다. 그는 이 논문에서 언어의 다양성을 적극 옹호하면서 글로벌 시대를 맞아 더욱 중요한 주제어로 떠오른 영어의 독패獨霸 현상에 깊은 우려를 표명했다. 맹목적인 영어 학습 열풍에 경고를 보낸 것이다.

본래 언어와 정치는 순치脣齒의 관계를 맺고 있다. 대표적인 인물로 독일의 사상가 헤르더와 프랑스의 계몽사상가 루소를 들 수 있다. 헤르더는 1769년 여름 베를린학술원이 내건 논문 현상공모에서 「언어의 기원에

414 | 교양인의 영문법

대하여」라는 논문으로 1등 당선한 바 있다. 그는 칸트의 권고로 인간의 본성에 충실한 교육을 역설한 루소의 명저『에밀』을 읽은 뒤 열렬한 추종자가 된 인물이다. 1753년에 실시된 프랑스 디종 아카데미의 현상공모에서「인간불평등기원론」이라는 논문을 제출했다가 떨어진 바 있는 루소역시 헤르더가 논문을 발표하기 전에「언어의 기원에 관한 시론」을 쓴 바있다.

당시 이들이 언어에 이처럼 큰 관심을 보인 것은 언어가 곧 인간의 본성과 직결된다고 생각했기 때문이다. 인간이 신 및 동물과 구별되는 가장 대표적인 상징물로 언어를 상정한 결과다. 실제로 헤르더는 자신의 논문에서 성경의 바벨탑 붕괴와 관련한 언어의 '신적 기원론'을 부인하고 '인간적 기원론'을 논증하고자 했다. 이는 루소의「인간불평등기원론」과 맥을 같이하는 것이다. 계몽주의 시대에 언어정치학 내지 정치언어학이 풍미한 이유가 여기에 있다.

이후 정치언어학은 19세기에 이르러 정치학과 분리돼 분과학문으로 발돋움하면서 놀라운 성과를 거두기 시작했다. 20세기 초에 등장한 스위스 언어학자 소쉬르의 구조주의structuralism 언어학이 중엽에 이르러 인문학과 사회과학을 선도하며 학문의 제왕으로 군림한 게 그렇다. 여기의 구조structure는 유기적인 관계를 맺고 있는 개념 및 사물의 덩어리를 뜻한다. 소쉬르의 구조주의 언어학은 그의 유고집인『일반언어학강의』가 출간된 이후 널리 퍼지기 시작했다.

원래 소쉬르는 범어학梵語學, 즉 산스크리트어학의 대가였다. 그는 21세 때인 1878년에「인도유럽어 모음의 원시체계에 관하여」라는 논문을 발표해 학계의 주목을 받았다. 언어를 유기적 관계의 덩어리로 파악한 그는 이를 체계systeme로 표현했다. 체계는 곧 구조주의자들이 말하는 구조와 같은 뜻이다. 그는 논문의 마지막 대목에서 이같이 주장했다.

"언어학의 유일하고 진정한 대상은 그 자체로서 또 그 자체만을 위해 고찰되는 언어이다."

이는 언어정치학 내지 정치언어학에서 출발한 언어학의 독립선언에 해당했다. 그러나 당시 정치언어학을 포함해 지리언어학과 언어인류학, 사회언어학 등 다양한 분야에서 활약하는 그의 제자들은 크게 당혹해했다. 실제로 그와 정반대의 생각을 가진 학자들도 적지 않았기 때문이다. 대표적인 인물이 미국 언어학자 야콥슨이다. 그는 한 언어학 심포지엄에서 이렇게 말했다.

"나는 언어학자다. 언어와 관련된 것 가운데 내게 무관한 것은 없다."

『변형생성문법』을 쓴 촘스키도 야콥슨과 맥을 같이했다. 평생을 순수한 학자로서의 삶을 산 소쉬르와 달리 전투적인 정치평론가로 살고 있는 촘스키는 생래적인 언어 습득능력을 원리principle로 규정하면서, 이를 언어생활에 표출되는 실행practice과 엄격히 구분했다. 그가 말하는 변형transformation과 생성generation은 곧 원리가 실행으로 나타나는 과정을 달리 표현한 것이다.

원래 그의 『변형생성문법』은 1957년에 발표된 『통사구조론』을 확장한 것이다. 당시 그는 자신의 언어학을 '데카르트 언어학'으로 명명했다. 서구의 지성사 계보에서 최고의 자리를 차지하고 있는 데카르트의 적통嫡統을 자처하고 나선 것이다. 그의 '데카르트 언어학' 선언은 당시 주류를 이루던 '구조주의 언어학'과 커다란 마찰을 일으켰다. 그는 이 과정에서 구조주의 언어학이 간과 내지 홀시했던 통사론統辭論 Syntax을 언어학의 본령으로 삼아야 한다고 주장해 새로운 흐름을 이끌어 내는데 성공했다.

『변형생성문법』은 문법의 본질을 규칙의 집합으로 상정하고 있다. 어휘규칙, 의미규칙, 음운규칙, 통어규칙 등이 그것이다. 통사론은 곧 통어규칙에 해당한다. 통어규칙은 구절구조 규칙과 변형 규칙의 2가지 규칙으로 이뤄져 있다. 구절구조 규칙은 어순과 글의 기본구조를 뜻하고, 변형 규칙은 기본구조를 변형시켜 언어관행에 부합하는 표층구조를 생성하는 것을 말한다. 표층구조는 언어관행에 부합하는 정문正文을 의미한다. 이는 심층구조와 대립된다.

최근에는 심층구조와 표층구조를 거의 같은 것으로 간주하는 견해가 대세를 이루고 있다. 변형규칙의 종류와 역할이 전에 비해 크게 위축된 배경이다. 개개의 변형규칙으로서 설명되던 것이 보다 포괄적인 변형규칙 원리에 의해 설명되는 흐름이 저간의 언어학계 현황을 웅변한다.

『변형생성문법』의 문제점

21세기 현재까지 언어학계 내에서 촘스키의 이론을 정면으로 반박하는 사례를 찾아보기 힘들다. 그의 통사론이 불러온 혁명적 변화의 충격이 그만큼 컸다는 것을 반증한다. 그러나 정치언어학의 관점에서 볼 때『변형생성문법』은 크게 2가지 문제점을 안고 있다.

첫째, 인간의 언어소통 행위를 병리적病理的으로 파악한 점이다. 표층구조 및 심층구조 등의 가설이 대표적이다. 그가 말한 심층구조는 구절구조 규칙의 승인을 받아 통용되고 있는 구조에 어휘를 삽입함으로써 형성된다. 결국 심층구조에 변형 규칙을 적용함으로써 표층구조가 도출되는 셈이다.

그러나 이는 프로이드의 심리학 이론을 차용한 것으로, 실질적인 언어생활과는 동떨어진 것이다. 통상 깨어있는 상황에서의 언술言述은 그의 주장과 달리 대개 머릿속에서 강약완급強弱緩急의 조절을 거친 뒤 표출되기 마련이다. 언술하는 사람 스스로 주어진 상황에 가장 부합하는 것으로 판단되는 언술을 외부로 표출하는 까닭에 심층과 표층을 별개로 논할 게 없다. 심층과 표층은 프로이드가『꿈의 해석』에서 분석한 것처럼 잠꼬대인 섬어譫語, 크게 취한 상황에서 나온 발언인 취언醉言, 흥분 내지 착각 등에 의해 튀어나온 실언失言 등의 분석에 유용할 뿐이다. 이런 식의 접근은 라스웰 등의 정치심리학자들이 국가지도자의 리더십을 분석하면서 프로이드의 심리학에 지나치게 의존한 나머지 스탈린과 히틀러 등을 가차 없이 광인으로 몰아간 것과 닮아 있다.

둘째, 인간의 언어소통 능력을 선험적先驗的으로 파악한 점이다. 촘스키는 분과학문으로서의 언어학을 강조했던 소쉬르와 달리 정치언어학으로의 복귀를 선언했다. 모든 인간은 태어날 때 이미 언어를 배울 수 있는 능력을 타고 난다는 대전제하에 자신의 이론을 전개한 게 그렇다. 이런 주장은 취지상 인간은 원래 태어날 때 평등했으나 이후 집단생활을 영위하면서 불평등한 관계로 변하게 되었다는 루소의 주장과 맥을 같이한다. 플라톤이 『국가론』에서 이른바 철인왕哲人王을 언급하며 극히 이상적인 '이데아론'을 전개한 것과 별반 다를 바가 없다.

크게 보아 촘스키가 말하는 '심층구조'와 '생래적 언어인' 등의 개념은 맹자가 주창한 성선설性善說과 마찬가지로 형이상학적 발상에 불과하다. 증명이 불가능한 '생래적 언어인'을 상정한 게 그렇다. 맹자의 성선설이 현실정치와 괴리돼 있듯이 이 또한 현실의 언어생활에 별반 도움이 안된다. 정치언어학의 관점에서 볼 때 보다 중요한 것은 과연 일반인들이 사용하는 언어가 동료 또는 상하간의 의사소통 매체로 제대로 작동하고 있는지 여부이다. 이는 하버마스가 의사소통을 통한 민주주의 훈련인 이른바 '토론민주주의'를 역설한 것과 취지를 같이한다.

콩글리시 확산의 필요성

현재 영어는 트럼프 대통령 등장 이후 미국이 위상을 증대시키면서 각종 국제회의에서 공식용어로 널리 통용되고 있다. 그러나 지난 2008년의 미국 발 금융위기로 미국의 위상이 크게 실추될 당시만 해도 영어의 위세가 일시에 크게 꺾인 적이 있다. 당시 각종 국제회의에서 미국 대표를 제외하고는 굳이 미국식 영어인 이른바 '아맹글리쉬'를 쓰지 않으려고 한 게 그 증거이다. 실제로 당시 각국 대표들은 자국에서 통용되는 자기식의 영어로 발표했다. 예컨대 인도는 '힌글리시', 중국은 '친글리시', 러시아는 '러싱글리시', 일본은 '저팽글리시'를 구사하는 식이다. 이런 기조는 트럼프 정부의 등장 이후에도 그대로 유지되고 있다.

사실 영국의 입장에서 보면 미국식 영어는 지방 사투리인 '아멩글리시'에 지나지 않는다. 영국이 아멩글리시를 두고 옥스퍼드 영어를 들이대며 시비를 걸지 않듯이 현재 힌글리시와 친글리시 등을 놓고 시비를 거는 사람은 아무도 없다. 라틴어가 유일무이한 국제공용어로 통용되던 로마제국 때도 프랑스식 라틴어와 이탈리아식 라틴어 등을 두고 정통성의 시비를 건 적은 없다.

그렇다면 미국이 다시 금융위기 때처럼 문득 위세가 떨어질 경우 영어역시 라틴어의 전철을 밟게 되는 것일까? 결론부터 말하면 그럴 가능성은 거의 없다고 말할 수 있다. 크게 2가지 이유를 들 수 있다.

첫째, 당분간 국력 면에서 G1 미국을 추월할 나라가 나타날 가능성이많지 않다. 설령 G2로 불리는 중국이 미국을 압도하는 위치에 설지라도중국어가 영어를 대체하는 것은 불가능하다. 외국인들이 아무리 중어를유창하게 구사할지라도 뜻글자인 한자를 마스터해 중국의 어문語文을 완벽하게 이해하는 일은 거의 불가능에 가깝다. 중국어가 영어와 더불어국제공용어로 통용될 수는 있어도 대체할 수 없는 근본 이유가 여기에있다.

미국의 위상이 크게 추락해 2류 국가가 될지라도 영어의 국제공용어

위상을 위협하는 것은 중국어가 아닌 불어와 독어 등 같은 인도유럽어일 확률이 높다. 이는 한때 최고의 국제공용어로 각광을 받던 불어가 영어에 그 지위를 넘겨준 뒤에도 계속 국제공용어로서의 위상을 계속 이어오는 현실을 생각하면 터무니없는 추론이 아니다. 실제로 현재 아프리카의 여러 나라는 불어를 국어로 채택하고 있다. 최고의 국제공용어로 통용되는 여러 조건 가운데 가장 중요한 것은 얼마나 많은 나라가 해당 외국어를 국제공용어로 계속 사용하는가 여부이다.

세계에서 영어를 가장 많이 사용하는 인도를 염두에 둘 필요가 있다. 11억에 달하는 인구를 보유한 인도는 비록 힌디어를 국어로 정해 놓고 있으나 공용어인 영어를 함께 사용하지 않으면 완벽한 의사소통이 불가능하다. 전 인구의 10%에 달하는 1억 명가량은 영어를 자유자재로 구사한다. 산스크리트어의 후신인 현대 힌디어를 모국어로 사용하면서 라틴어와 게르만어가 뒤섞인 영어까지 능통하게 구사하는 것은 구미 각국의 당대 최고 지식인이 고대 그리스어와 라틴어, 아랍어, 히브리어 등을 꿰는 것에 비유할 만하다.

장차 인도의 위상이 미국 및 중국에 버금할 정도로 높아질 경우 인도식 영어가 미국식 영어를 대체할 가능성이 크다. 사실 이는 크게 이상할 것도 없다. 이미 아멩글리시가 정통 영어인 잉글리시를 대체한 전례가 그 증거다. 그런 면에서 당분간 미국을 상징하는 영어는 불어나 독어보다 훨씬 유리한 위치에 있다고 볼 수 있다. 영어가 라틴어와 달리 앞으로도 계속 살아남아 막강한 위세를 떨칠 것으로 보는 이유가 여기에 있다.

둘째, 영어의 문법적 간편성이다. 인도유럽어 가운데 영어처럼 동사의 활용어미를 최대한 간편하게 축약하고 명사와 형용사 등의 곡용어미를 사실상 완전히 제거한 언어는 존재하지 않는다. 비록 뜻이 약간 애매해진 단점이 있기는 하나 21세기의 제4차 산업혁명시대에는 오히려 '비즈니스'에 특화된 이런 언어가 훨씬 유용하다. 영어를 국어로 사용하지 않은 세계의 모든 사람들이 매우 짧은 시간에 기본 문형만 습득해도 회화가 가능한 게 그렇다. 외국어 습득이 통상 악기나 스포츠를 배우는 것만큼이나 많은 노력이 필요한 작업임을 감안할 때 이는 매우 이례적인 경우에 속한다. 인도유럽어 가운데 이런 식으로 모든 사람에게 쉽게 익힐 수 있도록 진화한 언어는 오직 영어밖에 없다. 영어의 앞날을 밝게 보는 이유다.

그런 점에서 한국의 영어교육이 아멩글리시 일변도로 흐르는 것은 재고할 필요가 있다. 메이드 인 저팬이 위세를 떨치던 지난 세기 말 저팽글리시가 횡행한 적이 있다. 국가전략 차원에서 콩글리시를 널리 전파하는 게 국가경쟁력과 브랜드가치 제고에 도움이 될 수 있다. 관건은 영문법의 기초를 확고히 다지는 데 있다. 기본 문형에 대한 이해가 확실하면 모든 영어 문장의 자유로운 구사가 가능해진다.

이 경우 한국식 영어인 콩글리시로 표현하는 게 오히려 유리하다. 영어를 모국어로 쓰는 미국인은 말할 것도 없고 같은 인도유럽어에 속하는 프랑스와 독일 및 러시아 사람들로부터 찬탄을 자아낼 수 있다. 큰 틀에서 볼 때 영어의 기본 문형에만 부합하면 디테일한 차원의 발음과 어휘 등은 그리 중요한 게 아니다. 오히려 한국의 역사문화에 뿌리를 두고 있는 콩글리시를 구사하는 게 더욱 크게 어필할 수 있다. 이는 필자가 본서를 서둘러 펴낸 이유이기도 하다.

그럼에도 우리나라의 영어교육은 아직도 초등학교 때부터 아멩글리시를 똑같이 흉내 내지 못해 안달하는 황당한 모습을 보이고 있다. 지난 2008년 초 서울의 모 여대 총장 출신 인사가 영어교육의 필요성을 역설하면서 일상생활에서도 '오렌지'가 아닌 '아린지'로 발음해야 한다고 주장한 게 대표적이다. 물고기를 잡는 법은 가르칠 생각도 하지 않은 채 물고기 조리법만 잔뜩 가르치는 꼴이다. 국민들의 힘과 지혜인 민력民力과 민지民智를 낭비하는 데 이것처럼 좋은 방안도 없을 듯싶다. 이는 본말이 완전히 뒤바뀐 것이다.

정치언어학의 관점에서 볼 때 아멩글리시가 영국 본토의 정통 잉글리시를 밀어낸 것은 기본적으로 국력의 차이에서 비롯된 것이다. 정통영어 내지 표준영어와는 아무런 상관도 없는 일이다. 대표적인 사례로 21세기를 향도할 '신지식인'을 지칭하기 위해 미국의 미래학자들이 만들어낸 신조어 'Homo Knowledgian'을 들 수 있다.

원래 인간의 특성을 표현하기 위해 학계에서 만들어낸 신조어는 모두 라틴어 문법에 부합하고 있다. 기원전 4세기 무렵 아리스토텔레스가 '정치적 인간'을 지칭하기 위해 언급한 고대 그리스어 '조온 폴리티콘zoon politikon'의 라틴어 번역어인 'Homo Politicus'가 처음으로 등장했다. 이후 도구사용 인간인 Homo Faber, 사고하는 인간인 Homo Cogitans, 경제적 인간인 Homo Economicus, 놀이하는 인간인 Homo Ludens 등의 표현이 끊임없이 등장했다. 21세기에 들어와 휴대폰 인간을 뜻하는 Homo telephonicus 용어까지 가세했다. 휴대폰이 없으면 불안감을 느끼는 현대인의 문제점을 지적한 신조어이다.

이들 신조어 모두 라틴어 문법에서 벗어나지 않고 있다. 그러나 미국의 미래학자들이 만들어낸 '호모 놀리지언' 만큼은 논외이다. 만일 신지식인을 뜻하는 신조어를 만들고자 했다면 우리말의 '알다'에 해당하는 원형동사 scire의 현재분사형인 sciens를 사용해 '호모 스키엔스'로 표현하는 게 타당하다. 미국의 미래학자들이 라틴어 문법에도 맞지 않는 '호모 놀리지언'을 멋대로 만들어낸 것은 미국의 국력이 그만큼 강하기 때문에 가능한 일이다.

지난 2016년 1월 흔히 '다보스포럼'으로 널리 알려진 세계경제포럼에서 회장인 클라우스 슈밥은 과학기술 분야를 주요 의제로 채택한 뒤 '제4차 산업혁명시대'를 선언했다. 이는 디지털 기기와 인간, 물리적 환경 등이 하나로 융합된 인공지능AI 위주의 새로운 시대를 가리킨다. 여기에는 빅 데이터와 사물인터넷, 데이터 소프트웨어 등이 전제돼 있다.

지난 2015년 3월의 'AI 알파고 쇼크' 이후 각 분야에서 AI전문가를 자처하는 사람들이 속출하고 있다. 구체적인 내용은 논외로 하고 일단 흐름만큼은 높이 평가할 만하다. 시류에 흔들리지 않고 열심히 노력하는 사람들이 많으면 언젠가는 세상을 깜짝 놀라게 할 혁신기술을 우리도 능히 개발해 낼 수 있을 것이다. 이는 관련분야에서 뛰어난 AI의 개발로 천하를 평정하겠다는 기개와 자부심을 지녀야 가능한 일이다.

이를 비교언어학 내지 정치언어학의 관점에서 풀이하면 콩글리시로 아멩글리시를 제압하는 것을 의미한다. 사실 그래야 '제4차 산업혁명시대'를 뛰어넘어 미구에 닥칠 제5차 내지 제6차 산업혁명시대에도 선도 역할을 수행할 수 있다. 이는 과학기술 개별자를 중심으로 각 분야의 선구적인 산업체와 국가 기관이 삼위일체가 돼야만 가능한 일이다. 한국의 역사문화에 기초한 콩글리시로 무장해 다양한 상황에 부합하는 영어 문장을 자유롭게 구사함으로써 '비즈니스' 무대를 석권하는 게 관건이다. 필자가 본서를 서둘러 출간한 근본 이유다.

참고문헌

강덕수 외, 『러시아어사』, 민음사, 1992.

강두식 외, 『종합독어해석연구』, 법문사, 1986.

강영세, 『대학 영문법』, 국민대출판부, 1998.

고영민, 『헬라어 문법』, 기독교문사, 1971.

—————, 『히브리어문법』, 기독교문사, 1971.

곤다, 『산스크리트어 문법』, 정호영 역, 한국불교연구원, 1986.

구헌철, 『실용 영문법』, 학문출판, 1997.

권명식, 『스와힐리어연구』, 한국외대출판부, 1998.

권응호, 『실전 영문법』, 학일출판사, 1990.

김광수, 『신약성서 헬라어 기초문법』, 침례신학대 출판부, 2005.

김동현, 『TOEIC 영문법』, 키출판사, 2005.

김득황, 『만주족의 언어』, 대지문화사, 1995.

김방한 외, 『몽골어와 퉁구스어』, 민음사, 1986.

김오성, 『Total 영문법』, 신아사, 1999.

김옥수, 『바로 잡은 영문법』, 세종, 2004.

김운용, 『이탈리아어문법』, 명지출판사, 2007.

김종도, 『아랍어입문』, 명지출판사, 2000.

김준민, 『대학 영문법』, 고려원, 1995.

김진수, 『프랑스어 문법』, 삼지, 1993.

김창호, 『변형 영문법』, 한국문화사, 1991.

김태한, 『고등 영문법』, 형설출판사, 1971.

김현태 외, 『현대불문법연구』, 법문사, 1984.

돕슨, 『신약헬라어 교본』, 서인선 역, 은성, 2004.

동완 외, 『러시아어』, 신아사, 975.

류영두, 『생성소멸영문법』, 백산출판사 2006.

마영태, 『에스페란토 첫걸음』, 덕수출판사, 1995.

메이예, 『일반언어학과 역사언어학』, 김연권 역, 어문학사, 1997

문용, 『고급영문법 해설』, 박영사, 2017.

박기용, 『희랍어 · 라전어 비교문법』, 한국문화사, 1997.

방곤 외, 『최신불문법』, 신아사, 1983.

서석연, 『삼위일체독일어』, 학일출판사, 1994.

서행정, 『힌디발음연구』, 명지출판사, 1986.

성염, 『라틴어 첫걸음』, 경세원, 2003.

송성문, 『종합영어』, 성문출판사, 2000.

송창섭, 『실용영문법』, 한남대출판부, 2005.

스가누마 아키라, 『산스끄리뜨의 기초와 실천』, 이지수 역, 민족사, 1990.

신익성, 『라틴어입문』, 진명출판사, 1972.

안교환, 『실습독일어』, 신아사, 1980.

안사균, 『최신독일어』, 대문출판사, 1987.

알렉산더, 『롱맨 영문법』, 범문사번역실, 범문사, 1990.

영어교재 편찬위원회, 『문형 영문법』, 탑출판사, 1981.

유재원, 『성서히브리어문법』, 민영사, 1990.

이길상, 『시험 영문법』, 어학 세계사, 2000.

이두선, 『현대아랍어』, 한국외대출판부, 1975.

이득형, 『서반아어문법』, 삼영서관, 1993.

이병도, 『태국어 첫 걸음』, 삼지사, 1997.

이상협 외, 『헝가리어회화』, 한국외대출판부, 2006.

이영근, 『히브리어문법해설』, 비블리카아카데미, 2006.

이재웅, 『말이 되는 영문법』, 홍익미디어, 2008.

이정호, 『힌디문법』, 명지출판사, 1982.

이철, 『러시아어문법』, 신아사, 1991.

장만성, 『현대러시아어실용문법』, 한신문화사, 1990.

장병옥, 『이란어문법』, 한국외대출판부, 2002.

장선영, 『서반아어 4주간』, 문예서림, 1972.

장수경, 『삼원소 영문법』, 삼원소어학연구소, 2009.

정도상, 『뿌리영어 문법』, 언어과학, 2010.

정연규, 『변형생성 영문법』, 한신문화사, 1981.

정태혁, 『표준 범어학』, 불서보급사, 1968.

정호영, 『고등 영문법』, 신아사, 1987.

조성식, 『영문법연구』1-5, 신아사, 1990.

찰스 리, 『표준중국어문법』, 박정구 외 역, 한울아카데미, 1996.

최인철, 『실용 영어 어법』, 현대 영어사, 1998.

허인, 『이탈리아어문법』, 새한문화사, 1971.

헬비히, 『언어학사』, 임항재 역, 경문사, 1989.

혼비, 『영어의 문형과 용법』, 황적윤 외 역, 한영출판사, 1969.

Brown, A. C. et al, Grammar and composition, Boston: Houghton Mifflin Harcourt, 1984.

Eugene Ehrlich, English grammar, New York: McGraw-Hill, 2011.

Harvey S Wiener, Creating compositions, New York: McGraw-Hill, 1992.

Joan Bybee, Language change, Cambridge, UK: Cambridge Univ. Press, 2015.

Lyle Campbell, Historical Linguistics, Edinburgh, Scotland: Edinburgh Univ. Press, 2013.

Raymond Murphy, English Grammar in Use, New York: Cambridge Univ. Press, 2004.

Robert Lord, Comparative Linguistics, London: St Paul's House, 1974.

교양인의 영문법

초 판 1쇄   2018년 12월 19일

지은이 신동준
펴낸이 류종렬

펴낸곳 미다스북스
총 괄 명상완
에디터 이다경

등록 2001년 3월 21일 제2001-000040호
주소 서울시 마포구 양화로 133 서교타워 711호
전화 02) 322-7802~3
팩스 02) 6007-1845
블로그 http://blog.naver.com/midasbooks
전자주소 midasbooks@hanmail.net
페이스북 https://www.facebook.com/midasbooks425

© 신동준, 미다스북스 2018, *Printed in Korea*.

ISBN 978-89-6637-628-5 03740

값 **27,000원**